Pädagogik in geschichtlicher Erfahrung und gegenwärtiger Verantwortung

D1669901

Heim, Helmut/Ipfling, Heinz-Jürgen (Hrsg.)

PÄDAGOGIK IN GESCHICHTLICHER ERFAHRUNG UND GEGENWÄRTIGER VERANTWORTUNG

Festschrift zum 65. Geburtstag von Karl Ernst Maier mit Beiträgen von

W. Tröger, M. Liedtke, K. Wolf, A. Reble, Th. Dietrich, D. Rüdiger, E. Wasem, K. Fahn, H. Glöckel, H. Heid, H.-J. Ipfling, F. März, J.-Ch. Horn, H. Hierdeis, E. Prokop, R. E. Maier

Helmut Heim / Heinz-Jürgen Ipfling
(Hrsg.)

Pädagogik
in geschichtlicher
Erfahrung
und gegenwärtiger
Verantwortung

Festschrift zum 65. Geburtstag
von Karl Ernst Maier

Verlag Peter Lang
Frankfurt am Main · Bern · New York

CIP-Kurztitelaufnahme der Deutschen Bibliothek

**Pädagogik in geschichtlicher Erfahrung und gegen=
wärtiger Verantwortung** : Festschr. zum 65. Ge=
burtstag von Karl Ernst Maier / Helmut Heim ;
Heinz-Jürgen Ipfling (Hrsg.). — Frankfurt am
Main ; Bern ; New York : Lang, 1986.
    ISBN 3-8204-8775-1
NE: Maier, Karl Ernst: Festschrift; Heim, Helmut
[Hrsg.]

ISBN 3-8204-8775-1

© Verlag Peter Lang GmbH, Frankfurt am Main 1986
Alle Rechte vorbehalten.

Das Werk einschließlich aller seiner Teile ist urheberrechtlich geschützt.
Jede Verwertung außerhalb der engen Grenzen des Urheberrechtsge-
setzes ist ohne Zustimmung des Verlages unzulässig und strafbar. Das
gilt insbesondere für Vervielfältigungen, Übersetzungen, Mikroverfil-
mungen und die Einspeicherung und Verarbeitung in elektronischen
Systemen.

Druck und Bindung: Weihert-Druck GmbH, Darmstadt

Inhalt

8

VORWORT

Die Pädagogik erscheint heute auf den ersten Blick zunächst als eine Vielzahl disparater Bildungsphilosophien und erziehungswissenschaftlicher Theorien, deren vielleicht unangefochtenster Konsens ironischerweise in der Auffassung besteht, sie sei eine im Umbruch befindliche Disziplin. Eine seltsame Häufung von "Wenden" und angeblich neuen "Paradigmen" in den letzten 30 Jahren zeigt den enormen äußeren und inneren Druck an, dem die Pädagogik ausgesetzt ist.

In dieser Lage wird erneut deutlich, daß empirische pädagogische Forschung unter anderem des Horizontes einer "historischen Empirie" bedarf, denn ohne seine historische Dimension fiele der Bereich pädagogischer Erfahrung leicht einer je beliebigen Verfügbarkeit anheim. Den Notwendigkeiten und oft nur kurzlebigen Anforderungen der Zeit gegenüber eine verantwortbare pädagogische Haltung zu gewinnen, ist häufig auch eine Frage der geschichtlichen Erfahrung. Das je aktuell von der Pädagogik Geforderte ist nicht auch schon das gegenwärtig pädagogisch Verantwortbare!

Die Repräsentation der Pädagogik als universitäre Disziplin und in der Lehrerbildung ist nun freilich, gerade in der angedeuteten Situation, nicht nur ein wissenschaftliches Problem, sondern stets auch eine Aufgabe der persönlichen Kompetenz: die der Vielzahl theoretischer Pädagogikkonzeptionen innewohnende Tendenz zur Konfusion kann den Studenten nur erspart bleiben durch eine vorurteilsfreie (d. h. vorurteilsbewußte), undogmatische und aufgeschlossene Lehre. Nicht oft verbinden sich diese Haltungen so sehr wie bei Karl Ernst Maier mit einer klaren Sprache und einer liberalen, mitmenschlichen Verbindlichkeit.

Von den hier versammelten Autoren wurde mit großer Bereitwilligkeit die Gelegenheit wahrgenommen, den Freund und Kollegen K. E. Maier zum 65. Geburtstag mit einer Festschrift zu ehren. Die thematischen Schwerpunkte dieser Festschrift entsprechen den Hauptarbeitsgebieten Professor Maiers.

Aus Gründen eines zu rechtfertigenden Buchumfanges erwies es sich als unmöglich, auch die ursprünglich geplanten und vorliegenden Beiträge zur Kinder- und Jugendliteratur, einem zentralen Arbeitsfeld Professor Maiers, in dieser Festschrift zu belassen. Die großzügige Hilfe von Herrn Prof. Dr. A. Cl. Baumgärtner und die verständnisvolle Freundlichkeit von Prof. Dr. Th. Brüggemann, Prof. Dr. H. Gärtner, Dr. H. Pleticha, Horst Schaller und Dr. W. Scherf ermöglichten es jedoch, die Beiträge der genannten Personen in der Schriftenreihe der Volkacher Akademie für Kinder- und Jugendliteratur e. V. zu veröffentlichen. Das Buch wird unter dem Titel "Mythen, Märchen und moderne Zeit" Würzburg 1986, Hrsg.: A. Cl. Baumgärtner und K. E. Maier, erscheinen.

Es sei an dieser Stelle nochmals allen beteiligten Autoren für ihre Mitarbeit am gemeinsamen Projekt gedankt. Ferner ist zu danken der Studentin der Pädagogik (Dipl.) Evelinde Franz für ihre sorgfältige Mithilfe und vor allem unserer Lehrstuhlsekretärin Frau Gertrud Petz für ihre langanhaltende und überaus kompetente Arbeit.

Helmut Heim

Walter Tröger

GEWALTFREIHEIT BEI GANDHI UND IN DER BERGPREDIGT

Ein Beitrag zur pädagogischen Diskussion um den Frieden

Seit Beginn dieses Jahrhunderts wurde immer wieder Erziehung zum Frieden gefordert. In mehreren Anläufen versuchten Theoretiker und Praktiker nach dem Zweiten Weltkrieg Konzepte zu entwickeln, zu praktizieren und zu verbreiten. Aber der geisteswissenschaftlich-personalistisch orientierte Ansatz gleich nach dem Krieg, die "realistische Wende" der Fünfziger Jahre, die darauffolgende Kritische Friedenserziehung blieben mehr oder weniger unverbunden nacheinander und nebeneinander stehen. Es kam nicht zu einer entfalteten Theorie und noch weniger zu einer allgemeinen Praxis. Zusammenfassende Analysen der friedenspädagogischen Ansätze ziehen überwiegend negative Bilanzen. H. SCHIERHOLZ bescheinigte der Friedenspädagogik 1977 eine "selbst von Fachleuten kaum noch zu übersehende Zersplitterung und Heterogenität"[1]. Die bislang letzte zusammenfassende Arbeit von ROLAND BAST[2] kommt zu dem Ergebnis, daß Frieden, "wenn überhaupt", als pädagogischer Zielbegriff nur bedingt geeignet sei und warnt vor einer "weiteren unnötigen Verwässerung der generellen pädagogischen Fragestellung"[3], gemeint ist: durch Zielformulierungen wie "Friedenserziehung"[4].
Es bedarf keiner Prophetengabe um vorauszusagen, daß solche Warnungen ungehört verhallen werden. Friedenserziehung wird in vielen Ländern weitergehen, sie wird jetzt erst wirklich beginnen, wenngleich höchstwahrscheinlich mehr durch den Anstoß der Praxis als durch die Hilfe der Theorie.

Die praktische Wirksamkeit der verschiedenen Richtungen in der Friedenserziehung ist noch schwerer einzuschätzen als ihre Bedeutung für die Theorie. Sozusagen unterhalb und zum Teil wenig beeinflußt von der auf der Stelle tretenden theoretischen Diskussion haben sich viele Aktivitäten entwickelt, vor allem in der Jugendarbeit, zum Teil auch in Schulen und in der Erwachsenenbildung. Sie bemühten und bemühen sich vielfach ohne großen theoretischen Überbau aber mit entschiedenem Engagement um Fragen der Versöhnung, des Abbaus traditioneller Feindbilder, der rationalen Konfliktbewältigung, der Aufdeckung ungerechter Strukturen und um zahlreiche "Modelle" und Projekte. Was tatsächlich getan wurde und wird, ist kaum zuverlässig festzustellen. Möglicherweise hatte diese vielfältige und in der Regel keineswegs aufsehenerregende Kleinarbeit eine tiefere Wirkung als sie zunächst nach außen hin in Erscheinung trat. Vielleicht ist hier doch eine Grundlage gelegt worden, auf der man im Zuge einer allgemeinen Änderung der Einstellung zu Krieg und Frieden optimistischerweise so etwas wie einen Durchbruch der Friedenserziehung erwarten könnte.

Vor einem solchen neuen Abschnitt stellt sich aber die Frage, wie in den verschiedenen Richtungen der Friedenserziehung selbst der Friede gewahrt werden kann, Friede weder als Isolierung noch als Verdrängung der Gegensätze, sondern als konstruktive Auseinandersetzung. Vielleicht hilft es weiter, wenn wir uns dort umsehen, wo viel umfangreichere und durchreflektierte Erfahrungen in Friedenspolitik und Friedensarbeit vorliegen als bei uns. Im folgenden soll dies versucht werden bei GANDHI und bei PINCHAS LAPIDE, als einem Vertreter des Judentums, wo wahrscheinlich die älteste und am unerbittlichsten erprobte Tradition des Denkens und Handelns für den Frieden zu finden ist.

I. GANDHI

Für Europäer ist GANDHI schwer zu verstehen. Seine Theorie ist tief in indischen Religionen verwurzelt, im Hinduismus, dem er selbst angehörte, im Buddhismus, der die Gewaltlosigkeit seit jeher forderte und praktizierte, im Jainismus. In diesen Religionen sind die Grundbegriffe GANDHIS vorgegeben:

- satyagraha, das Festhalten an der Wahrheit um jeden Preis. Gemeint ist dabei nicht Wahrheit als ein für allemal erworbener Besitz, sondern das unbedingte Suchen und Streben nach Wahrheit bis hin zum systematischen Ausprobieren - "Experimente mit der Wahrheit" nannte GANDHI seine Autobiographie - und das furchtlose Eintreten für das als wahr Erkannte;
- ahimsa, nicht-töten, im Sinn eines konsequenten Gewaltverzichts im weitesten Sinn, verbunden mit der Forderung nach universalem Mitleiden;
- brahmacharya, die Enthaltsamkeit[5].

Daher geht es beim Studium GANDHIS weniger darum, konkrete Handlungsanweisungen zu finden und zu übernehmen, sondern zu versuchen, seine Lehre schrittweise kennenzulernen und zu verstehen, um so aus unseren festgefahrenen Denkschablonen heraus und in der Diskussion einen Schritt weiterzukommen.

1. GANDHI sieht Gewaltlosigkeit als die Waffe der Starken nicht der Schwachen. Sie beruht auf einer positiven sittlichen Entscheidung, also auf Seelenstärke. Sie setzt das "Schwert des Geistes" gegen physische Waffen, die demgegenüber als Kennzeichen der primitiveren sittlichen Kultur der Weisen erscheinen. Echte Gewaltlosigkeit "setzt die Fähigkeit, zuzuschlagen voraus"[6] und zuschlagen ist jedenfalls immer besser als Impotenz. "Lie-

ber soll Indien die Waffen ergreifen, um seine Ehre zu verteidigen, statt ein hilfloser Zeuge seiner eigenen Unehre zu sein und zu bleiben"[7].

2. Die Taktik der Gewaltlosigkeit ist das "Leiden in der eigenen Person". Es ist verächtlich, andere für sich kämpfen und leiden zu lassen. Die Gewaltlosen verzichten nicht auf ihr Recht, sie bestehen darauf und scheuen sich nicht, ungerechte Gesetze zu übertreten. Sie wehren sich nicht dagegen, dafür eingesperrt zu werden. "Statt um sich zu schlagen, dulden sie für ihr Recht"[8] und nur durch dieses persönliche eigene Leiden besiegt die Gewaltlosigkeit den Gegner, in dem sie dessen Herz "zum Schmelzen"[9] bringt.

3. Dieser Kampf geschieht ohne Haß und Zorn[10]. Er gilt dem ungerechten System, nicht dem anderen Menschen. "Hasse die Sünde und nicht den Sünder"[11]. Der Gewaltlose ist immer "ritterlich"[12]. Er übt keinen Zwang aus und denkt nicht im entferntesten an eine Schädigung des Gegners. Gewaltlosigkeit fordert "die Gewinnung des Gegners durch Leiden in der eigenen Person"[13].

4. Grundlage dieser Gewaltlosigkeit ist "satyagraha", was soviel bedeutet wie Festigkeit in Wahrheit und Liebe. Die Übersetzung mit "Gewaltlosigkeit" ist ein Notbehelf, der dem indischen Wort nicht gerecht wird. "Wahrheit" ist hier gemeint als die grundlegende Ordnung der Welt. Sie ist das, was "ist", im Gegensatz zur Unwahrheit, die nicht wirklich existiert und daher auch der Wahrheit immer unterlegen ist. Das schließt ein die Wahrheit als Treue zu sich selbst und zu Gott. Liebe ist die Bereitschaft zur Hingabe. Sie ist "tollkühn im Sich-Verschwenden, unbekümmert um das, was sie dagegen empfängt"[14].

5. Diese höchst anspruchsvolle Gewaltlosigkeit aus innerer Stärke, aus Wahrheit und Liebe ist nicht möglich ohne eine lange und strenge innere Reinigung. Liebe als "Identifizierung mit allem, was lebt, ist unmöglich ohne Selbstläuterung ... Doch der Weg der Selbstläuterung ist hart und steil"[15]. Hier wird GANDHIS Verwurzelung im Menschen- und Weltbild des Hinduismus und des Buddhismus besonders deutlich. "Um vollkommene Reinheit zu erlangen, muß man völlig leidenschaftslos werden im Denken, Reden und Tun ... Ahimsa (Verzicht auf Gewalt) ist die weiteste Grenze der Demut"[16].

6. Die Grundhaltung des politischen gewaltlosen Kampfes ist die Identifizierung mit dem eigenen Land, seiner Kultur und seiner Geschichte. "Ich verlange nicht von Indien, Nicht-Gewalt zu üben, weil es schwach ist. Ich verlange von ihm, Nicht-Gewalt zu üben aus dem Bewußtsein seiner Kraft und Macht heraus. Ich möchte, daß Indien erkenne, daß es eine Seele hat, die nicht untergehen wird, die sich vielmehr siegreich erheben kann über alle leibliche Gebrechlichkeit und die den vereinigten körperlichen Kräften einer ganzen Welt zu trotzen vermag"[17].

Verglichen mit unseren westeuropäischen Friedensdiskussionen fallen vor allem drei Grundzüge auf. Einmal die Einheitlichkeit des Weltbildes und damit auch der Vorstellung vom Frieden. Die Welt ist bei GANDHI nicht streng eingeteilt in alle möglichen Teilbereiche, Menschen und Natur, der Einzelne und die Gesellschaft, Innenpolitik und Außenpolitik usw., die alle zunächst isoliert gesehen werden und dann mühsam zueinander in Beziehung gedacht werden müssen. Es wird nicht analytisch streng unterschieden zwischen dem Frieden unter den Völkern und im einzelnen Staat, in der Familie, im Men-

schen selbst, mit jeweils ganz spezifischen, bei Grenz-
überschreitung eines "Transfers" bedürftigen Verhaltensweisen. GANDHI hatte offenbar keinerlei Skrupel mit der
"Transferierung von Mikrostrukturen auf die Makroebe-
ne"[18], die uns so viel Kopfzerbrechen bereitet. Ähnlich
wie in den alten europäischen Begriffen (Shalom, Pax)
erscheint GANDHIS Bild vom Frieden als umfassend, in sich
geschlossen und einheitlich. Bei allen Anpassungen und
Umstellungen der politischen Taktik ist ihm offenbar die
dahinterstehende, konsequent durchgehaltene Grundhaltung
das Wesentliche, das überall gilt. Im Grunde geht es um
denselben Sachverhalt, den C. FR. VON WEIZSÄCKER im Zusammenhang einer Erörterung der richtigen politischen
Schritte zum Frieden so formuliert: "Ohne die richtige
menschliche Haltung wird man die besten Schritte falsch
tun"[19].
Ein zweiter Unterschied bezieht sich auf das Böse in der
Welt und das Leiden an ihm. GANDHI nimmt es offenbar
sehr viel ernster und sieht daher seine Bekämpfung umfassender als das bei uns üblich ist. Der Kampf gegen
das Übel ist nicht nur eine Sache von politischen Maßnahmen und Aktionen, sondern beginnt immer wieder im eigenen Inneren. Das Böse ist eine Urgegebenheit der Welt,
in jedem Menschen unausweichlich wirksam, keineswegs
bloß von außen in ihn hineinsozialisiert. GANDHI steht
in diesem Punkt der christlichen Tradition viel näher
als dem Menschenbild der kritischen Richtung in Friedensforschung und Friedenspädagogik, die den Einzelnen
im Sinne von ROUSSEAU oder MARX als gut und fehlerfrei
und das Böse in der Welt ausschließlich als Werk der Gesellschaft sehen, insbesondere böser Klassen, Machtgrup-
pen, "Interessen" oder "Strukturen", ohne zu fragen, von
woher das Böse in die Gesellschaft hineingekommen sein
soll, wenn nicht aus der inneren Verfassung des Einzelnen[20].

Aus der Friedensvorstellung GANDHIS folgt, daß die entscheidende Veränderung der Realität nicht von äußeren
Aktionen bewirkt wird, sondern vom Inneren des Menschen. Auch hier steht er in der Tradition der indischen Religionen, insbesondere des Buddhismus. "Die
buddhistische Mission ruht auf der Überzeugung, daß das
innere Sein bestimmend ist in der Welt. Die Ermahnung
zur Liebe und Wahrheit ist nicht einfach eine Forderung, freundschaftliche Gefühle für die Mitwelt zu he-
gen und Lüge zu meiden, sie ist vielmehr ein wirksames
inneres Geschehen, das die Welt von innen her umgestal-
ten kann"[21]. Freilich bleibt GANDHI nicht bei dem Vertrauen auf die Ausstrahlung der inneren Läuterung stehen; er setzt sie gezielt in nüchtern geplanten und
leidenschaftlich geführten politischen Kampf um. Von
uns aus gesehen ist dies etwas für Indien Neues, trotz
mancher, seit Jahrhunderten praktizierter Formen kol-
lektiver Aktionen, etwa des "Dharna", des sozialen Boy-
kotts[22]. Die Verbindung einer Mystik des Leidens, des
Duldens und passiven Hinnehmens mit einem bis zur äußersten Anstrengung gehenden aktiven Einsatz, ist für
unser Verständnis ebenso faszinierend wie schwer nach-
zuvollziehen. Dasselbe gilt für die Verbindung von as-
ketischer, weltentrückter Versenkung in die eigene Innerlichkeit mit höchst aktiver Weltzuwendung, von tiefer Meditation und ganz westlich-rationalistischem Kalkül.

II. Die Bergpredigt in der Interpretation von PINCHAS
    LAPIDE

PINCHAS LAPIDE hat in seiner Schrift "Wie liebt man
seine Feinde?" die zwei grundlegenden religiösen Traditionen Europas zusammengeführt. Er liest die Bergpredigt mit den Augen des gläubigen Juden, der auch JESUS

als gläubigen und vor allem bibelfesten Juden sieht und
seine Aussagen aus den Traditionen der jüdischen Bibel-
auslegung deutet, mit denen der Rabbi JESUS von Kindheit
auf vertraut war.

LAPIDE übersetzt "Feindesliebe" mit "Entfeindungsliebe".
Das ist in der Tat ein Geistes-"Blitz": Wie mit einem
Schlag ist die Verschwommenheit vieler weitläufiger Erläuterungen weggeblasen und es wird klar, was gemeint
ist. Das Wort "Feindesliebe" hat etwas Statisches, man
kann sie (zumindest theoretisch) jahrelang üben, ohne
daß sich etwas ändert. Was tue ich, wenn ich den Feind
"liebe"? "Entfeindungsliebe" zeigt dagegen eine Aufgabe
und fordert zum Handeln auf. Sie bezeichnet ein klares
Ziel und zugleich die benötigte Grundhaltung: sie wendet
sich gegen die Feindschaft, nicht den Feind. LAPIDE zitiert einen Zeitgenossen JESU, den Rabbi NATHAN:"Wer ist
der Mächtigste im ganzen Land? Wer die Liebe seines
Feindes gewinnt"[23].

Das ist nicht Sache des Gefühls oder der Sympathie, sondern der Taten. "Wenn dein Feind hungert, so speise ihn
mit Brot. Wenn er dürstet, so tränke ihn mit Wasser." So
heißt es ein halbes Jahrtausend vor JESUS in den Sprü-
chen SALOMONS[24]. Die Voraussetzung solcher Taten besteht
nicht in Gefühlen, - in der rabbinischen Lehrtradition
folgen die Gefühle den Taten, nicht umgekehrt - sondern
in der Unterscheidung von Übeltat und Übeltäter. Das
klingt zwar "wie Haarspalterei"[25], aber es ist der einzige Weg, um illusionslose Wahrnehmung von Feindselig-
keit mit der Möglichkeit, sich nicht in den Teufelskreis
des persönlichen Hasses hineinziehen zu lassen, zu verbinden.

Aber der eigentliche Kern der Feindesliebe muß mehr sein:
Überzeugung von der grundsätzlichen Gleichheit aller
Menschen. MARTIN BUBER und FRANZ ROSENZWEIG übersetzten

das Hauptgebot der Juden und Christen anders als gewohnt: "Liebe Deinen Nächsten, er ist wie Du". Diese Formulierungen sollen uns darauf hinweisen, daß unser Nächster nicht schlechter ist als wir, wir selbst nicht besser sind als er. Er ist genauso geplagt wie wir, von Ängsten und Hoffnungen, von seiner Schwäche und seinen Sorgen, er sucht nach Wegen und Auswegen, er tut Böses, das er eigentlich nicht will und unterläßt Gutes, das er will, genauso wie wir selbst[26]. Damit verbindet sich die alte Vorstellung in der jüdischen Mystik: Der Nächste steckt in dir selbst, du selbst bist ein Teil des Nächsten. Was immer du dem anderen antust, das tust du dir an, im Guten wie im Bösen. Wer die Freundschaft eines Feindes gewinnt, kommt einen Schritt weiter in der Freundschaft mit sich selbst. Denn nicht irgendein Trieb macht uns böse, sondern wir machen den Trieb böse. Diese alte Lehre aus dem Talmud deckt sich auf überraschende Weise mit der modernen Auffassung der Ethologie von der Ambivalenz des Aggressions-Triebes[27]. Ähnlich ist auch die Auffassung, daß die Tat vor den Gefühlen, die Hilfe vor der Sympathie kommt durch die empirische Sozialpsychologie bestätigt worden, etwa durch das Sherif-Experiment von der Versöhnung zweier verfeindeter Ferienlager durch Zusammenarbeit in gemeinsamen Notsituationen[28].

III. Vergleich

Man gewinnt den Eindruck, daß LAPIDES Ausdeutung der jüdisch-christlichen "Feindesliebe" sich von Anfang bis Ende mit den Vorstellungen GANDHIS deckt. Hier wie dort geht es darum, sich nicht in den Haß hineinziehen zu lassen, die Aggression zu sehen, aber nicht zu erwidern, Haß weder durch Haß, noch durch Überheblichkeit zu beantworten und so die Feindschaft zu überwinden und das alles nicht nur aus der nüchternen Überlegung, daß gegenseitige Feindschaft beide ruiniert, sondern aus dem positiven Affekt der tätigen Liebe. Hier wie dort geht es um eine grundsätzliche Gleichstellung aller Menschen, um die Anerkennung einer fundamentalen Ebenbürtigkeit, die trotz allem unterschiedlichen Verhaltens jede Überheblichkeit und Verachtung ausschließt: "Richtet nicht, damit ihr nicht gerichtet werdet ... Denn mit dem Maß, mit dem ihr meßt, werdet ihr selber gemessen werden"[29]. Aus der Überzeugung von der grundsätzlichen Gleichheit aller Menschen vor ihrem Schöpfer folgt im christlichen Glauben folgerichtig die gleiche Bejahung: "Liebe Deinen Nächsten w i e D i c h s e l b s t", "operationalisiert" in der "Goldenen Regel" der Bergpredigt: "Alles was Ihr wollt, daß Euch die Menschen tun, das sollt Ihr ihnen ebenso tun"[30]. Es ist keine andere Einstellung als Basis des Friedens denkbar, als dieses A x i o m d e r s o z i a l e n P a r i t ä t , im Kleinen wie im Großen. Insofern ist die Bergpredigt die einzig realistische Form nicht nur des nächsten Umgangs, sondern auch der großen Politik[31]. In der christlichen Sicht gibt es wie bei GANDHI keinen prinzipiellen Unterschied zwischen dem Frieden unter den Einzelnen und dem Frieden unter den Völkern.

In zwei Punkten, so scheint es, unterscheidet sich LAPIDE von GANDHI. Die Gewaltfreiheit der hinduistischen Tradition sucht ihre Ziele vor allem durch Dulden und Leiden zu erreichen, das Herz des Feindes durch geduldiges Hinnehmen der Aggression zu rühren. Die "Entfeindungsliebe" der jüdisch-christlichen Tradition ist aktiver. Sie hilft dem Feind, "Feindesliebe" ist wesentlich Feindes h i l f e : "Wenn du den Esel deines Feindes unter seiner Last liegen siehst, so laß ihn ja nicht im Stich, sondern hilf ihm mit deinem Widersacher zusammen

auf die Beine"[32]. "Dadurch rettest du ein Tier, du wandelst das Herz eines Hassers und du gewinnst einen Freund - drei gute Taten auf einen Schlag"[33].
Schwerwiegender ist ein zweiter Unterschied: Feindesliebe verpflichtet nicht zur Wehrlosigkeit. JESUS selbst spricht vom Schwert, das er bringt[34] und fordert die Apostel auf, sich mit Schwertern zu bewaffnen[35]. "Unbeschränkte Wehrlosigkeit führt letzten Endes zur Errichtung von Tyrannei"[36]. Es ist das Gebot der Nächstenliebe selbst, das es verbietet, tatenlos zuzusehen, wenn der Nächste angegriffen wird: "Stehe nicht still bei dem Blut deines Genossen"[37] steht im Alten Testament unmittelbar vor dem Gebot der Nächstenliebe[38]. Und die L i e b e zum Feind ist es, die gebietet, seinen bösen Absichten zu widerstehen, um ihn davon abzubringen. Mit MARTIN BUBER lehnt LAPIDE entschieden den berühmten Brief GANDHIS aus dem Jahr 1939 ab, in dem er den deutschen Juden riet, nicht auszuwandern, sondern sich von HITLERS Schergen einsperren und erschießen zu lassen[39].
LAPIDE zieht das Fazit: Es gilt, den "schmalen Pfad"[40] zwischen Feindesliebe und Verteidigungsnot zu finden. Der Weg zum Frieden darf nicht vereinfacht werden auf die Alternative gute Abrüstung gegen böse Aufrüstung. Die Schwarz-Weiß-Malerei hilft uns nicht weiter. "Wir sollten - wie JESUS - mehr Fantasie entwickeln, um die tausend Zwischennuancen von Grau zu entdecken, die der Widersprüchlichkeit des Lebens viel besser gerecht werden"[41].
Hier stimmt LAPIDE sinngemäß mit MANÈS SPERBER überein, der in seiner Rede zur Verleihung des Friedenspreises des Deutschen Buchhandels sagte: "Wir alten Europäer aber, die den Krieg verabscheuen, wir müssen leider selbst gefährlich werden, um den Frieden zu wahren!"[42]
In seinem letzten Brief, den er am 12. Februar 1984

an einen jungen Freund und Kollegen schrieb, steht: Die
Bergpredigt ist einer jener christlichen Texte, "die
mich in früher Jugend beeindruckt haben und mir seither
gegenwärtig geblieben sind. Als Psychologe halte ich es
für möglich, daß in einem wütenden Streit zwischen Personen ein Aggressiver zurückscheut, wenn sich ihm das
Opfer anbietet, anstatt sich ihm zu widersetzen oder zu
entfliehen ... In den Beziehungen zwischen den Nationen
aber spielt seit Jahrtausenden nur eines eine Rolle:
Die nahe Existenz eines wehrunfähigen oder wehrunwilli-
gen Gegners flößt dem stärkeren Nachbarn eine geradezu
unwiderstehliche Begier ein, den Schwächeren völlig
auszuschalten. Die gesamte Geschichte von Ost und West,
von Nord und Süd belegt das seit Jahrtausenden und erklärt so die Entstehung der mächtigen Reiche"[43].
Diese Einstellung entspricht auch im wesentlichen offi-
ziellen Äußerungen christlicher Kirchen, wohl auch der
Einstellung der meisten Christen, außerdem den Grund-
linien der westlichen Politik. Aber die Meinungen der
Christen sind hier keineswegs einheitlich, auch nicht
unter Katholiken. Es gibt leidenschaftliche Appelle,
die ganz entschieden auf dem Standpunkt GANDHIS stehen,
etwa den von HEINRICH SPAEMANN. Er spricht sich für ein
"klares, eindeutiges, kompromißloses Nein zu jeder Form
von jeder Weiterrüstung und Nachrüstung"[44] aus. Die
neue geschichtliche Situation verlangt es, daß wir uns
alten, überkommenen Denkrastern und Ideologien entziehen. Die eigene Sicherheit kann nicht mehr durch Gewalt und Waffen gewährleistet werden. Die Christen der
westlichen Welt stehen vor der schweren Aufgabe, "den
ersten und immer wieder den ersten für die andere Seite
wirklich glaubhaften Schritt auf Abrüstung hin"[45] zu
tun. Es kann durchaus sein, daß der Ostblock dann seine
"expansive Chance"[46] sieht und wahrnimmt. Der Christ

muß aber zu diesem Risiko bereit sein, "und sei es durch eine äußerste Passion hindurch"[47].
Die Meinungsverschiedenheit ist ein Beispiel dafür, wie schwer es ist, aus der Übereinstimmung im Grundsätzlichen auch zur Übereinstimmung in konkreten Einzelfragen zu kommen. Moralische Folgerungen sind nicht eindeutig zwingend, sondern verlangen auf jeder Deduktionsstufe immer wieder erneut Verständigung. Aber unabhängig von der Frage Unilateralismus - Multilateralismus, d. h. einseitige oder beidseitige Abrüstung, erscheint eine Einigung zwischen christlichen Vorstellungen und denen GANDHIS naheliegend, ja zwingend in bezug auf die tätige Hilfe. An die Stelle des gestürzten Esels sind heute die gemeinsamen Probleme des Umweltschutzes und des Nord-Süd-Konflikts getreten. Die traditionellen Mittel der Machtpolitik helfen weder beim sauren Regen noch im Verhältnis der reichen zu den armen Ländern weiter. Wahrscheinlich bietet gerade die a l l e betreffende Notlage, die für jeden erkennbar nur gemeinsam zu bewältigen ist, den sichersten Grund für unsere Friedenshoffnung.

IV. Chancen der Friedenserziehung

Kehren wir abschließend zur eingangs gestellten Frage nach der Berechtigung der Friedenserziehung zurück. Aus der Vielzahl der möglichen Antworten seien zwei herausgegriffen.
Eine pragmatische: Wer von uns würde wohl GANDHI oder LAPIDE lesen, ohne das Interesse an der Friedenserziehung? Vielleicht kommen wir auf diese Weise sogar noch einmal so weit, über Begriffe wie "Läuterung" und "Demut" wieder in Ruhe vernünftig nachdenken zu können.

Vornehmlich theoretisch gesagt: Das Thema Friedenserziehung erweitert die pädagogischen Überlegungen und
sammelt und strukturiert sie zugleich. Natürlich geht
es nicht darum, etwas grundlegend Neues zu erfinden,
über das hinaus, was an Prinzipien des menschlichen Zusammenlebens in der Sozialerziehung seit jeher gelehrt
worden ist. In diesem Punkt ist ROLAND BAST sicher zuzustimmen[48] . Aber Grundsätze sind nur die halbe Erziehung; sie müssen immer wieder auf die konkrete historische Situation angewendet werden, und für dieses pädagogische "Aggiornamento", für das heute notwendige
Ziel als Brennpunkt aller einzelnen Schritte und Maßnahmen gibt es keinen Begriff als den des Friedens.

ANMERKUNGEN:

1 Henning Schierholz: Friedensforschung und politische
  Didaktik. Studien zur Kritik der Friedenspädagogik.
  Opladen 1977, S. 81

2 Roland Bast: Friedenspädagogik. Düsseldorf 1982;
  vgl. hierzu vor allem auch die gegensätzlichen Positionen in Christel Küpper (Hrsg.): Friedenserziehung. Eine Einführung. Mit Beiträgen von Wolfgang
  Maser, Walter Tröger, Bernhard Claußen. Opladen 1979

3 a. a. O., S. 94

4 ebd.

5 Helene Maimann: Gandhi oder Möglichkeiten und Grenzen der Gewaltfreiheit. In. F. Engel-Janosi/G. Klingenstein/H. Lutz (Hrsg.): Gewalt und Gewaltlosigkeit. Probleme des 20. Jahrhunderts. München 1977,
  S. 239

6 Otto Wolff: Indiens Beitrag zum neuen Menschenbild.
  Hamburg 1957, S. 70

7 ebd.

8. a. a. O., S. 58

9 ebd.

10 Vgl. Ossip F. Flechtheim: Gewalt und Gewaltfreiheit.
   In: Bernsdorf (Hrsg.): Wörterbuch der Soziologie.
   Bd. 1. Frankfurt/Main 1972 , S. 301

11 Mahatma Gandhi: Handeln aus dem Geist. Ausgewählt und eingeleitet von Gertrude und Thomas Sartory. Freiburg 1977; vgl. hierzu auch: Mahatma Gandhi: Mein Leben. Frankfurt (Suhrkamp) 1983

12 Wolff,a. a. O., S. 58

13 Gandhi, a. a. O., S. 47

14 Gandhi, a. a. O., S. 113

15 Gandhi, a. a. O., S. 41

16 Gandhi, a. a. O., S. 41 f.

17 Gandhi, a. a. O., S. 43

18 Bast, a. a.O., S. 73

19 Carl F. von Weizsäcker: Lernziel: Friedfertigkeit. Gespräch mit Rüdiger Offergeld. In: Gehört, gelesen. München Juli 1985, S. 25

20 Vgl. dazu Carl F. von Weizsäcker: Wege in der Gefahr. Eine Studie über Wirtschaft, Gesellschaft und Kriegsverhütung. München, Wien 1976, S. 111 und S. 244 ff.

21 W. E. Mühlmann: Mahatma Gandhi. Der Mann, sein Werk und seine Wirkung. Tübingen 1950, S. 123

22 Vgl. Maimann, a. a. O., S. 244

23 Pinchas Lapide: Wie liebt man seine Feinde? Mainz 1984, S. 20

24 Sprüche 24 und 21, zitiert bei Lapide, a. a. O., S. 19

25 Lapide, a. a.O., S. 24

26 Vgl. Lapide, a. a. O., S. 36

27 Lapide, a. a. O., S. 47 f.

28 Vgl. Peter R. Hofstätter: Einführung in die Sozialpsychologie. Stuttgart 1959, S. 304 ff.

29 Mt 7,1

30 Mt 7,12

31 Vgl. Lapide, a. a. O., S. 68 ff.

32 Ex 23,5

33 Lapide, a. a. O., S. 29

34 Mt 10,34

35 Lk 22

36 Lapide, a. a. O., S. 72

37 Lev. 19,16, in der Übersetzung Martin Bubers

38 Lev. 19,18

39 Vgl. Lapide, a. a. O., S. 62 f.

40 Mt 7,14

41 Lapide, a. a. O., S. 74 f.

42 Manès Sperber: Leben im Jahrhundert der Weltkriege. Rede zur Verleihung des Friedenspreises des Deutschen Buchhandels. Frankfurt/Main 1983, S. 55

43 Manès Sperber, in: Heinz Friedrich (Hrsg.): Manès Sperber. Sein letztes Jahr. Mit Beiträgen von Manès Sperber, Jenka Sperber und Siegfried Lenz. München 1985, S. 29 f.

44 Heinrich Spaemann: Ehe es zu spät ist. Ein Appell. München 1983, S. 14 f.

45 a. a. O., S. 17

46 ebd.

47 a. a. O., S. 18

48 Vgl. Bast, a. a. O., S. 90 ff.

Max Liedtke

BEGRÜNDBARKEIT UND PÄDAGOGISCHE VERMITTELBARKEIT VON TOLERANZ

1. Zur Geschichte der Toleranz

Als Toleranz kann die Bereitschaft verstanden werden, psychische oder physische Normabweichungen zu dulden und diese Normabweichungen in keiner Weise strafrechtlich, ökonomisch oder durch gesellschaftliche Diskriminierungen zu ahnden. Insoweit dient Toleranz dem Schutz von Minderheiten, d. h. von Gruppen, die sich zahlenmäßig oder machtpolitisch in einer abhängigen Position befinden.

Auf größere Normabweichungen mit Aversion oder Ausstoßung zu reagieren, ist ein bei allen höheren Tieren verbreitetes Verhalten[1]. Durch die Ausstoßung stark von der Norm abweichender Individuen wird ein höheres Maß an genetischer und sozialer Homogenität gesichert. Homogenität z. B. in Mimik, Gestik und akustischen Zeichen ist Voraussetzung für die Kommunikation in einer Gesellschaft. Sie ist bei Organismen, die nicht über die kognitiven Fähigkeiten verfügen, Infektionskrankheiten zu diagnostizieren, zugleich ein hygienischer Schutzfaktor der Gesellschaft. Es gibt keinen Anlaß anzunehmen, daß nicht auch der im Humanbereich beobachtbare "Homogenitäts — druck" eine genetische Wurzel hat. Die unüberschaubare Zahl gesellschaftlicher Konflikte und kriegerischer Auseinandersetzungen in der Geschichte des Menschen bezieht sich keineswegs nur auf den Kampf um ökonomische Ressourcen, sondern in großem Umfang auch auf Auseinandersetzungen mit sprachlich, kulturell und weltanschaulich abweichenden oder "fremdartigen" Gruppen. Gerade die abendländische Geschichte der letzten 2 Jahrtausende ist - obwohl schon früh zaghafte Forderungen nach Toleranz geäußert wurden[2] - Beleg für solche Auseinandersetzungen. Durch die Kirchengeschichte ziehen sich breite, mit Kriegen und inquisitorischen Greueltaten markierte Spuren des Streites um die wahre Lehre oder um die Frage, ob Ketzer - wer immer den anderen gerade so definiere - zu dulden seien.

In der christlich-katholischen Tradition war seit dem Mittelalter dominierende Meinung, daß Ketzer nicht zu dulden seien. Dabei konnte man sich auf Deuteronomium, Kap. 13, stützen, wo in unerbittlicher Schärfe die völlige Ausrottung derer gefordert wird, die dazu aufrufen, andere Götter zu verehren. Entsprechend begründete THOMAS VON AQUIN in der Summa theologiae, daß Ketzerei eine Sünde sei, wegen der man verdiene, nicht nur von der Kirche durch Exkommunikation, sondern auch von der Welt durch den Tod ausgeschlossen zu werden[3]. Die Konstitution Kaiser FRIEDRICHS II. vom 22.11.1220 hatte bereits die Bekämpfung der Häresie auch zu einer Angelegenheit der weltlichen Macht erklärt. LEO X. (1475 - 1521) hatte es ausdrücklich als Irrlehre bezeichnet, wenn jemand behauptete, Ketzerverbrennungen verstießen gegen den Heiligen Geist[4].

Die Reformatoren wie M. LUTHER wandten sich zunächst energisch gegen jede Form gewaltsamer Disziplinierungen in Glaubensangelegenheiten, weil der Glaube ein freies Werk sei, zu dem niemand gezwungen werden könne[5]. Vermutlich war es einfach das Ergebnis einer Umkehrung der Mehrheiten, daß LUTHER schon Ende der 20er Jahre empfahl, "wo man's schaffen kann..., zwieträchtige Lehrer nicht zu dulden" und sie notfalls zur Predigt zu treiben[6]. In einem Kommentar zum 82.Psalm befürwortet er 1530 die Todesstrafe für diejenigen, die gegen die im Credo ausgesprochenen Glaubensartikel predigten[7]. Gegen Juden nahm er in alttestamentarischer Gnadenlosigkeit Stellung[8], ebenso gegen das Papsttum[9]. CALVIN verteidigte mit Bezug auf Deuteronomium, Kap. 13, die Todesstrafe gegen Häretiker und Gotteslästerer und hielt es bei dem Vollzug der Strafe mit Rücksicht auf die Ehre Gottes für geboten, alle mitmenschlichen Regungen zu unterdrücken[10].

Nach den philosophischen Schulen der griechischen und römischen Skeptiker waren es erst die neuzeitlichen Humanisten, die - obgleich nicht ungläubig - genügend Distanz zur christlichen Tradition entwickelten, um angesichts der offenkundigen Unentscheidbarkeit bestimmter theologischer Streitfragen und angesichts der für ein christliches Leben offenkundigen Bedeutungslosigkeit vieler dieser Fragen Toleranz gegenüber Häretikern fordern zu können. SEBASTIAN CASTELLIO und CAELIUS CURIO fragten in ihrer unter einem Pseudonym 1554 herausgegebenen Schrift: De haereticis an sint persequendi? (Ob Häretiker verfolgt werden sollen?). Sie verneinten diese Frage, weil sie eine Einigung in allen denkbaren theologischen Streitfragen für ausgeschlossen und eben auch für überflüssig hielten[11]. Es dauerte noch Jahrhunderte, bis sich das Denken, das CASTELLIO und CURIO angestoßen hatten, wenigstens als juristisches Postulat gesellschaftlich durchsetzen konnte. JOHN LOCKE bezeichnet in seinem "Brief über die Toleranz" 1685 - 86 Toleranz als das Hauptkennzeichen der wahren Kirche (chief characteristical mark of the true church)[12], schloß jedoch Katholiken davon aus, da sie u. a. der Meinung seien, Ketzern brauche Treu und Glauben nicht gehalten zu werden[13]. Ebenso waren Atheisten von der Toleranz ausgeschlossen, weil sie Gott leugnen und sich deswegen nach Meinung LOCKES an Versprechen, Verträge und Eide nicht verläßlich hielten[14]. Tolerierung auch der Atheisten forderte erstmals PIERRE BAYLE (1647 -

1706). Mit der Erklärung der Menschenrechte von 1789 wurde die Toleranzforderung in den Kanon der Menschenrechte aufgenommen: "Niemand darf wegen seiner Überzeugungen, auch nicht der religiösen, behelligt werden, vorausgesetzt, daß ihre Betätigung die durch das Gesetz gewährleistete öffentliche Ordnung nicht stört."

Mit dieser Kodifizierung der Toleranzpflicht, mit der zugleich das Recht auf Toleranz gewährt war, war geschichtlich in der Tat eine neue Ebene auf diesem Weg zu einer Pluralität tolerierenden Gesellschaft erreicht. Aber wenn auch im Laufe des 19./20. Jahrhunderts alle Verfassungen den Staat zur Toleranz verpflichteten, war damit Toleranz noch nicht realisiert. Nicht nur daß die Toleranzpflicht umstritten blieb - in den faschistischen und totalitären Regierungen wurde Toleranz weiterhin als liberalistische oder bürgerliche Verweichlichung abgetan -, der Streit verlagerte sich von der Grundsatzfrage, ob Toleranz zu gewähren sei, auf die scheinbar bloß kasuistische Frage, wieviel an Abweichung toleriert werden könne, ohne daß die öffentliche Ordnung gestört werde. Ohne Zweifel muß das Maß an Toleranz wie überhaupt die Ausübung jedes Rechtes und jeder Pflicht orientiert sein an der öffentlichen Ordnung, soweit damit die elementaren Überlebensbedingungen der Gesellschaft und damit natürlich auch die Bedingungen der Möglichkeit von Toleranz gemeint sind. Andererseits ist in der Geschichte mit dem schnellen Hinweis auf die Gefährdung der öffentlichen Ordnung Toleranz oftmals stranguliert worden. Toleranz ist offensichtlich eine schwierige Tugend, die, auch weil sie geschichtlich noch sehr jung ist, immer erneuter Rechtfertigung, Auslotung und Wachsamkeit bedarf.

2. Zur Begründbarkeit von Toleranz

Setzt man voraus, daß niemand verpflichtet werden kann zu tun, was er nicht kann[15], dann kann grundsätzlich nicht erwartet werden, daß alle Menschen bezüglich aller Phänomene zu völlig identischen Lernergebnissen, Werthaltungen usw. gelangen. Vielmehr muß mit einer sehr breiten Streuung unterschiedlicher Werthaltungen, Lernergebnisse usw. gerechnet werden.

2.1 Das Argument der genetischen Unterschiede

Obgleich die Zugehörigkeit zu einer biologischen Art gerade durch die weitgehende genetische Identität der jeweiligen Individuen definiert ist und insoweit auch alle Menschen ein die menschliche Art konstituierendes gemeinsames biologisches Erbgut tragen, durch das Gestalt und Verhalten als Dispositionen festgelegt sind, können die einzelnen Individuen innerhalb einer Art erheblich variieren. Das liegt einmal an den - von Art zu Art allerdings unterschiedlichen - Mutationsraten. Schon wegen der sich unter physiologischen oder chemischen Einwirkungen unablässig vollziehenden Mutationen des Genotyps, bleibt keine Art biologisch identisch, sondern verändert sich über die individuellen Varianten unablässig. Die Varianz ist noch größer bei geschlechtlich sich fortpflanzenden Organismen. Durch die 2^{23} Kombinationsmöglichkeiten der elterlichen Chromosome beim Menschen ist - mit Ausnahme der eineiigen Zwillinge - genetisch kein Mensch dem anderen gleich. Selbst bei eineiigen Zwillingen könnten aber auch noch unterschiedliche plasmatische Erbfaktoren variierend im Spiel sein[16]. Diese innerartlichen interindividuellen Unterschiede im Genotyp haben, sofern sie dominant sind, selbstverständlich auch phänotypische Unterschiede zur Folge, wenn auch im Verhaltensbereich eine exakte Parallelisierung von Genotyp und Phaenotyp noch kaum möglich ist. Soll eine biologische Art, soll der Mensch auch nur überlebensfähig sein, muß er die innerhalb eines Variationsbereiches durchschnittlich zu erwartenden Varianten in Gestalt und Verhalten auch tolerieren. Dies ist verhaltensphysiologisch in der Regel zunächst schon einfach durch die "Unauffälligkeit" der Varianten gesichert, die sich im Laufe vieler Generationsfolgen zu größeren Unterschieden, wie wir sie etwa bei den unterschiedlichen Rassen kennen, summieren. Gegenüber "positiven Varianten" ist "Toleranz" auch durch Wertungsmuster gewährleistet, die auf Höherdifferenzierung, d.h. etwa bei Reizkonstellationen, die in Richtung auf supranormale Objekte verändert sind, stark positiv ansprechen[17]. Hier liegt die biologische Basis dafür, daß der Mensch, wie K. E. MAIER feststellt, nicht nur einfach am Vorbild lernen kann, sondern auch mit Freuden daran lernt, ob dieses Vorbild unmittelbar erlebt wird oder auch nur literarisch vermittelt ist[18].

2.2 Das Argument der unterschiedlichen Lernumwelten

Obwohl genetische Unterschiede im Humanbereich in der Geschichte wie in der Gegenwart auslösende Momente weltweiter gesellschaftlicher Intoleranz waren oder sind (vgl. Apartheid), haben sie gleichwohl ein geringeres Gewicht als die lernabhängigen Unterschiede. Das hängt damit zusammen, daß die lernabhängigen Unterschiede wesentlich größer sein können. Während im menschlichen Genotyp etwa $5 \cdot 10^9$ Bits gespeichert sind und die hier gespeicherten Informationen auch keinen großen Variationen unterliegen können, falls noch geschlechtliche Fortpflanzung möglich sein soll, kann das menschliche Gehirn nach Schätzungen etwa 10^{14} Bits aufnehmen[19], die aber in Abhängigkeit von der jeweiligen Lernumwelt nach Umfang und Art außeror-

dentlich schwanken und somit Andersartigkeit, Fremdheit
konstituieren können, die Auslöser für Intoleranz sind.

Von den quantitativen Unterschieden (Förderung oder
nicht, Schule oder nicht usw.), soll hier abgesehen und
als Beispiel für lernabhängige Variationsmöglichkeit allein die unterschiedliche ökologische Situation angesprochen werden. Ein am Ganges aufgewachsenes Kind lernt eine
andere Fauna und Flora kennen, andere geologische und
klimatische Bedingungen als ein in Regensburg an der Donau aufgewachsenes. Es lernt andere Formen des Handwerks
und Gewerbes kennen und hat so von Klima, Fauna und Flora
auch andere Vorstellungen als das Kind in Regensburg.
Aber es lernt auch eine andere Sprache, eine andere Musik, eine andere Religion. Gerade am Beispiel der Musik
und der Religion wird deutlich, daß nicht nur einfach
unterschiedliche kognitive Inhalte an Ganges und Donau
gelernt werden, sondern auch unterschiedliche Wertvor-
stellungen und Wertungsmuster, die nicht leicht aus-
tauschbar und ebenso nicht leicht aufeinander abstimmbar
sind. Die faktisch vorhandenen unterschiedlichen Lernumwelten, zu deren Adaptierung das Lernen evolutiv ja entwickelt worden ist, sind die Ursache der großen kulturellen Varianz. Diese Varianz kann sicher durch weltweite
Kommunikationssysteme verringert, aber niemals völlig
ausgeräumt werden. Selbst ein nur als Konstrukt denkbares
identisches Lernangebot würde von den Schülern auf Grund
der doch immer variierenden Lebenswege, der unterschiedlichen Stimmungslagen und Perspektiven unterschiedlich
rezipiert und erlebt, so daß immer Wissens-, Meinungs-
und Einstellungsvarianten blieben, neue 'Minderheiten'
entstünden und weiterhin Toleranz erforderlich bliebe.

Auch über das Lernen ist keine homogene Gesellschaft zu
erwarten. Vielmehr wird die schon genetisch gegebene
Varianz durch das Lernen wesentlich verstärkt. Kein Lern-

ergebnis deckt sich in allen seinen Dimensionen mit dem Lernergebnis irgendeines anderen Menschen, erst recht nicht die Summe aller Lernprozesse und Erfahrungen.

2.3 Das Argument von den unabschließbaren Lernprozessen

Stärker noch als durch die unterschiedlichen Lernumwelten wird die interindividuelle Varianz des Wissens und der Einstellungen dadurch vergrößert, daß ein Lernprozeß niemals abschließbar ist, ein Lernergebnis im strengen Sinne vielmehr immer nur ein abgebrochener Lernprozeß ist. Bei der diskursiven Anlage unseres Erkenntnisvermögens, das zur Beantwortung einer Frage einer jeweils tieferen Begründungsbasis bedarf und schon deswegen weder eine Erstursache noch ein Endziel "begründen" kann, reichen unsere Fragen grundsätzlich weiter als die möglichen Antworten. Unser Erkenntnisstand ist mehr durch eine vorläufige Wegemarkierung, nicht durch einen Zielpunkt, der keiner Frage mehr bedürfte, gekennzeichnet. Sofern Lernen bedeutet, sich die reale Welt in einer verständlichen Ordnung zu erschließen, sind Lernprozesse auch mit Hilfe rasanter von Generation zu Generation fortschreitender Wissenskumulierungen nicht abschließbar, weil unter den Bedingungen des 2. Hauptsatzes der Thermodynamik die Entropie, die jeder Höherdifferenzierung und damit auch dem Lernen gegenläufig ist, zunimmt. Als die Summe abgebrochener Lernprozesse ist unser jeweiliger Erkenntnisstand auch deswegen anzusehen, weil informationstheoretisch mit der abnehmenden Größe eines beobachteten Punktes der Energieaufwand in einer Weise wächst, daß schließlich der Punkt nicht mehr auflösbar ist. "Erkenntnisgewißheiten" können deswegen immer nur Näherungswerte sein.

Faktisch aber bleibt jedes Individuum wegen der engen Fristen seines Lebens weit vor den prinzipiell zu erwartenden Endpunkten möglicher Erkenntnis stehen. Die in den

Büchern, künstlerischen und technischen Produkten des
Menschen angesammelten schätzungsweise 10^{17} Bits[20] vermag
kein einzelner Mensch aktuell zu wissen. Eben wegen der
Fülle des kumulierten und praktisch verwertbaren Wissens
ist Arbeitsteiligkeit in Handwerk, Technik und Wissenschaft erzwungen worden. Der einzelne Mensch kann nur in
zunehmend kleinen Ausschnitten das kumulierte Wissen
übernehmen und nur in noch kleineren Segmenten vermehren.
In den meisten Bereichen muß er an von Individuum zu Individuum verschiedenen Stellen seine Lernprozesse abbrechen und seine wissenschaftliche, politische und weltanschauliche Orientierung an Hand dieses - von Mensch zu
Mensch und von Kultur zu Kultur variierenden - Teilwis-
sens suchen.

Den Anspruch unumstößlicher Sicherheit kann menschliche
Erkenntnisfähigkeit nicht einlösen. Deswegen ist auch
die augustinische Unterscheidung "errantes diligite,
errores interficite" (die Irrenden liebet, die Irrtümer
tötet; Augustinus, Contra litteras Petiliani[21]) keineswegs unproblematisch. In strengem Sinne ist eben schon
der Irrtum, der getötet werden soll, nicht feststellbar.
Die Geschichte hat vielfach belegt, daß allein die Anmaßung, die Wahrheit zu besitzen, schließlich Anlaß
schärfster Intoleranz war, insbesondere, wenn die als gesichert geglaubte Wahrheit über die Form befand, in welcher Weise sich die Liebe gegenüber den Irrenden am gün-
stigsten äußert.

2.4 Grenzen der Toleranz

Wenn wir auch als Menschen niemals im Besitz unumstößlicher Wahrheiten sein können, folgt daraus weder ein wissenschaftlicher Agnostizismus, noch ein sittlicher Indifferentismus, noch eine libertinistische Toleranz. Wir
müssen und können mit den Bruchstücken an Wissen und

Weisheit leben, wie sie uns als Menschen nur zugänglich sind. Es folgt schon deswegen kein wissenschaftlicher Agnostizismus, weil allein die Begründung der Notwendigkeit von Toleranz auf einem System von erkenntnistheoretischen Voraussetzungen beruht, das unter den gegebenen geschichtlichen Bedingungen als geeignet akzeptiert ist, praktikable und kommunikable Erkenntnisse zu gewinnen, und das - in dieser Argumentation das System der Voraussetzungen des galileischen Wissenschaftsbegriffs - anderen vorgezogen wird. Wenn man aber auf der Basis dieses Systems denkt, wird man erwarten, d. h. es für wahrscheinlich halten, daß nicht alle Menschen dasselbe wollen und lernen.

Es folgt auch kein sittlicher Indifferentismus. Toleranz zu verlangen und zu gewähren, setzt bereits die Anerkennung eines Kanons an Werten voraus wie die Wertschätzung des Lebens, Wertschätzung des individuellen Lebens, Anerkennung des Grundsatzes, Sollen setzt Können voraus usw. Über die Analyse der phylogenetischen Voraussetzungen unseres Wertbewußtseins läßt sich dieser Kanon näher bestimmen[22]. Toleranz kann im Grundsatz überdies nicht gegenüber Individuen und Gruppen gelten, die ihrerseits keine Toleranz gewähren wollen. Bei gesellschaftlichen Sanktionen wird gleichwohl auch hier zudem zu fragen sein, inwieweit intolerante Minderheiten ohne größere Nachteile für die Gesamtgesellschaft noch toleriert werden können. Geht man von der Gauß'schen Normalverteilung aus, sind immer auch extremistische Randgruppen zu erwarten, die aber, sofern sie nicht militant sind, innerhalb eines größeren Systems tolerierbar sind.

Auch diese Grundsätze sind nur Näherungswerte. Aber soweit wir überhaupt zu urteilen in der Lage sind, sind diese elementaren Grundsätze als ein Grundkonsens für das Zusammenleben der Menschen unerläßlich. Es sind zugleich

Grundsätze, die auf Grund der gemeinsamen stammesge-
schichtlichen Herkunft (sehr große Schnittmenge identi-
scher genetischer Informationen) und auf Grund der trotz
aller Varianten in vieler Hinsicht doch vergleichbaren
Umwelterfahrungen (Geltung logischer, physikalischer,
chemischer, biologischer Gesetze, kulturübergreifende soziale Situationen und Prozesse) auch jedem zumutbar sind.

3. Zur Frage der pädagogischen Vermittelbarkeit von
   Toleranz

Wiederum schon die Geschichte belegt, in welchem Umfang
über kulturelle Traditionen Toleranz und Intoleranz der
Gesellschaft beeinflußbar sind. Zweifellos variiert die
Toleranz einer Gesellschaft stark mit der kognitiven Vorstellung, die eine Gesellschaft sich über die rechtliche
und moralische Notwendigkeit wie auch über die Grenzen
von Toleranz macht. Die rationale Auseinandersetzung mit
der Funktion und der Rechtfertigung von Toleranz ist eine
Basis toleranten Verhaltens bzw. der Sensibilisierung für
die Notwendigkeit toleranten Verhaltens. Dies gilt
selbstverständlich auch für jede Erziehung und für jeden
Unterricht.

Aber wie K. E. MAIER mit Bezug auf J. H. PESTALOZZI feststellt[23], sichert die rationale Belehrung, so wichtig sie
für ein schließlich eigenverantwortliches Handeln ist[24],
keineswegs das gewünschte tolerante Verhalten, noch ist
diese Belehrung überhaupt der individualgeschichtliche
Anfang toleranten Verhaltens. Sieht man von grundlegenden
ontogenetischen Voraussetzungen der Entwicklung elementarer sittlicher Verhaltensweisen ab (z. B. die Befriedi-
gung der elementaren Bedürfnisse[25]), so liegt ein ontoge-
netischer Anfang von Toleranz in der schlichten Eingewöh-
nung toleranten Verhaltens, z. B. durch Vorleben und Ein-

üben von Riten der Höflichkeit, die eine gesellschaftliche Ausdrucksform von Toleranz sind, mindestens eine
Stauzone, unmittelbar bracchiale Ausbrüche von Intoleranz
abzupuffern.

Schließlich aber ist es erforderlich, dieses Verhalten
rational zu überprüfen und zu stabilisieren. Für diese
Stabilisierung genügt aber keineswegs die rationale Diskussion, ohne die zwar eine Verhaltensweise niemals sittlichen Rang erhalten kann. Größere Stabilität erhält das
gewohnheitsmäßig übernommene oder das bewußt korrigierte
Verhalten erst, wenn es internalisiert ist, d. h. wenn
eine Gefühlskomponente mitschwingt, durch die tolerantes
oder intolerantes Verhalten emotional positiv bzw. negativ beantwortet wird. Diese emotionalen Anteile toleranten Verhaltens mögen sich einstellen, wenn man persönlich
die Nachteile von Intoleranz oder die Freundlichkeit von
Toleranz am eigenen Leib oder deutlich ablesbar und "mit-
leidend" am Schicksal anderer erfahren hat. Solche Erfahrungen können erzieherisch oder unterrichtlich genutzt
werden, wie PESTALOZZI es am Beispiel der Nächstenliebe
getan hat, "da Altdorf brannte ..."[26].

Der schulische Unterricht wird für die breite Palette
sittlichen Verhaltens den Kindern nicht häufig solche
Ernstsituationen als Anknüpfungsmöglichkeiten bieten. Es
ist dann Aufgabe des Lehrers, z. B. über filmische oder
literarische Vorlagen, in denen der Schüler die Möglichkeit hat, sich mit einer handelnden Person zu identifi-
zieren und über das Erleben dieser Person die geschilder-
te Situation nachzuempfinden, solche Anknüpfungsmöglichkeiten zu vermitteln[27].

Die Schwierigkeit sittlicher Erziehung besteht dabei darin, daß erstens positive Stimmungslagen nicht erzwingbar
sind und daß zweitens, selbst wenn es dem Erzieher oder

Lehrer gelingt, solche Stimmungslagen zu vermitteln, niemals zu garantieren ist, ob denn nun der junge Mensch die rational geforderte oder begründete Handlung, mit jener Stimmungslage verknüpft. Insoweit kann Erziehung scheitern. Eltern wie Lehrer bleibt nichts, als entsprechende Angebote zu machen. Darüber hinaus bleibt zu hoffen, daß das Kind bzw. der Schüler das Angebot nutzt. Die Menschheit wäre aber längst ausgestorben, wenn diese Hoffnung nicht doch gute Wahrscheinlichkeitswerte auf ihrer Seite hätte. Insoweit ist es auch nicht leer, weltweit auf größere Toleranz zu hoffen.

ANMERKUNGEN:

1 Vgl. I. Eibl-Eibesfeld: Grundriß der Vergleichenden Verhaltensforschung. München 1969, S. 346

2 Vgl. Lactantius, geboren vor 250, gestorben 317

3 Thomas von Aquin: Summa theologiae II, II q 10

4 Vgl. W. Durant: Das Zeitalter der Reformation. 2. Aufl. Bern/München 1962, S. 433 (1. Aufl. 1959)

5 Vgl. Durant, a. a. O., S. 434

6 M. Luther: Sendschreiben und Bedenken. Gesammelt von W. L. de Wette, fortges. von Seidemann, Berlin, 6 Teile, Briefe V, 1825 - 1956, S. 136 f.

7 M. Luther: Werke. Kritische Gesamtausgabe, Bd. XXXI, 1, Weimar 1883 - 1948, S. 208 f.

8 M. Luther: Werke. Kritische Gesamtausgabe, Bd. XXXII, S. 233 ff.

9 M. Luther: Werke. Kritische Gesamtausgabe, Bd. LIV, S. 206 ff.

10 Vgl. Durant, a. a. O., S. 497 f.

11 Vgl. Durant, a. a. O., S. 499

12 J. Locke: Ein Brief über Toleranz (1685 - 86). Hamburg 1957, S. 2

13 Locke, a. a. O., S. 93

14 Locke, a. a. O., S. 95

15 In der abendländischen Tradition galt dies in dem
   Grundsatz "nemo ultra posse obligatur" als anerkannt
   (vgl. das Realisierbarkeitsprinzip bei H. Albert,
   Traktat über kritische Vernunft, Tübingen 1968, S.
   76 ff.). Auch der Koran erkennt diesen Grundsatz an
   (Sure 65, 8). "...denn Allah verpflichtet niemanden zu
   mehr, als er ihm gegeben hat..." (Sure 2, 234).

16 Vgl. M. Liedtke: Evolution und Erziehung. 2.Aufl. Göttingen 1976, S. 103 (1. Aufl. 1972)

17 Vgl. Liedtke, a. a. O., S. 265 ff.

18 Vgl. K. E. Maier: Grundriß moralischer Erziehung. Bad
   Heilbrunn 1986, S. 131 - 137

19 Vgl. C. Sagan: Unser Kosmos. München 1982, S. 290

20 Vgl. Sagan, a. a. O., S. 285

21 Zitiert nach B. Häring: Das Gesetz Christi. Freiburg
   1954, S. 887

22 Vgl. Liedtke, a. a. O., S. 251 ff.; vgl. J. G. Muhri:
   Normen und Erziehung. Analyse und Kritik von Herbert
   Spencers evolutionistischer Pädagogik. München 1982,
   S. 239 ff.

23 Vgl. Maier, a. a. O., S. 122 ff.

24 Vgl. Maier, a. a. O., S. 125

25 Vgl. M. Liedtke: Die Funktion der emotionalen Kompo-
   nente bei der Wertorientierung und Wertvermittlung.
   In: Blätter für Lehrerfortbildung 1978, H. 9, S. 388

26 J. H. Pestalozzi: Kleine Schriften zur Volkserziehung
   und Menschenbildung (1799). Bad Heilbrunn 1964 (3.
   Aufl.), S. 27

27 Vgl. M. Liedtke: Ob der Philipp still / wohl bei Tische
   sitzen will? Historische und systematische Marginalien
   zu leidigen Erziehungsfragen. In: Otto Koenig 70 Jahre. Kulturwissenschaftliche Beiträge zur Verhaltensforschung. Matreier Gespräche 1983, Wien/Heidelberg
   1984, S. 315 ff.

Karl Wolf

ALLGEMEIN-, BERUFS-, LEBENSBILDUNG –
IHR ZUSAMMENHANG, IHRE AMBIVALENZ

Das Wort "Bildung" hat verschiedene Anwendungsbereiche bis
in die Naturwissenschaften hinein; hier gebrauchen wir es
im pädagogischen Zusammenhang und meinen, zunächst noch
wertungsfrei, den Bildungszustand des einzelnen Menschen,
den körperlich-intellektuell-emotionalen Zustand zu einem
bestimmten Zeitpunkt, sein Wissen und Können, seine Gesin-
nungen und Haltungen, die entsprechende Handlungsweisen
in gegebenen Situationen erwarten lassen[1]. Wenn man aber
von "Gebildeten" spricht, so ist darin schon eine Wertung
enthalten, die diese von weniger Gebildeten oder von "Un-
gebildeten" abhebt. Dabei steht der Gedanke einer **Allgemeinbildung** im Vordergrund, der seinen Ursprung in der
Idee der Enkyklios Paideia, der Enzyklopädie (des Umkrei-
ses der Bildung) aus der griechischen Antike hat und mit
der Idee von den Sieben Freien Künsten (Trivium: Gramma-
tik, Dialektik, Rhetorik; Quadrivium: Arithmethik, Geome-
trie, Astronomie, Musik) den "Lehrplan des Abendlandes"[2]
bis zu den gegenwärtigen Allgemeinbildenden Schulen beeinflußt. Diese bauen sich auf einer Primärstufe (elementare
Allgemeinbildung) auf, es folgt die Sekundarstufe I für die
10- bis 14-Jährigen, die Sekundarstufe II für die 15- bis
18- oder 19-Jährigen. Die allgemeinbildenden höheren Schulen enden mit dem Abitur, österreichisch der Maturitäts-
oder Reifeprüfung; mit dem Reifezeugnis wird die mehr oder
minder gute höhere Allgemeinbildung bestätigt, was noch
immer ein gewisses gesellschaftliches Prestige, auch für
die Mitläufer mit sich bringt, aber kaum schon eine berufliche Qualifikation. Diese wird erst mit besonderen Aus-

bildungskursen oder mit einem spezialisierten Hochschul-
studium erworben, auch dieses nicht ohne Praxis.

Berufsbildung geht den Weg der Praxis, etwa im - meist
heimatlichen - Bauernhof oder im Meisterbetrieb oder in
der Fabrik, der ungelernte Hilfsarbeiter wird geschickter
im Vollzug seiner Arbeit. Gleichwohl ergänzen Fortbil-
dungsschulen, Berufsschulen die Praxis der Meisterlehre,
einige Stunden jede Woche oder zusammengefaßt mehrwöchige
Kurse jedes Jahr.

"Berufsbildende" Schulen bauen Praxis in den Lehrbetrieb
ein, sie verbinden berufsorientierte Fächer mit allgemeinbildenden, die ihrerseits wieder mehr praxisorientiert
sein können, etwa in Handelsschulen der kaufmännische
Schriftverkehr im Rahmen des Sprachunterrichts[3]. Insofern,
weil auch allgemeinbildend, trifft das Wort "be-
rufsbildend" für diese Schulen nicht die ganze Sache. Aber
auch die volle Berufsbildung wird durch sie n i c h t
erreicht; denn wohl überall bedarf es der Probe- bzw. An-
wartschaftszeiten, in denen die schulische Berufs v o r -
bildung durch eine Art nachträglicher Meisterlehre ergänzt
und konkretisiert werden muß. Das gilt ja auch für akade-
mische "Ausbildungen", die erklärtermaßen nur V o r -
bildung sein können.

Die selbständige, selbstverantwortliche Berufsausübung
verlangt ihrerseits die Verwertung eigener Erfahrung, und
auch der Erfahrungsaustausch mit Kollegen führt weiter;
man lernt nie aus. Berufsbildung ist ein mindestens bis
zum Ruhestand während Prozeß. Im Ruhestand selber regi-
striert man gerne die Fehler der zu wenig erfahrenen nachwachsenden Generation und bekennt selbstironisch nach einem Salzburger Volksspruch:

> "Ja, ja, so geht's, und neamd versteht's,
> Und i verstand's,
> Aber mi fragt neamd."

Beliebter freilich als Kritik ist "ein herzlich Anerkennen", das nach Goethe "des Alters zweite Jugend" wäre.

Daß die oben skizzierte Allgemeinbildung und die Berufsbildung nicht die volle Bildung abdecken, möchte ich mit dem Begriff der **Lebensbildung** umschreiben. In einer Maturazeitung standen folgende Bemerkungen eines abgehenden Gymnasiasten: "Was wir n i c h t gelernt haben: In den vergangenen acht Jahren konnten wir uns, dank der Mühe unserer Professoren, eine ganze Menge Wissen aneignen. Wir haben auch manches gelernt, was wir im Beruf brauchen werden. Eines aber haben wir nicht gelernt: das Leben! Wir haben nicht gehört, wie wir am besten Menschen behandeln; nicht, wie wir die Krisen im Laufe des Lebens überwinden können; nicht, was Liebe ist; nicht, wie wir uns zu verhalten haben, um eine glückliche Ehe zu führen; nicht, wie wir in einigen Jahren unsere Kinder zu erziehen haben, und manches andere ..."[4] Diese Worte, so sehr sie auch die Schule überfordern und ja auch nicht allein die Schule betreffen, sondern auch die Familien und mannigfache Einrichtungen zur Lebenshilfe, die Kirchen, die Erwachsenenbildung, deuten eine unendliche Aufgabe an.
Sie setzt ganz früh z. B. mit der hygienischen Disziplinierung ein, mit der Körperpflege, die mit wachsenden Jahren immer mehr von der Fremdbedienung in die Selbstbedienung übergehen muß und eine täglich geübte Selbstverständlichkeit wird. Fremde Leistung, Pflege wird durch den Willen zur Selbständigkeit, den das normale Kind von Natur aus hat, durch eigene, wenn auch anfangs ungeschickte Bemühung ersetzt. Man bedenke, was es für ein Kleinkind bedeutet, wenn es sich selber ankleiden, die Schuhbänder knüpfen kann! Wo aber "Selbstbedienung" - schon Tolstoi hat darauf hingewiesen - noch nicht möglich ist, kann das Kind durch kleine Gegenleistungen, den sogenannten "kleinen Fleiß", wie es in der bäuerlichen Erziehung heißt, das

Prinzip der Gegenseitigkeit erfahren, die ein anständiges
Leben bestimmen soll[5]. Verwöhnung unterstützt parasitäre
Anwandlungen, ja Entwicklungen, die sich später unheilvoll
auswirken können. Es sei damit aber auch nicht einer Über-
forderung der Kinder oder einer Spielfeindlichkeit das
Wort geredet, das rechte Maß zwischen Überforderung und
Verwöhnung zu treffen ist Sache besonderer pädagogischer
Klugheit. Ebenso darf das Gegenseitigkeitsdenken nicht in
eine Rechenhaftigkeit ausarten, es muß großzügig bleiben,
man darf z. B. den Hilfsbedürftigen auch ohne Aussicht auf
Gegenleistung nicht im Stiche lassen. Situationsgemäße
Hilfeleistung ist auch dann am Platze, wenn die entspre-
chende Gegenleistung nicht erwartet werden kann.

Neben der den Hang zur Bequemlichkeit bekämpfenden Arbeitshaltung gehört die Kenntnis und Beherrschung der lo-
kal und im eigenen Lebenskreis geltenden Umgangsformen,
Anstandsregeln oder "Sozialtechniken", wie einer diese
Dinge unterkühlt nennt, zur Lebensbildung[6]. Moderne Pädagogen stehen diesem Bereich eher kritisch gegenüber, weil
sie Fremdbestimmung, äußerlich aufgestülpte Handlungsmu-
ster, bloß Eingedrilltes befürchten, echter Unmittelbar-
keit entgegen. Hier folgen sie Rousseau[7] und haben auch
zum Teil recht: Denn Umgangsformen sind nicht Erfindung
oder spontane Äußerungen des einzelnen, sondern Angebote
der Gesellschaft, die der einzelne annehmen kann oder
nicht. Sie gelten für wiederholbare Lebenssituationen, sie
sind mehr oder minder normativ, sich ihnen zu entziehen
wird für mehr oder minder "ungezogen" gehalten. Diese Angebote der Sitte sind zum Teil uralte Erfindungen. Etwa
der Gruß als Bekundung dafür, daß man dem Gegenüber nicht
feindlich gesinnt ist, ihm vielleicht sogar Gutes wünscht.
Oder die Bitte als Bekundung, daß man nicht schroff be-
fiehlt und in die Freiheit des anderen eingreift, sondern,
zumindest fiktiv, ihm die Möglichkeit der Absage einräumt.

Diese und andere Formen der Höflichkeit werden von Vor-
ranggesetzen, oft der beruflichen Stellung, des Alters,
des Geschlechtes - in vielen Kulturen gilt der gesellschaftliche Vorrang der Frau - beherrscht. Dazu kommen die
ästhetischen Regelungen, etwa bei den Tischsitten, wo das
Laute, die häßliche oder zu schnelle oder zu langsame Bewegung u. s. w. verpönt sind. Ästhetik in der Sprache, wie
immer das verstanden wird, in Kleidung und Wohnung wird
vom Anstand her in bestimmten Formen normiert, wenn auch
meistens nicht starr festgelegt. Denn Höflichkeit und Anstand geben nur R a h m e n - angebote, die man eigen-
ständig variieren kann, etwa im Ton der Bitte oder im
Härtegrad des Händedrucks, in der relativen Ungezwungen-
heit bei Tisch. Dadurch wird Echtheit auch im bloß Überkommenen möglich.
Entscheidendes in der Lebensbildung kommt aus moralischen
Überlegungen. Der "Grundriß moralischer Erziehung" von KARL
ERNST MAIER gibt hiefür viele Hinweise[8]. MAIER zeigt, wie
die Moralphilosophie in ihrem Bestreben, zu allgemeingültigen Sätzen zu gelangen, immer abstrakter und inhalts-
ärmer, formaler werden muß. Ein Beispiel hiefür ist KANTS
"Kategorischer Imperativ": "Handle nur nach derjenigen
Maxime, durch die du zugleich wollen kannst, daß sie ein
allgemeines Gesetz werde."[9] Demgegenüber hat die von MAX
SCHELER begründete, von NICOLAI HARTMANN weiter ausgeführ-
te m a t e r i a l e W e r t e t h i k versucht,
konkreter zu werden[10]. O. F. BOLLNOW ist mit seiner "Einfachen Sittlichkeit"[11] weiter in die ethische Problematik
des Alltags vorgestoßen. Reiches Material für die Lebensbildung, aber immer noch nicht konkret genug, wie es sich
der Abiturient (Maturant) im oben zitierten Aufsatz vorstellt. Man kann ihn von der Philosophie weg weiter auf
die Angewandte Psychologie verweisen, über die MAIER in
seinem "Grundriß" viele Angaben macht, oder auf die Schöne
Literatur, die ja Einzelfälle, Einzelerlebnisse darstellt,

Vorbilder oder Warnbilder für die eigene Lebensführung. Literaturwissenschaft und Literaturunterricht im Rahmen der Sprachfächer können ihren Beitrag zur Lebensbildung leisten, wenn sie die Auseinandersetzung nicht nur mit der sprachlich-stilistischen Außenseite, sondern auch mit dem lebenskundlichen Hintergrund der Kunstwerke anbahnen[12]. Die Tendenz, sich der riskanteren Inhaltskritik zugunsten bloß formaler Fragen zu entziehen, kann manchmal beobachtet werden.

Die Naturwissenschaften, seit langem fest in der Allgemeinbildung verankert, gewinnen heute, angesichts der ökologischen Probleme, eine immer stärker werdende Bedeutung für die Lebenspraxis des einzelnen in Richtung einer allgemeinen Lebensreform, sei es in der Ernährung, der verantwortungsbewußten Behandlung des Abfalls, der Sorge um Gesundheit und vernünftige Nutzung der Freizeit und um vieles andere[13]. Von den verschiedensten Seiten werden Hilfen angeboten, institutionelle und nichtinstitutionelle, von den Kirchen, den Schulen, der Erwachsenenbildung, den Berufsvereinigungen, von der Presse, von den Berufskollegen und Freunden, am konkretesten von der eigenen Familie. Jeder muß die Anregungen von außen auf seine individuelle Situation anpassen, was eine schöpferische Leistung ist, die nicht allen gleich gut gelingt.

Die Lebensbildung hat wie die Berufsbildung und auch die Allgemeinbildung ihre Grade. Alle drei sind nicht scharf voneinander abzugrenzen. Man kann vielleicht sagen: Ein Wissen, Können und Bewerten, das der allgemeinen Orientierung über Natur und Kultur dient, gehört zur Allgemeinbildung; das Wissen, Können und Bewerten, das die Grundlage für eine Berufsausübung bildet, ist Berufsbildung, jedenfalls spezialisiert und praxisbetont. Wissen, Können und Bewerten zur Bewältigung der Aufgaben im privaten und sozialen Bereich sind Lebensbildung. Sie ist individuell,

abhängig vom soziokulturellen Milieu und zeitbedingt.
Alle drei Formen verbinden sich in jeweils verschiedener
Mischung zur individuellen Bildung des einzelnen.

Wertungen. Ambivalenz und Zusammenhang

Herkunft, Besitz, Beruf, weltanschauliche und politische
Einstellungen, schließlich Grade und Formen der Bildung
verleihen dem einzelnen abgestuftes Ansehen, Sozialprestige. Hier spielt die durch Zeugnisse bescheinigte Schulbildung der verschiedenen Stufen eine vielleicht zu große
Rolle. Die "Bildungskluft" zwischen den "Werktätigen" und
den "Studierten", Intellektuellen ist ein viel Unheil, wenig Nutzen schaffendes Phänomen. Man übersieht auf der
einen Seite, im Bildungsdünkel, daß auch die Handarbeit
Verstand braucht, und seien es einfache Arbeiten, und auf
der anderen Seite, daß auch die sogenannte geistige Arbeit, soll sie fruchtbar sein, mehr oder weniger Mühe abfordert. "Jeder kann etwas anderes mehr", wäre ein Wort
zur Güte.

Der **Allgemeinbildung** wird von seiten der Berufsbildung ihr
Luxuscharakter, ihre mangelnde Nützlichkeit vorgeworfen.
THOMAS BERNHARD schreibt in seiner autobiographischen
Schrift "Der Keller"[14] über eine glückbringende Wendung
seines Lebens, als er sich kurzerhand entschloß, das Gymnasium zu verlassen und in eine Kaufmannslehre einzutreten. Parallel dazu der Ausspruch eines Wundarztes in "Wilhelm Meisters Wanderjahren": "Narrenpossen sind eure allgemeine Bildung und alle Anstalten dazu. Daß ein Mensch
etwas ganz entschieden verstehe, vorzüglich leiste, ...
darauf kommt es an ..."[15] Daß das nicht Goethes eigene
Meinung ist, beweisen die Verse:

> Das mußt du als ein Knabe leiden,
> Daß dich die Schule tüchtig reckt.
> Die alten Sprachen sind die Scheiden,[16]
> darin das Messer des Geistes steckt.

Bloße **Berufsbildung** unterliegt der Gefahr einer "deformation professionelle", der "Betriebsblindheit", des restlosen Aufgehens im eigenen Beruf, wogegen Gegengewichte geschaffen werden, die in Richtung einer Allgemeinbildung tendieren: Lesen von Zeitungen, Fernsehen, Reisen, Wallfahrten, Feste im religiösen Bereich, musische Bestrebungen, Bauerntheater, Kolpingbühnen, Blasmusik, Volksliedchöre und vieles andere den Geist über die Erfordernisse des Berufes Ausweitende.

Das Sozialprestige der einzelnen Berufe ist unterschiedlich. Lernberufe mit ihrer Dreigliederung Lehrling - Geselle (Angestellter) - Meister (Chef) genießen im ganzen höheres Ansehen als bloße Anlernberufe, das allgemein respektiert wird.

Auch die außerberufliche **Lebensbildung** hat ihre Schichtenunterschiede, die sich z. B. in ländlichen oder städtischen Sitten, in bäuerliche, arbeiterliche, bürgerliche, adelige aufgespalten, manifestieren. Da können periphere Kleinigkeiten, z. B. wie einer Serviette, Messer und Gabel benutzt, gesellschaftliche Klüfte aufreißen. Nicht zu reden von der Kleidung, die die Leute macht.

Der Wettlauf um höhere Geltung beherrscht den "Jahrmarkt der Eitelkeit"[17]. Schon in der Schule wird um die jeweils besseren Noten gekämpft, im Sport um Hundertstel Sekunden Vorsprung. Glücklich der Lehrer, wenn er einige Schüler über die Notenjagd hinaus zu echtem Interesse an der Sache im Sinne des Wundtschen "Prinzips der Heterogonie der Zwecke"[18] emporheben kann; dazu hilft ihm die eigene Verbundenheit mit seinem Gegenstand. Glücklich die Schüler, die solche für ihr Fach engagierte Lehrer haben. Ein Höhepunkt eines sportlichen Wettkampfs ist,wenn gute Verlierer

und Sieger einander für die Ermöglichung eines niveauvol-
len Spieles danken. In der Ilias schon gibt es ein Beispiel, daß nach stundenlangem Einzelkampf das Ringen um
den Sieg bei Sonnenuntergang unterbrochen wird und die
Kämpfer sich voneinander mit Geschenken verabschieden[19].
Ein ideales Beispiel von Lebensbildung.

Der Vorwurf des geringen praktischen Nutzens von Allgemeinbildung sollte nicht mit dem Gegenvorwurf banausischen
Denkens, das nur auf Nutzen aus ist, mit der Diskriminie-
rung der Nützlichkeit entkräftet werden, sondern mit dem
Hinweis auf den m i t t e l b a r e n Nutzen, den z.B.
jede Horizonterweiterung als Anregung für eine phantasie-
volle Lebensgestaltung in sich trägt. Allgemeinbildung,
Berufsbildung und Lebensbildung zu versöhnen, wie auch die
verschiedenen Prestigeplänkeleien zu entschärfen, diese
Aufgabe sei der pädagogischen Theorie wie der Praxis gestellt[20].

ANMERKUNGEN:

1 Vgl. zum Ganzen, Karl Wolf: Konkrete Bildung. München
  1964 und Wien 1972

2 Vgl. Josef Dolch: Lehrplan des Abendlandes. Darmstadt
  1982 (3. Aufl.)

3 Vgl. Josef Schermaier: Überlegungen zum Nutzwert der
  Historie für die Pädagogik. In Schermaier/Rothbucher/
  Zecha: Aspekte praxisbezogener Pädagogik. Festschrift
  für Karl Wolf. Salzburg 1980, S. 76 ff.

4 H. Worliczek, in einer Salzburger Maturazeitung 1967

5 Vgl. vom Verf.: Pädagogische Gegenseitigkeit. In Asper-
  ger-Haider: Geben und nehmen (Veröffentlichung der
  Salzburger Internat. pädagogischen Werktagungen 31).
  Wien 1977, S. 32 - 40

6 Darüber der Verf.: Wandlungen in Sitte und Sozialverhalten. In Prohaska: Lebensformen und Lebensgestaltung
  in der technischen Welt (w. o.). Wien 1964, S. 85 - 98,
  und ders: Sitte und Anstand in der Erziehung. In
  Prohaska: Personentfaltung und Erziehung (w. o.), Wien

1968, S. 125 - 129, und ders. (in neugriechischer Sprache): To ethos metaxy dikaiou kai eh tikes (Sitte zwischen Recht und Sittlichkeit). In: Armenopoulos KB 6-7,
Thessaloniki 1968, S. 255 - 265, und ders.: Die Sitte
in der Krise. In: Pädagogische Welt. Donauwörth 1969,
Heft 1, S. 2 - 8, und ders.: Sitte. In: Kleines Lexikon
der Pädagogik und Didaktik. Hrsg. v. H. Zöpfl u. a.,
Donauwörth 1970, S. 170 f., und ders.: Nähe und Distanz
durch Sitte. In Asperger-Haider: Bedrohung der Privat-
sphäre - Erziehung oder Manipulation in einer offenen
Gesellschaft (w. o.). Salzburg (Selbstverlag der Internat. pädagogischen Werktagung) Salzburg 1978, S. 44 -
57, und ders.: Bäuerlicher Anstand. In: Unser Weg.
Heft 4, Graz 1960, S. 183 - 187

7 J. J. Rousseau: Émile ou de léducation, 1762, 1. Buch:
R. bekämpft die "Macht der Gewohnheit" (lémpire de
lhabitude: Man soll sich nicht daran gewöhnen, zu einzelnen Stunden zu speisen, zu schlafen, zu arbeiten, zu
ruhen, weder nur zur Nachtzeit oder nur am Tage. Die
Erziehung soll das Kind instandsetzen, jederzeit Herr
seiner selbst zu sein (être toujours maitre de lui
même").

8 Karl Ernst Maier: Grundriß moralischer Erziehung. Bad
Heilbrunn 1986

9 Immanuel Kant: Grundlegung zur Metaphysik der Sitten.
1785, Studienausgabe, Band 6, Darmstadt 1968, S. 52

10 Max Scheler: Der Formalismus in der Ethik und die materiale Wertethik. 1913, 2. Aufl. Halle 1921; Nicolai
Hartmann: Ethik. 1926, 4. Aufl. Berlin 1962

11 O. F. Bollnow: Einfache Sittlichkeit. Göttingen 1968
(4. Aufl.)

12 Dazu vom Verf.: Lebenskundliche Literaturbetrachtung.
In: Jugendgemäße Lebenskunde in der Entscheidung. Hrsg.
v. L. Prohaska und F. Haider, Wien 1970, S. 106 - 109,
und ders.: Skizze zu einer Wirkungslehre der Literatur.
In: Literarische Bildung und Erziehung. Hrsg. v.
Harro Müller-Michaels, Darmstadt 1976

13 Vgl. dazu vom Verf.: Ethische Naturbetrachtung. Eine
Philosophie des modernen Naturgefühls. Salzburg 1947,
und ders.: Die Natur - Lehrmeisterin zu Rücksicht oder
Rücksichtslosigkeit? In: Caritas 1975/76. Jahrbuch des
Deutschen Caritasverbandes, Freiburg 1975, S. 31 - 34

14 Thomas Bernhard: Der Keller. Salzburg 1976 (5. Aufl.),
dtv, München 1985, S. 7 ff.

15 Goethe: Wilhelm Meisters Wanderjahre, 2. Buch, 11. Kapitel gegen Ende

16 Goethe: Zahme Xenien VIII, Weimar 1923/28

17 So der Titel eines Romans von William Makepeace
   Thackeray, "Vanity Fair", 1847

18 Wilhelm Wundt: Einführung in die Psychologie. Leipzig
   1926 (6. Aufl.), S. 105

19 Ilias, 7. Gesang, V. 273 - 309

20 In "Futurum zwei" ("Walden Two") B. F. Skinners, des
   Erfinders des Programmierten Unterrichts, wird die
   Vision einer aggressionsfreien Gesellschaft beschworen.
   Dort ein humorvoller Vorschlag: Als besonders "niedrig"
   eingestufte Arbeiten werden mit reziprok   m e h r
   Freizeit belohnt statt nur niedrig entlohnt. Amerika-
   nische Ausgabe 1948, Rowohlt-Taschenbuch mit einer Ein-
   leitung von Walter Correll, Reinbek b. Hamburg 1972

Albert Reble

WAS FORDERT DIE SCHULE VON DER ERZIEHUNGSWISSENSCHAFT IN DER LEHRERAUSBILDUNG? BETRACHTUNGEN ZUR GESCHICHTLICHEN ENTWICKLUNG UND ZUR GEGENWARTSLAGE[1]

I. Zur geschichtlichen Entwicklung

Die Lehrerausbildung existiert um der Schule willen und hat sich daher an den jeweiligen Erfordernissen der Schule zu orientieren. Das gilt für alle Zeiten, also auch für die Gegenwart, ist aber kaum jemals so problembeladen gewesen wie heute. An der gegenwärtigen Lehrerausbildung wird denn auch von vielen Seiten, insbesondere von zahlreichen unmittelbar Beteiligten und Betroffenen, Kritik geübt. Häufig wird dabei geklagt über mangelnde Schul- und Praxisnähe, übermäßige Zersplitterung und Zerspaltenheit, über Mangel an Synthese und Zusammenschau, über hochgetriebene Abstraktionen, über Lebensferne. Diese Problematik erweist sich, wenn man ihr genauer nachgeht, als geschichtlich mitbedingt, und so dürfte ein Blick auf die historische Entwicklung in jedem Falle ratsam sein. Dabei muß zugleich bedacht werden, daß die Ausbildung und die Einordnung der pädagogischen Theorie in der Lehrerausbildung bei den Schularten recht unterschiedlich verlaufen ist. Hier seien nur das Gymnasium und die Volksschule in das Blickfeld gerückt.

1. Die Gymnasiallehrerausbildung

Was die Ausbildung der Gymnasiallehrer betrifft, so lassen sich insgesamt **vier Entwicklungsstufen** unterscheiden.

Nachdem auf der **ersten Stufe** die theologischen Studien als Grundlage der Berufsfähigkeit und Berufstätigkeit gegolten hatten,
schuf die Verselbständigung der Philologenausbildung (in Preußen 1810) als **zweite Stufe** einen Allround-Gymnasiallehrer, der in der Philosophischen Fakultät ein Studium generale absolvierte und darauf aufbauend Fachstudien in

einem der unterrichtlichen Hauptbereiche des Gymnasiums
(Sprachen, Mathematik, Realien) trieb, um sich schließlich in einer mündlichen und einer schriftlichen Prüfung
sowie einer Probelektion auszuweisen. **Vier prägende Momente** kennzeichnen diesen Ausbildungsgang:

Erstens hatte das Gymnasium damals noch einen geschlossenen Bildungskanon. **Zweitens** verstanden sich die Wissenschaften der Philosophischen Fakultät in jener Zeit noch
weitgehend als Bildungswissenschaften. **Drittens** hatten in
ihr die Philosophie und die klassische Philologie eine
unangefochtene zentrale Stellung. **Viertens** schließlich
enthielt der Studiengang entsprechend der damaligen Wis-
schenschaftssituation noch keine spezielle pädagogische
Theorie. Er zielte einfach auf den gebildeten Menschen
(man könnte dabei an die spätere Maxime E. SPRANGERS denken: "Bilden kann nur, wer selbst ein gebildeter Mensch
ist"), wobei aber das musische Element und eine explizite
pädagogische Orientierung noch nicht gefragt waren. Das
pädagogische Geschick hatte man bei der Prüfung dann sozusagen aus dem Stand heraus als pädagogisches Naturtalent
in einer Probelektion vorzuweisen.

In der zweiten Hälfte des 19. Jahrhunderts erfolgte eine
einschneidende Veränderung:

als **dritte Stufe** der Gymnasiallehrerausbildung entstand
allmählich das fachlich eingeengte Spezialstudium, das
von vornherein auf den Fachlehrer zielte. Folgende **fünf
Punkte** charakterisieren diesen tiefgreifenden Wandel mit
seinem Hintergrund und seinen Auswirkungen:

Erstens gehört dazu die folgenschwere Unstrukturierung
der Universität, insbesondere der Philosophischen Fakultät
(Verlöschen der zentrierenden Kraft der Philosophie, Herausbildung sich spezialistisch verstehender Fachwissenschaften). **Zweitens** steht in diesem Zusammenhang der Wandel des höheren Schulwesens selbst (neue Akzente im Humanistischen Gymnasium, Heraufkommen der realistischen
Schultypen, Auseinanderfallen des geschlossenen Bildungs-
kanons in eine Addition von 13, 14 oder 15 Fächern)[2].
Drittens ist zu nennen die wachsende Ausprägung des Fachspezialismus und des Fachegoismus in der Lehrerausbildung
selbst und dann auch in der Schule. **Viertens** wird in
gleichem Maße, wie das Studium fachlich eingeengt, ins
Detail geführt, in die Höhe getrieben und stärker gewich-
tet wird, die fächerübergreifende allgemeine Orientierung
an den Rand gedrückt und zu einem dürftigen philosophi-

schen bzw. philosophisch-pädagogischen "Begleitstudium" zurückgestuft. Obwohl sich allmählich die Pädagogik als eigenes Wissenschaftsgebiet herausbildete und ab Anfang des 20. Jahrhunderts sich als selbständige Erziehungswissenschaft an den Universitäten zu etablieren begann, änderte sich am peripheren Charakter des "Begleitstudiums" nichts Wesentliches. **Fünftens** gehört zur dritten Stufe der Gymnasiallehrerausbildung, daß das Studium selbst extrem schulfern gehalten ist und daß die darauf folgende unterrichtspraktische Einweisung (Referendariat) eine vom Studium relativ stark abgesetzte Struktur hat, die eher der Meisterlehre des alten Volksschullehrerseminars ähnelt, jedenfalls nicht auf einer wissenschaftlich soliden pädagogischen Grundorientierung aufbauen kann.

Dadurch, daß sich im Laufe des 20. Jahrhunderts auch an den Universitäten eine breite erziehungswissenschaftliche Forschung und Lehre entwickelte und daß diese dennoch dann auch noch in den fünfziger und sechziger Jahren nicht angemessen in Anspruch genommen und nicht sachgerecht am Studium der angehenden Gymnasiallehrer beteiligt wurde, entstand eine ebenso eklatante wie extreme Schieflage, die sich auf die Schule sehr negativ auswirken mußte. Das gewaltige quantitative Übergewicht der unterrichtsfachlichen Studien samt ihrer fachlichen Einengung, ihrer enormen Fachspezialisierung und ihren hochgetriebenen Fachleistungsansprüchen hat nämlich dazu geführt, daß in das Gymnasium anstatt pädagogisch orientierter und engagierter Lehrer vielfach verhinderte Hochschul-Physiker und andere Fachwissenschaftler kamen.

Diese mißliche Situation hat sich in der Bundesrepublik erst im Laufe der siebziger Jahre geändert. Nun wurde in den meisten Bundesländern die **vierte Stufe** der Gymnasiallehrerausbildung erreicht: eine Ausbildungsstruktur, die neben und mit den Unterrichtsfachstudien an der Hochschule auch eine angemessenere (und nicht bloß periphere) erziehungswissenschaftliche Grundorientierung enthält und entsprechende Ausblicke auf die Unterrichtspraxis einschließt. Der Freistaat Bayern ist jedoch bis heute über die alte dritte Stufe bei der

Gymnasiallehrerausbildung noch nicht hinausgekommen und praktiziert diese sogar in einer besonders krassen Form mit extremer Vernachlässigung der pädagogischen Grundorientierung. Das ergibt sich eindeutig aus der bayerischen Lehramtsprüfungsordnung vom 30.5.1978 (LPO I). Der angehende Lehrer für das Gymnasium und auch der für die beruflichen Schulen hat danach von den etwa 180 Semesterwochenstunden, die er zu studieren hat, für die Erziehungswissenschaft (Allgemeine Pädagogik und Schulpädagogik) insgesamt bekanntlich ganze sechs Semesterwochenstunden aufzuwenden, und irgendwelche Studien- und Leistungsnachweise während des Studiums hat er darüber überhaupt nicht zu erbringen. Die Erziehungswissenschaft scheidet also als Grundlage für den angehenden Gymnasiallehrer (und ebenso für den angehenden Lehrer an beruflichen Schulen) und für die Arbeit an diesen Schulen weitgehend aus. Was das für den Studierenden und für die Schule zu bedeuten hat, ist später zu erörtern.

2. Die Volksschullehrerausbildung

Hier lassen sich in der geschichtlichen Entwicklung ebenfalls vier **Stufen** unterscheiden[3]. Während auf der **ersten Stufe** - dem persönlichen Anlernen des Adepten als Schulgehilfen - pädagogische Theorie als feste Lehre noch keine Rolle spielte, wurde auf der **zweiten Stufe** - dem Lehrerseminar - neben den allgemeinbildenden Fächern und den praktischen Unterrichtsversuchen in der Seminarübungsschule ein Lehrfach Pädagogik entwickelt, ausgelegt nach der allgemeinpädagogischen, der didaktisch-methodischen, der psychologischen und der schulkundlichen Seite. Schulehalten forderte neben der Beherrschung der Volksschul-Unterrichtsstoffe nun auch schon mehr pädagogisch-geistige Bewußtheit und theoretisch mitgestützte Handlungskompetenz. Es entstand in der

Volksschullehrerausbildung damit das doppelte Spannungsfeld

> a) von stofflich-fachlichem Komplex und pädagogischem
> Komplex,
>
> b) von pädagogischer Theorie und pädagogischer Praxis.

Dabei waren aber auf dieser Stufe **drei Momente** charakte-
ristisch, durch die diese Spannungen in engen Grenzen gehalten wurden. **Erstens** hielt sich die pädagogische Theorie noch im Stile einer Rezeptpädagogik, also noch unterhalb der Ebene vollen wissenschaftlichen Anspruchs. **Zweitens** wurde das unterrichtliche Können noch als handwerk-
liche Praxis tradiert. **Drittens** stellte sich im Seminar-
lehrer die personale Einheit der Doppelfunktion dar: er
verkörperte in Ethos und Praxis das Zielbild der Lehrerausbildung und war im vollen Sinne des Wortes ein Schul-
Meister.

Eine tiefgreifende Umgestaltung erfuhr die Volksschulleh-
rerausbildung nach 1918 durch ihre **"Akademisierung"** (die
Bayern und Württemberg allerdings nicht mitvollzogen).
Ihre klarste Ausprägung erhielt diese

dritte Stufe der Volksschullehrerausbildung in der von E.
SPRANGER entwickelten und von C. H. BECKER realisierten
Konzeption der Pädagogischen Hochschule als "Bildner-
Hochschule". Bei knapper Charakterisierung lassen sich
folgende **sechs Punkte** als besonders wichtig anführen[4]:

a) Sie baute auf der Hochschulreife auf, d. h. die Aus-
bildungsbasis war nun gleichrangig mit allen wissen-
schaftlich-akademischen Ausbildungsgängen und brachte
auch in bezug auf Fachkompetenz für die Volksschulunter-
richtsfächer stark angehobene Voraussetzungen mit sich.
b) Die pädagogische Grundorientierung hatte in der Erziehungswissenschaft (und den einschlägigen Bezugswissenschaften Philosophie und Psychologie) jetzt volle wissenschaftliche Dignität mit uneingeschränktem wissenschaftlichen Anspruch.
c) Das unterrichtsfachliche und fachdidaktische Feld war
nicht zu ausgesprochenen Fachstudien durchgebildet, sondern zielte auf das Erfahren und Durchdenken von Lebens-
und Bildungsmächten mit fachdidaktischen und methodischen
Folgerungen in engem Zusammenhang mit der pädagogisch-didaktischen Grundorientierung.
d) Auch das Erlernen der Unterichtspraxis war gegenüber
dem Stil des alten Lehrerseminars umstrukturiert; es
zielte nicht auf einen "fertigen Lehrer", sondern es

sollte primär zu pädagogischer Selbständigkeit, Urteilsfähigkeit und verantwortlicher Handlungskompetenz führen,
was einen entsprechenden Umbau auf der Zweiten Phase der
Lehrerbildung nach sich ziehen mußte.
e) Das Studium eines "Wahlfaches" war nicht auf erhöhte
Fachkompetenz in einem einzelnen Unterrichtsfach im Sinne
von Fachlehrertum gerichtet, sondern es sollte der persönlichen Vertiefung und der geistigen Weitung dienen.
Hinsichtlich des Volksschulunterrichts zielte das Studium
auf den Allround-Lehrer in der Volksschule.
f) Im Zentrum stand die Persönlichkeitsbildung der Studierenden. Ihr hatten alle genannten fünf Punkte zu dienen, und um ihretwillen hatten auch folgende Momente einen hohen Rang: die Überschaubarkeit der Hochschule
(SPRANGERS Richtzahl: 300 Stud.), der enge persönliche
Kontakt der Studierenden untereinander wie auch der zwischen Studenten und Dozenten, das musische Element, die
gesellige Atmosphäre, die Rolle des Gemeinschaftslebens.

Auf dieser dritten Stufe der Volksschullehrerausbildung
waren die Spannungsfelder von pädagogischer Theorie und
Unterrichtspraxis sowie von allgemeinbildender Erfahrung
und dem pädagogischen Komplex nun wesentlich weiträumiger
und problemgeladener als beim alten Lehrerseminar; dennoch hielten sie sich auch hier noch in bestimmten, relativ leicht bezwingbaren Grenzen. Dazu trug auch bei, daß
der stofflich-fachliche Komplex im Gesamtgefüge wenig
profiliert erschien und mit dem didaktisch-methodischen
Studienteil eng verflochten blieb. Vor allem aber war alles, was sich vollzog, vom pädagogischen Ethos durchtönt.
Und dieses erwies sich als weckende, stabilisierende und
tragende Kraft auch für die Studierenden, bestimmte in
hohem Maße ihr Selbst- und ihr Berufsverständnis als angehende Lehrer und schlug dann auf ihre Berufstätigkeit
voll durch. Was die Gymnasiallehrerausbildung auf ihrer
dritten Stufe infolge der allzu engen und einseitigen
Bindung an die zentrifugalen Tendenzen der universitären
Fachwissenschaften weitgehend eingebüßt hatte, wurde auf
der dritten Stufe der Volksschullehrerausbildung gerade
zur zentralen Kraft erhoben und kultiviert: das Bewußtsein der Verantwortung für Erziehung, Schule und Volksbildung.

Bei der Frage, in welchen größeren Zusammenhängen und umfassenden Bezügen diese **"Akademisierung"** der Volksschullehrerausbildung stand, sind soziale Gesichtspunkte wie Standesehrgeiz und Wissenschaftsprestige gewiß nicht außer acht zu lassen; es ist in sachlicher Hinsicht aber vor allem auf folgende **drei Punkte** zu verweisen, hinter denen schließlich auch neue bzw. gesteigerte Erfordernisse der Schule standen.

Erstens forderte die neue demokratisch-parlamentarische Grundordnung, die das Volk ausdrücklich zum Souverän erhob, eine Erziehung aller zum selbständigen Denken, zu voller Mündigkeit und zum Wahrnehmen hoher Verantwortung, was auch eine neue Rolle des Lehrers mit entsprechender pädagogischer Mündigkeit und geistiger Selbständigkeit einschließen mußte. **Zweitens** waren in der Schule die Impulse der reformpädagogischen Bewegung einzubringen und produktiv zu verarbeiten, was sich nicht im Stile einer tradierten didaktischen-methodischen Handwerkslehre bewältigen ließ, sondern eine größere pädagogisch-didaktische Urteilsfähigkeit erforderte. Und **drittens** hatte sich eine relativ selbständige Erziehungswissenschaft herausgebildet, die sich - zumal bei der damaligen Dominanz der geisteswissenschaftlichen Pädagogik - als Theorie für eine Praxis verstand und von der wissenschaftlichen Reflexion her die Orientierung und Verantwortung des angehenden Lehrers für die Schule mit steuern und stärken konnte.

Es muß geradezu als Tragödie der Gymnasiallehrerausbildung bezeichnet werden, daß sie diese erziehungswissenschaftliche Potenz - die sich doch zunächst in der Universität etablierte - damals nicht angemessen in die Pflicht genommen und sie nicht mit dem notwendigen Maß der Partizipation in die Lehrerbildungsaufgabe für das Gymnasium eingebunden hat; so lieferte sie sich immer stärker der Gefahr übermäßiger fachlicher Zersplitterung und übergroßer Distanzierung von der Schule samt pädagogischer Seh- und Niveauschwäche aus, während die Volksschullehrerausbildung durch ihre dritte Stufe pädagogisch gerade einen schärferen Blick und ein besseres Niveau erhielt.

Wer diese Stufe der Volksschullehrerbildung mit ihrer prägenden Kraft, zumal mit den reformpädagogischen Impulsen vor 1933, selbst erfahren hat, kann sie nicht gering schätzen. Er hat aber auch gewisse schwache Punkte in Erinnerung, die sich zum Teil schon während des Studiums, zum Teil dann beim Eintritt in den Schuldienst bemerkbar machen konnten. Zu den letztgenannten gehört das Faktum, daß der junge Lehrer im Anfang ein relativ hohes Maß von unterrichtspraktischer Unsicherheit empfand, zumal er damals gleich mit vollem Lehrdeputat eingesetzt wurde und eine bessere Abstimmung zwischen der 1. und der 2. **Phase** der Lehrerbildung erst allmählich erreicht wurde. Dabei mußte ein anderer schwacher Punkt besonders spürbar werden, der schon das Studium mitbestimmte: das fachliche Vielerlei. Das Ziel des Allround-Lehrers führt zu einem Häppchenstudium und bei der späteren Unterrichtstätigkeit zur Gefahr eines fachlichen und didaktisch-methodischen Dilettantismus, wenigstens in einzelnen Fächern. Ferner schien es für ihn schon im Studium und auch danach vielfach schwer, die Spannung zwischen der pädagogischen Theorie (die sich oft hochabstrakt gab) und der pädagogischen Praxis in einen produktiven Wechselbezug zu bringen. Nicht zuletzt hatte das Prinzip der Überschaubarkeit auch gewisse negative Begleiterscheinungen. Es gab bei der betont kleingehaltenenen "Bildner-Hochschule" kaum Mehrfachbesetzung eines Faches und für die Studierenden nur wenig Alternativangebote. Das konnte leicht zu wissenschaftlicher Schmalspurigkeit und zu geistigem Provinzialismus führen und ließ wohl eher Jüngerschaft als kritisch-selbständige Verarbeitung entstehen.

Schon die erwähnten schwachen Punkte konnten dazu beitragen, daß sich eine Tendenz entwickelte, die über die "Bildner-Hochschule" hinausdrängte. Daß sich in den sechziger Jahren in der Volkschullehrerausbildung allmählich die

vierte Stufe durchformte und die Pädagogische Hochschule nun zur "Erziehungswissenschaftlichen Hochschule" wurde, steht aber in noch größeren Zusammenhängen, von denen hier nur die **vier gravierendsten** aufgeführt seien [5].

Schon der große Zustrom von Studierenden, der in den sechziger Jahren einsetzte, mußte **erstens** das Modell der "Bildner-Hochschule" aus seinen Fugen treiben. **Zweitens** wurde mit dem Ausbau der Volksschule (Aufbau der Hauptschule mit 9. Schuljahr) die Ausbildung des Allround-Lehrers vollends fragwürdig. Die Entwicklung ging auch für die Hauptschule nun zwangsläufig zum Fachgruppenlehrer, und die Gewichte und Ansprüche der Fachstudien mußten in der Lehrerausbildung entsprechend wachsen, was die Pädagogische Hochschule in personeller und in sachlicher Ausstattung umstrukturierte und sie von der "Bildner-Hochschule" weg in die Richtung einer "Mini-Universität" führte. **Drittens** vollzog sich ein Wandel auch im erziehungswissenschaftlichen Bereich: die Erziehungswissenschaft erlebte eine steigende Differenzierung und Ausgliederung, insbesondere auch im didaktischen und fachdidaktischen Felde. Nicht nur, aber gerade auch im Zusammenhang mit der vielberufenen "realistischen Wende" begann in den sechziger Jahren ihre große Expansionsphase. **Viertens** und nicht zuletzt wirkte der Wandel des "Zeitgeistes" auf die Strukturänderung der Pädagogischen Hochschule ein. Die scharfe Akzentuierung, die er nach der Seite der Ratio und der nüchtern-kritischen Reflexion erhielt, proklamierte die Wissenschaft zur großen Lebensmacht, ja erhob sie zur überragenden Heilskraft und ließ "Verwissenschaftlichung" zu einem großen Schlagwort der sechziger und siebziger Jahre werden, an das sich nicht selten einseitige Sichtweisen und übergroße Erwartungen hängten.

Die Pädagogische Hochschule als Erziehungswissenschaftliche Hochschule läßt sich zusammenfassend mit folgenden **fünf Kernpunkten** charakterisieren:

a) Sie ist Masseninstitution.
b) Die atmosphärisch-gesellig-musischen Elemente der alten "Bildner-Hochschule" sind stark geschwächt, statt der zwischenmenschlichen Bezüge dominiert jetzt der Sachbezug.
c) Der Studiengang des angehenden Lehrers ist nach Grundschule und Hauptschule differenziert und nach Schulfächern eingegrenzt, innerhalb der gewählten Unterrichtsbereiche aber fachlich breit aufgegliedert. Die Fachorientierung erhält jetzt überhaupt ein großes, vielfach ein übergroßes Gewicht.

d) Auch die pädagogisch-theoretische Orientierung erscheint stärker aufgegliedert, und zwar sowohl im allgemeinpädagogischen wie im schulpädagogisch-didaktischen
Bereich, wozu noch die stärkere Auffächerung und Entfaltung der grundwissenschaftlichen Nachbardisziplinen entsprechend der inzwischen erfolgten Wissenschaftsentwick-
lung (nicht nur Philosophie und Psychologie, sondern auch
Soziologie und Politologie) sowie der größere Spannungs-
bogen der Fachdidaktiken einerseits zur übrigen Erziehungswissenschaft, andererseits zu den Unterrichtsfachbereichen kommt.
e) Das ganze Lehrerausbildungsfeld ist nun enorm zer-
splittert und höchst spannungsreich; die Grundspannungen
zwischen pädagogischer Theorie und pädagogischer Praxis,
zwischen Unterrichtsfachstudien und pädagogischer Orientierung, zwischen Fachstudium und Schule haben sich erheblich vertieft. Insbesondere ist auch die Schulorientierung, die ja eigentlich den fundamentalen Auftrag der
Lehrerausbildung darstellt, zu einem großen Problem geworden. Es kommt sehr darauf an, daß sie trotz der Theo-
rielastigkeit dieses Modells und trotz der Komplexität
des ganzen Studienfeldes für den angehenden Lehrer spürbar bleibt und konsequent durchgehalten wird. Nur wenn
auch die unterrichtspraktische Seite der Ausbildung
(Schulhospitationen, Unterrichtsversuche und -besprechun-
gen, Blockpraktika) schon im Studium selbst nicht zu kurz
kommt, kann dieses Modell der Lehrerausbildung einigermaßen ausgewogen, glaubwürdig und effektiv bleiben - ob
es institutionell nun als eigenständige Pädagogische
Hochschule geführt wird oder in die Universität integriert ist.

Bei Übergewichtung, übergroßer fachlicher Verengung und
Spezialisierung der Unterrichtsfachstudien konnte diese
vierte Stufe allerdings die Grund- und Hauptschullehrerausbildung in die Nähe der so problembeladenen Gymnasiallehrerausbildung bringen und sie der Gefahr aussetzen,
daß gerade deren Negativa kopiert wurden. Dies ist in
Bayern denn auch tatsächlich geschehen. Andererseits bot
das Modell, wenn es als Universitätslösung realisiert
wurde, die Chance, endlich auch den angehenden Gymnasial-
lehrern (bei zwar höherem Fachstudienanteil) das notwendige und angemessene Maß an pädagogischer Grundorientierung zukommen zu lassen, sie pädagogisch voll mit einzu-
binden und besser zur Schule hin zu orientieren, also zu
erreichen, daß auch die Gymnasiallehrerausbildung ihre

vierte Stufe erreicht. Diese Chance ist in Bayern ver-
tan worden, jedenfalls wurde sie bis heute nicht im geringsten wahrgenommen. Auf Grund der Lehramtsprüfungsordnung I vom 30.5.1978 (LPO I) gibt es in der jüngsten Entwicklung der Lehrerausbildung in Bayern nun also **zwei
gravierende Negativpunkte**:

a) Es ist eine wesentliche Verschlechterung der Ausbildung für die angehenden Lehrer an den Grundschulen und
den Hauptschulen vorgenommen worden;
b) in der Gymnasiallehrerausbildung sind die schwerwiegenden Mängel (fast vollständiger Ausfall der pädagogischen
Grundorientierung) beibehalten worden[6].

II. Zur Gegenwartslage (mit besonderer Berücksichtigung Bayerns)

Bedingt erstens durch die kulturelle Gesamtlage, zweitens
durch die wissenschaftliche Gesamtsituation und drittens
durch die Situation und Aufgabe der Schule, sind die angehenden Lehrer aller Schularten und aller Schulstufen
heute im Studium unabweisbar vor eine viel kompliziertere
und schwerer zu lösende Aufgabe gestellt als frühere Generationen von Lehrerstudenten. Ihnen muß die geistig-
persönliche Bewältigung großer sachlich gegebener Spannungen zugemutet und abverlangt werden. Um so wichtiger
ist, daß sie dabei nicht noch durch behördlich festge-
legte Studien- und Prüfungsbestimmungen überfordert, im
Stich gelassen oder gar in die Irre geführt werden. Die
Lehrerausbildung hat sie zur Schule hinzuleiten, sie für
Erziehung und Unterricht auszurüsten und in ihnen Kraft
und Bereitschaft, ja Freudigkeit dafür zu wecken. Verwissenschaftlichung dieses Weges um jeden Preis und in jeder
Hinsicht ist falsch, und überhöhte Erwartungen an die
Wissenschaft und von der Wissenschaft her müssen abgewehrt
bzw. zurückgeschraubt werden. Aber es führt m. E. kein
gangbarer Weg in die alte relative Harmonie der "Bildner-

Hochschule" zurück, und zwar aus folgenden **vier Gründen**:

Erstens sind Miniatur-Hochschulen im Sinne des Modells der alten "Bildner-Hochschule" aus Kosten- wie aus Niveaugründen undiskutabel. **Zweitens** reichen Minimal-Fachstudien im Sinne von bildendem Erfahren der betreffenden Lebens- und Bildungsmächte für die Unterrichtsfächer der Hauptschule nicht mehr aus, und auch der Allround-Lehrer darf für die Hauptschule nicht wieder herbeigerufen werden. **Drittens** können Stand und Differenzierung der Erziehungswissenschaft nicht auf das Bild der fünfziger Jahre zurückgeschraubt und nicht auf die bloße Funktion zur Persönlichkeitsbildung in der Lehrerausbildung zurückgenommen werden. Auch eine relativ einheitliche wissenschaftliche Grundauffassung wie die damals (oder in den zwanziger Jahren) dominierende geisteswissenschaftliche Pädagogik kann von keiner Seite herbeigeführt oder gar verordnet werden. **Viertens** erscheint eine institutionelle Abkoppelung und Re-isolierung der Grund- und Hauptschullehrerausbildung, für die dann eine "Bildner-Hochschule" reserviert werden sollte, nicht vertretbar. Was schließlich das musische Element betrifft, so ließe es sich auch ohne "Bildner-Hochschule" durch entsprechende pflichtmäßige Studienanbindungen viel besser erhalten und pflegen, als das jetzt in Bayern geschieht, auch bei der Universitätslösung.

Man darf sich also keiner Täuschung hingeben: weder kann es ein Zurück zur "dritten Stufe" geben, noch lassen sich durch irgendwelche Tests oder andere Zauberkunststücke gut ausgebildete Lehrer an dem normalen Studiengang vorbei gewinnen. Die zur vierten Stufe der Lehrerausbildung gehörenden sachgebotenen Spannungen lassen sich aus schwerwiegenden Gründen nicht aufheben. Aber nicht jedes tatsächliche Auseinanderdriften der Studien, nicht jede heutige Aufsplitterung und Spezialisierung ist wirklich sachnotwendig und aufgabengerecht. Zum Beispiel ist nicht einzusehen, warum die Grundschullehrerausbildung unterrichtsfachlich so spezialisiert und verengt, zudem fachwissenschaftlich so hochgetrieben und von der Grundschule wegorientiert werden muß, wie die bayerische Lehramtsprüfungsordnung von 1978 das vorsieht. Hiernach wird zum Teil in eklatanter Weise an fundamentalen Erfordernissen der Schule vorbeistudiert und der Fachspezialismus und

-egoismus direkt in die Grundschule hineingetragen. Auch
bei der Hauptschullehrerausbildung wäre es schulgerech-
ter, auf breitere Unterrichtsfächerkompetenzen zu zielen
und die Studien nicht so stark in fachliche Höhen und
Spezialitäten zu treiben.

Dennoch bleibt auch bei Zurückschneiden der fachlichen
Überdehnung in jedem Fall ein hohes Maß von Spannungen
und zentrifugalen Tendenzen in der Lehrerausbildung bestehen, und die Gefahr des Auseinanderfallens ist nicht
von der Hand zu weisen. Deshalb muß man um so intensiver
Ausschau halten nach möglichen **integrativen Elementen**,
die den angehenden Lehrer einerseits als Person und Menschen zu stützen vermögen, die ihn andererseits für die
Schule besser ausrüsten und die zugleich der Lehrerausbildung einen Sinnmittelpunkt verschaffen können. Dazu
gibt es unterschiedliche Vorschläge. So möchte H. BECKER,
daß der angehende Lehrer möglichst viel schulunabhängige
Lebenserfahrung gewinnt und sie dann als persönliches
Potential mit in seine Schularbeit einbringt[7]. Aber es
liegt auf der Hand, daß ein derartiger menschlicher Zuge-
winn, so wünschenswert er sein mag, sich - abgesehen
vielleicht von einem außerschulischen Praktikum - organisatorisch kaum in die Lehrerausbildung einordnen läßt.
Skeptisch hinsichtlich einer sinngebenden Funktion der
Theorie in der Hochschule ist auch H. GIESECKE, der insbesondere auch der Erziehungswissenschaft wenig integrierende Kraft zutraut. Er sieht den überzeugenderen
Sinnmittelpunkt für die Lehrerausbildung in den Schulpraktika[8]. Nun sind in der Tat die Schulpraktika und alle
anderen unmittelbaren Kontakte der angehenden Lehrer mit
der Schule, also auch die Schulhospitationen, Unterrichtsversuche und -besprechungen während des Semesters, außerordentlich wichtig, und die ganze unterrichtspraktische
Ausbildung müßte m. E. im Interesse einer besseren Schulorientierung und Berufsmotivierung schon während des Stu-

diums erheblich intensiviert und vertieft werden. Was die
bayerische Lehramtsprüfungsordnung von 1978 auf diesem
Gebiet vorsieht, entspricht den sachlichen Erfordernissen
nicht und müßte für alle Schularten und Schulstufen entschieden verbessert werden. Dennoch erscheint es mir
fraglich, ob die schulpraktische Ausbildung wirklich zum
Sinnmittelpunkt des Lehrerstudiums erhoben werden kann.
Wenn auch die Wissenschaft nicht als die große heilende
Kraft gewertet oder gar zum Fetisch gemacht werden darf,
so sollte sie doch auch nicht abgewertet und ihre gei-
stig-menschliche Orientierungs- und Steuerungshilfe nicht
unterschätzt werden. Gegenüber den für die Lehrerstudenten höchst unterschiedlichen und in sich divergierenden,
ja weitgehend zentrifugalen unterrichtsfachlichen Stu-
dienanteilen kommt die **wichtigste integrierende Aufgabe**
in der Lehrerausbildung doch der **Erziehungswissenschaft**
(genauer: der Allgemeinen Pädagogik und der Schulpädagogik) zu - allerdings unter der doppelten Voraussetzung,
daß sie erstens im Gesamtstudium genügend Raum und Gewicht erhält und daß sie zweitens selbst aufgabengerecht
strukturiert und gehandhabt wird. Die Erziehungswissenschaft muß also einen sachgerechten Anteil am Studiengang
haben, und sie muß ihre berufsorientierende und zentrierende Verantwortung auch voll wahrzunehmen bereit sein.

Damit soll hier natürlich nicht der Eindruck erweckt werden, als ob die pädagogische Theorie die Kompetenz und
die Kraft hätte, von sich aus den guten praktischen Erzieher und den tüchtigen Lehrer hervorzubringen. Jeder
fachlich Orientierte weiß, daß die pädagogische Praxis
nicht einfach angewandte pädagogische Theorie ist. Er
weiß, daß das praktische Erziehen und Unterrichten vielmehr eine Gestaltungsfähigkeit, Verhaltensweise und Verantwortung eigener Art und Dignität darstellt, die allerdings von erziehungswissenschaftlicher Kenntnis und Be-

sinnung mitgesteuert und mitkontrolliert sein kann und
die bei den in öffentlich-pädagogischer Verantwortung und
Ämtern stehenden Lehrern aller Schularten, Schulstufen
und Schulfächer auf diese Weise mitgesteuert und mitkontrolliert sein muß. Ich darf mir hier alle Bemühungen und
näheren Erläuterungen dazu ersparen und halte bloß als
eine Kernthese fest: **die Erziehungswissenschaft hat in
der Lehrerausbildung die entscheidende zentrierende
Orientierungsfunktion und eine fundamentale Integrations-
aufgabe.** Wird ihr der dafür nötige Raum vorenthalten und
das erforderliche Gewicht nicht zuerkannt, so fällt die
Lehrerausbildung auseinander. Während die alte "Bildner-
Hochschule" den Unterrichtsfachstudien nur eine geringe,
vielleicht zu geringe Bedeutung beimaß, hat die Entwicklung der Lehrerausbildung in den letzten zwanzig Jahren
die Gewichte stark gerade nach dieser Seite verlagert. In
Bayern hat die LPO I von 1978 die Ausbildung der Grund-
und Hauptschullehrer förmlich ins andere Extrem getrieben
und hat diese angehenden Lehrer in eine durch die Zentri-
fugalkräfte der Unterrichtsfächer geprägte Spannungs-
situation gebracht, die sie kaum bewältigen können. Genauer: man hat den Lehrerstudiengang auch noch für diese
Schulen in die Negativzone der alten Philologenausbildung
gerückt, so daß mit Recht von einer **"Philologisierung"**
des Volksschullehrerstudiums gesprochen werden kann, und
diese Umstrukturierung ist im höchsten Grade negativ zu
bewerten.

Es ist dazu nämlich folgendes zu bedenken. Das krasse
Übergewicht der Unterrichtsfachstudien muß das Selbstverständnis und die Aufgabensicht des angehenden Lehrers
zwangsläufig weitgehend nach der Seite der Fachwissenschaften bzw. der anderen Gebiete des Unterrichts ver-
schieben. Da die pädagogische Grundorientierung bei der
jetzigen Struktur des bayerischen Lehramtsstudiums für

alle Schularten nur am Rande mitläuft, erscheint es in
maximaler Weise durch die heterogenen Fachstudien und deren eigene Fachinhalte, -methoden und -interessen aus-
einandergetrieben. Und das ist nicht nur eine verwirrende
Beeinträchtigung der Arbeit und eine Verschiebung der
Selbsteinschätzung für die Studierenden, sondern es erwächst daraus auch ein schwerwiegender Schaden für die
Schule. Denn dadurch wird in der ganzen nachwachsenden
Lehrerschaft und im Arbeitsstil des Schulalltags das notwendige Bewußtsein und das tiefere Verständnis für die
gemeinsame überfachlich-pädagogische Aufgabe und Verant-
wortung geschwächt, und es wird das scheuklappenmäßig
verengte Fachdenken und zudem der verderbliche Fächer-
egoismus gefördert, der schon seit langem zur besonderen
Problemzone des Gymnasiums gehört und der auch dort gerade abgebaut werden müßte.

Wie sehr die Schule den vollgewichtigen, wirksam integrierenden Beitrag der Erziehungswissenschaft in der Lehrerausbildung braucht, tritt noch deutlicher hervor, wenn
man die folgenden **vier grundlegenden Fakten und Zusammen-**
hänge berücksichtigt.

1. Kein Lehrer kommt in seinem Unterricht ohne das Erwä-
gen, Beurteilen und Entscheiden von überfachlich-pädago-
gischen Fragen aus.

Wer sich als "schierer" Fachlehrer versteht und verhält,
kann nicht einmal ein guter Lehrer sein. Denn Bilden heißt
immer und bei jedem Fach: das zu Vermittelnde nicht nur
als solches dem Heranwachsenden zum Verständnis bringen,
sondern es darüber hinaus in dessen geistig-seelische
Existenz situations- und entwicklungsgemäß, anthropolo-
gisch und bildungsgerecht einordnen. Dazu muß man über
das Fach und über die Fachdidaktik hinausblicken und
hinauszielen. Auch wie ein Fach in das Lernfeld der Schule hineingehört und mit anderen Bereichen verflochten
ist, kann nicht schon vom Fach her gesehen und abge-
schätzt werden. Und es wird wohl niemand bezweifeln, daß
die amtliche Schulordnung und der dienstliche Lehrplan
für das sachgerechte, unterrichtskompetente und lehrer-

würdige Verstehen und Handhaben der übergeordneten pädagogischen Gesichtspunkte ebenso wenig ausreichen wie für
das der fachlichen Gesichtspunkte. Also: jeder Lehrer -
welche Fächer er auch unterrichten mag - hat in seinem
Unterricht ständig auch allgemeine didaktische und erziehliche Fragen zu bedenken - mag es sich dabei um Probleme der Lernbereitschaft und Stoffverarbeitung oder um
Beurteilungsfragen, um Unterrichtsformen oder um die Disziplin, um Lehrerhaltung und Führungsstil oder um individuelle Erziehungsschwierigkeiten handeln. Sie und viele
andere Fragen gehören zu den Themenfeldern der erziehungswissenschaftlichen Grundorientierung, die schon im
Studium vermittelt werden muß, damit die schulgebundene
und unterrichtspraktisch eingerichtete 2. Phase der Lehrerbildung dann darauf aufbauen kann und ein ausreichendes und sicheres Fundament hat.
Wenn man aber fragt, wie sich beim angehenden Lehrer seine fachstudienmäßig gestützte Sachkompetenz in seinen Unterrichtsfächern zu der Sach- und Handlungskompetenz in
allgemeineren pädagogischen Fragen tatsächlich verhält,
so kann die Antwort für die Verhältnisse in Bayern auf
Grund der LPO von 1978 nur lauten: einer hochgetrimmten,
weit über die Unterrichtsfragen hinausgehenden Fachkompetenz steht im pädagogischen Felde ein Dilettieren gegenüber. Auf der einen Seite besteht beim angehenden Lehrer
eine hohe (nicht selten fast groteske) Überqualifikation, auf der anderen Seite eine erhebliche Unterquali-
fikation, ja ein so erschreckendes Defizit, daß auf diesem pädagogischen Gebiet eine rein "liebhabermäßige"
Handhabung, ein weitgehendes (je nach Temperament: ver-
legenes oder frisch-fröhliches) "Schöpfen aus der Tiefe
des eigenen Gemütes", jedenfalls kein geistig-selbständi-
ges, wissenschaftlich-argumentativ abgestütztes Verhalten
möglich ist. Man befrage zur Illustration der bayerischen
LPO I von 1978 nur z. B. mal einen angehenden Gymnasiallehrer danach,was er im Studium und in der Prüfung in
seinen Unterrichtsfächern zu absolvieren und zu leisten
hat, und wie er die (durch keinen einzigen Schein nachzu-
weisenden) sechs Semesterwochenstunden Pädagogik (wohl
drei Stunden Allgemeine Pädagogik und drei Stunden Schulpädagogik?) studiert und prüfungsmäßig (z. B. mit Klausur
nach dem Modus von -zig Themen) abschließt. Oder man er-
kundige sich bei einer Studierenden für das Grundschullehramt mit dem Studienfach Biologie danach, was dieses
Fachstudium ihr abfordert und was für Inhalte es hat, und
überlege dann, welches Verhältnis das wohl zur Grundschularbeit hat und welche Proportion zahlenmäßig, inhaltlich und leistungsmäßig bei ihrem erziehungswissenschaftlichen Studium besteht. Oder man denke daran, daß
laut LPO I beim Studium für das Grundschullehramt sogar
ein Fachstudium in Physik, in Chemie und in Hauswirt-
schaft gewählt werden kann, d. h. daß auch Unterrichts-

fächer mit hohem Studienanteil und Leistungsanspruch studiert werden können, die es in der Grundschule gar nicht (oder fast gar nicht) gibt. Hier kommt es unterrichtsfachlich durch das Studium doch wohl dann nicht bloß zu einer Überqualifikation, sondern sogar zu einer krassen **Fehlqualifikation** - und das alles bei gleichzeitiger, ebenso krasser Randstellung der erziehungswissenschaftlichen Grundorientierung. Solche eklatant schiefen Proportionen zwischen Lehrerausbildung und Schule können, ja müssen den angehenden Lehrer wohl zu dem Gefühl führen, daß er eher ein verhinderter oder deplazierter Fachwissenschaftler ist als ein gut für die Schule ausgebildeter Lehrer und Erzieher. Im Interesse der Schule ist hier also unbedingt eine Umstrukturierung und Umgewichtung der Lehrerausbildung zu fordern. Jeder angehende Fach- oder Fachgruppenlehrer braucht wirklich wesentlich mehr erziehungswissenschaftliche Grundbildung, als die bayerische Ordnung von 1978 sie vorsieht. Ja, gerade der in seiner Unterrichtskompetenz enger begrenzte Fachlehrer hat sie am nötigsten! Man kann allgemein formulieren: je schmaler der Beitrag ist, für den der Fachstudienbereich ihn zum Schulunterricht qualifiziert, je spezielleren Charakter also seine Fachausbildung hat, um so dringender und wichtiger ist für ihn die fächerübergreifende pädagogische Kenntnis und Schau, damit die rechte Einordnung und Handhabung angebahnt wird.

2. Die allgemeineren pädagogischen Gesichtspunkte sind für die Lehrer aller Schulfächer, Schulstufen und Schularten aber nicht nur notwendig; sie erweisen sich bei näherer Prüfung sogar als die zentralen und die übergeordneten, also als die fächerübergreifenden in einem tieferen Sinne.

Wie man die Aufgabenfelder des Lehrers auch im einzelnen aufgliedern und sein "Qualifikationsprofil" beschreiben mag, die pädagogische Grundhaltung und die erziehliche Aufgabe müssen dabei im Zentrum stehen. Es ist sehr zu bedauern und ausdrücklich zu monieren, daß manche der einschlägigen Berufsanalysen der letzten zwanzig Jahre das nicht so eindeutig klargestellt und die rechte Rangordnung zu wenig beachtet haben[9]. Insofern mag der neue schlagwortartige Appell zur "Wiedergewinnung des Erzieherischen" in der Schule eine gewisse Berechtigung haben (um so schlimmer und beinahe paradox ist es, wenn gerade die bayerische Unterrichtsverwaltung, deren Spitzen sich für dieses Postulat so engagiert haben, ihm durch ihre hauseigene Lehramtsprüfungs- und ausbildungsordnung prak-

tisch so wenig Beachtung schenkt). Die sachlich geforderte Rangordnung für den Lehrer heißt jedenfalls, daß er
im pädagogisch-unterrichtlichen Umgang mit Kindern und
Jugendlichen alles Vermitteln von Kenntnissen und Fertigkeiten in die übergreifende Bildungsaufgabe der Kräfte-
entfaltung und der inneren Formung einzuordnen hat und
daß diese seine Bildungsarbeit wiederum der umfassenden
Erziehungsaufgabe, d. h. der Hilfe für die Entwicklung
des verantwortlichen Selbst, der Gewinnung seiner vollen
Mündigkeit im gesellschaftlich-kulturellen Kontext zu
dienen hat. Wer diesen weitgefaßten Erziehungsbegriff
nicht übernehmen will und ihn lieber auf die sittlich-
charakterlichen und die sozialen Bezüge einengen möchte,
kann dennoch nicht in Abrede stellen, daß diese überfach-
lich-erziehlichen Gesichtspunkte in der Schularbeit die
existentiell zentraleren sind und daß jeder Lehrer sie
dementsprechend zu berücksichtigen hat. Daß auch die
bayerische Verfassung nicht nur das Unterrichten, sondern
auch das Erziehen als Aufgabe der Schule ausdrücklich
festlegt und fordert, sei hier nur am Rande erwähnt.
Daraus soll hier durchaus nicht gefolgert werden, daß die
Erziehungswissenschaft in aller Lehrerausbildung den ersten Platz und den breitesten Raum einzunehmen hätte. Auf
jeden Fall ist aber daraus zu folgern, daß sie im Lehrerstudium nicht in eine Randstellung abgedrängt und nicht
als ein bloßes "Begleitstudium" philologischer Provenienz
geführt werden darf. Im Interesse der Schule und der
heranwachsenden Generation muß auch studien- und prüfungsmäßig gesichert werden, daß der angehende Lehrer
sein pädagogisches Aufgabenfeld in der richtigen strukturellen Gewichtung sehen lernt und daß er ein entsprechendes Berufs- und Selbstverständnis gewinnt.

**3. Die pädagogischen Fakten und Probleme, Zusammenhänge
und Aufgaben, die die Erziehungswissenschaft in der Lehrerausbildung zu klären und zu vermitteln hat, sind auch
insofern die zentrierenden und grundlegenden, als sie die
Lehrer aller Schularten und Schulstufen in einheitlicher
Weise und in gleichem Maße angehen.**

Nochmals sei betont: wer pädagogisch und unterrichtlich
mit Heranwachsenden im Kindes- und Jugendalter verantwortlich umzugehen hat, braucht für diese Aufgabe **aus dem
Charakter der pädagogischen Verantwortung und Führung
heraus** bestimmte pädagogische Grundqualitäten wie pädagogische Zuwendung, erziehliche Orientierung und Handlungsfähigkeit; und dieses pädagogische Gefordertsein
hat nicht etwa nach Schularten unterschiedliche Maße. Man

stelle sich etwa die pädagogischen Probleme vor, denen
sich ein Geschichtslehrer, ein Deutsch- oder ein Mathe-
matiklehrer in einem 7. oder in einem 9. Schuljahr zu
stellen hat, und frage sich, ob dafür in der Hauptschule,
in der Realschule, im Gymnasium unterschiedliche Maße von
pädagogischer Sachorientierung und Handlungskompetenz angemessen sind. Es kann wohl auch niemand die Meinung vertreten, eine bestimmte pädagogische Problemsituation solle oder dürfe im Falle eines Schülers im Gymnasium erziehlich weniger sachgerecht behandelt werden als im Falle eines Schülers der Hauptschule; und es wird auch niemand meinen, im Gymnasium erledige sie sich eher von
selbst oder sei eher durch die amtliche Schulordnung zu
regeln. Auf solche paradoxe Situation jedoch läuft die
bayerische Lehramtsprüfungsordnung von 1978 hinaus. Denn
zu meinen, für die erziehungswissenschaftliche Grundorientierung (Allgemeine Pädagogik und Schulpädagogik)
genügten bei den angehenden Lehrern der Grund- und Hauptschule, der Realschule und der Sonderschule insgesamt
zehn Semesterwochenstunden, das mißachtet schon in absolut unvertretbarer Weise die Erfordernisse der Schule;
aber zu meinen, die angehenden Lehrer der Gymnasien und
der beruflichen Schulen hätten dafür noch 40 % weniger
nötig (nämlich insgesamt nur sechs Semesterwochenstunden): das bedeutet geradezu ein pädagogisches Im-Stich-
Lassen dieser Berufsgruppen und eine Art pädagogischer
Amputation des Gymnasiums und der beruflichen Schule.

Wenn man aus den in § 40 der bayerischen LPO I von 1978
angegebenen Themen für Pädagogik eine Synopse erstellt,
so ergibt sich, daß die angehenden Gymnasiallehrer und
die der beruflichen Schulen sich (anders als die künftigen Lehrer der Grund- und der Hauptschulen, der Real- und
der Sonderschulen) mit Systematischer Pädagogik, mit Sexualerziehung, mit Pädagogik im internationalen Vergleich
und mit Mediendidaktik und Unterrichtstechnologie nicht
zu beschäftigen brauchen. Warum diese Themenkomplexe für
die genannten Lehrergruppen aus dem Orientierungsfeld
herausfallen können, fragt man sich mit Recht, freilich
vergeblich. Überschaut man dann noch sämtliche vorgeschriebenen Themenkreise in Pädagogik (Allgemeine Pädagogik und Schulpädagogik) für die künftigen Lehrer aller
Schularten und vergleicht mit den zu studierenden Inhalten die dafür vorgesehene Studienzeit (10 bzw. sogar nur
6 Semesterwochenstunden), die verlangten Studien- und
Leistungsnachweise (keinen einzigen Schein) und den vorgesehenen Prüfungsmodus (Riesenanzahl von Klausurthemen
zur Auswahl), so kann man sich zusätzlich des Eindrucks
nicht erwehren, daß im Bereich der erziehungswissenschaftlichen Grundorientierung geradezu ein Musterbei-
spiel von Hochstapelei vorliegt: die vorgeschriebenen
Inhalte können den Studierenden in der dafür vorgesehenen

Zeit nämlich keinesfalls in solider Weise auf wissenschaftlichem Niveau vermittelt werden. Aber noch schlimmer: offenbar brauchen sie von den angehenden Lehrern nicht einmal ernst genommen und nicht einmal teilweise ernstlich studiert zu werden. Denn in Bayern können Studierende aller Lehrämter sogar die Staatsprüfung anstreben und ablegen, ohne jemals eine einzige Lehrveranstaltung dieses erziehungswissenschaftlichen Gebietes besucht zu haben, da keinerlei Scheine gefordert sind und der Prüfungsmodus die schmalspurigste Examensvorbereitung direkt begünstigt. Um der Wahrheit willen kann man nicht umhin, so scharf zu formulieren: in Bayern werden die Lehrer aller Schularten, was den erziehungswissenschaftlichen Studienanteil betrifft, in einer akademisch unwürdigen Weise ausgebildet - das dürfte ein Unikum in der Bundesrepublik sein. In höchstem Maße gilt dies aber für die Lehrer der Gymnasien und der beruflichen Schulen. Zu diesem letzten Punkt ist noch darauf hinzuweisen, daß diese Lehrergruppen ja nicht nur das gleiche Maß an erziehungswissenschaftlicher Grundorientierung **brauchen**, sondern später im Amt beim pädagogischen Erwägen, Urteilen und Entscheiden das volle Maß pädagogischer Kompetenz kraft ihres Amtes und ihrer Aufgaben auch (trotz vierzigprozentiger erziehungswissenschaftlicher "Unterbelichtung") **für sich in Anspruch nehmen.**
Die daraus zu folgernde Notwendigkeit gleichgroßer erziehungswissenschaftlicher Studienanteile für die Lehrer aller Schularten kann auch nicht mit dem Argument aus dem Felde geschlagen werden, daß die Lehrer an Gymnasien und beruflichen Schulen mehr Unterrichtfachstudien brauchen. Sie benötigen sie - und dafür ist ihr Studium auch zwei Semester länger als das der Grund- und Hauptschullehrer, und das heißt, daß es 33 1/3 % länger ist als dieses!

4. Schließlich - last but not least - ist für einen angemessenen Anteil der erziehungswissenschaftlichen Studien und für die in diesem Punkte zu fordernde absolute Gleichbehandlung der Lehramtsstudierenden aller Schularten noch auf den **schwerwiegenden Wandel der gesellschaftlich-familiären Verhältnisse** zu verweisen, der sich in den letzten zwanzig Jahren vollzogen hat.

Wie allgemein bekannt ist, hat sich der Prozentsatz der unvollständigen, der gestörten und der zerrütteten Familien, der alleinerziehenden Väter bzw. Mütter und der gescheiterten Ehen mit Kindern, die darunter stets am meisten zu leiden haben, gewaltig erhöht (nach jüngsten Statistiken wird, wenn ich mich richtig erinnere, in der

Bundesrepublik jede dritte Ehe in den ersten fünf Jahren
ihres Bestehens geschieden). Eine Folge dieses grundlegenden, höchst problembeladenen Wandels ist das Faktum,
daß auch der Anteil der verhaltensgestörten, der verhal-
tensauffälligen, der unkonzentrierten und der sonstwie
erziehlich besonders belasteten und bedürftigen Kinder
und Jugendlichen in allen Schulen enorm zugenommen hat -
von den zusätzlichen Problemen durch Ausländerkinder ganz
zu schweigen. Wenn man dazu noch bedenkt, wie sich die
weitgehende wertmäßige Orientierungslosigkeit der Umwelt, die Überschwemmung mit den Medien und die verbreiteten Gefahren mit Drogen und Alkohol auf die Heranwachsenden auswirken, kann man nicht im geringsten bezweifeln, daß die pädagogischen Probleme und Schwierigkeiten
auch und gerade auch in den Schulen ungeheuer gewachsen
sind. Und zwar gilt das für alle Schularten und Schulstufen. Jeder Lehrer ist also heute mit noch viel kompli-
zierteren und bedrängenderen erziehlichen Fragen konfron-
tiert. Wenn aber die Erziehungsaufgabe in der Schule noch
gewichtiger, noch problemhaltiger und noch umfassender
geworden ist, muß das Studium die angehenden Lehrer doch
dafür ausrüsten, daß sie dieser Situation gewachsen sind;
und dazu gehört eine angemessene erziehungswissenschaftliche Grundorientierung in der Lehrerausbildung, weit
über das klägliche Maß hinaus, das die bayerische Lehramtsprüfungsordnung von 1978 dafür vorsieht.

III. Zu einigen Problemfeldern der erziehungwissenschaft-
lichen Arbeit in der Lehrerausbildung

Aber es geht nicht nur darum, daß der dringend notwendige
sachangemessene Anteil der Erziehungswissenschaft bei
der Lehrerausbildung in quantitativer Hinsicht sicherge-
stellt wird. Es kommt auch darauf an, daß sie ihren Beitrag zur Lehrerbildungsaufgabe strukturell sachgerecht
leistet und die dabei auftretenden Probleme beachtet.
Zwar beruht das Mißtrauen, mit dem manche Außenstehenden
(auch einzelne, zu Extremthesen neigende Insider) der Erziehungswissenschaft generell gegenüberstehen, auf Vorur-
teilen oder auf ungerechtfertigten Verallgemeinerungen.
Aber erst recht angesichts solcher Situation hat die Erziehungswissenschaft allen Grund, ihre eigene Arbeit in
der Lehrerausbildung sorgsam und selbstkritisch zu beden-

ken; und sie muß nach Kräften bemüht sein, ihre Aufgaben möglichst sachgerecht zu lösen und damit den künftigen Lehrern und der Schule einen guten Dienst zu leisten. Hier sei dazu in aller Kürze nur auf folgende **fünf Problemfelder** aufmerksam gemacht.

1. Zum Wecken des pädagogischen Verantwortungsbewußtseins und des pädagogischen Ethos

Die Erziehungswissenschaft trägt wie jede andere Einzeldisziplin im Kosmos der Wissenschaften eine spezifische Verantwortung als Wissenschaft. Sie präsentiert, repräsentiert - und hat konsequent und glaubwürdig zu vertreten - z. B. methodische Klarheit und Sauberkeit, intellektuelle Redlichkeit und selbstkritische Haltung, Offenheit des Fragens und Unbeirrbarkeit des Suchens, Umsicht im Argumentieren, Sorgfalt im Schließen, Fairneß in der Auseinandersetzung usw. Die Erziehungswissenschaft hat aber, zumal bei ihrer Arbeit in der Lehrerausbildung, zugleich eine Verantwortung wahrzunehmen gegenüber der Erziehung, der Schule und der nachwachsenden Lehrergeneration - nicht etwa dadurch, daß sie sich anmaßt, feste Erziehungsprogramme und Schulkonzepte zu entwickeln und die angehenden Lehrer "im Namen der Wissenschaft" darauf zu fixieren, sondern dadurch, daß sie grundlegende Gesichtspunkte der pädagogischen Haltung und Verantwortung herausarbeitet, sie einschließlich ihrer Anfechtungen und Problemaspekte eindrücklich vorstellt und auf deren theoretische Anerkennung samt praktischer Realisierung hinarbeitet. D. h. sie hat nicht nur wissenschaftliches Denken zu präsentieren und Forschungsergebnisse zu vermitteln, pädagogische Probleme und Zusammenhänge aufzuzeigen, zu erziehungswissenschaftlichem Fragen und Denken anzuregen, pädagogisches Problembewußtsein zu wecken und erziehungwissenschaftliches Arbeiten zu initiieren, son-

dern mit all dem und über all das hinaus hat sie auch auf
Offenheit und Bereitschaft für pädagogische Verantwortung
zu zielen. Es muß ihr also auch darum gehen, in den künftigen Lehrern ein Verantwortungsbewußtsein für Erziehung,
Unterricht und Schule zu wecken, ihnen ebenso klar wie
eindringlich vor Augen zu stellen, daß und wie sie das alles als das von ihnen gewählte und angestrebte Berufsfeld
angeht und in die Pflicht nimmt. Es kommt ihr nicht zu,
dazu etwa in einen appellativen Stil mit erhobenem Zeige-
finger zu verfallen; aber sie hat via und qua erziehungswissenschaftliche Vermittlung die angehenden Lehrer nicht
nur für die wissenschaftliche Arbeit, sondern darüber
hinaus für die pädagogische Praxis aufzuschließen, hat
bei ihnen eine Entwicklungshilfe zu leisten für erziehliche Zuwendungsbereitschaft, für pädagogische Haltung,
ja für pädagogisches Ethos. Das scheint mir keine über-
holte Vorstellung und kein altmodisch-abgestandener Begriff zu sein, sondern eine bleibende und gerade auch
aktuelle Aufgabe der erziehungswissenschaftlichen Arbeit
in der Lehrerausbildung, wenn ihre diesbezüglichen Möglichkeiten auch begrenzt sind. Wie im medizinischen
Studium das ärztliche Ethos nicht bloß distanziert-wert-
neutraler Gegenstand wissenschaftlicher Erörterungen ist,
sondern zur Zielsetzung der Ausbildung gehört, und wie
man das Gleiche vom seelsorgerlichen Ethos in der theologischen Ausbildung sagen kann, so hat gerade die erziehungswissenschaftliche Arbeit in der Lehrerausbildung
hier eine Aufgabe zu beachten und wahrzunehmen, wenn auch
mit allem Takt und aller Bescheidenheit. Dabei käme es
m. E. auf **drei Punkte** an.

a) Geradezu entscheidend ist dabei die persönlich-wissen-
schaftliche wie persönlich-pädagogische Glaubwürdigkeit
des Dozenten in allem, was er im Umgang mit den Studierenden sagt und tut, wie zuverlässig, taktvoll, aufge-
schlossen und bemüht er sich ihnen zuwendet, sich ihren
Fragen stellt und sich ihrer annimmt, in welchem Stil der

Offenheit, der Zuwendung und der Gesprächsbereitschaft er
seine Lehrveranstaltungen durchführt, auch wie er selbst
hinter dem, um das es ihm erziehungswissenschaftlich
geht, persönlich steht. Dabei sollte sein eigenes pädagogisches Ethos und Verantwortungsbewußtsein, sein persönliches Engagement für die Heranwachsenden und gerade auch
für die Schule unaufdringlich, aber ständig und ebenso
spürbar sein wie seine intellektuelle Potenz. In diesem
Sinne sollte die erziehungswissenschaftliche Arbeit in
der Lehrerausbildung in der Tat eine "reflexion engagée"
(Wilhelm Flitner) sein.
b) Die erziehungswissenschaftliche Arbeit kann das genannte Ziel wohl um so besser ansteuern und um so eher erreichen, je mehr sie beim Dozenten auch eine Erfahrungs-
sättigung in dem besonderen Sinne der Nähe zur Schule
aufweist. Der Dozent der Erziehungswissenschaft, der in
der Lehrerausbildung tätig ist, sollte in der Regel
Schul- und Unterrichtserfahrung als Lehrer besitzen und
sollte das Lehrerethos in dem doppelten Sinne von Hochschullehrer und auch von Schullehrer selbst verkörpern
bzw. darauf unmittelbar zurückgreifen und zurückverwei-
sen können. Wie in der Theologischen Fakultät bei der
Pfarrerausbildung zusammen mit der theologischen Wissenschaft noch das seelsorgerliche Berufsfeld mit wirksam
ist und wie in der Medizinischen Fakultät zusammen mit
der medizinischen Wissenschaft sich dem angehenden Arzt
noch ärztliches Ethos und ärztliches Berufsbild präsentieren, so müßte in der erziehungswissenschaftlichen Arbeit für den künftigen Lehrer etwas vom pädagogischen
Ethos und auch vom Berufsbild des Lehrers spürbar sein
(in noch höherem Maße sollte das natürlich bei den Fachdidaktiken gelten).
c) Innerhalb des vorbildlichen pädagogischen Themenkata-
logs kommt dem Themenkreis "Der Erzieher" (in der Allgemeinen Pädagogik) und dem Thema "Der Lehrer" (in der
Schulpädagogik), wozu ja zahlreiche wichtige pädagogische, systematische und historische sowie psychologische
oder soziologisch akzentuierte Forschungen vorliegen, eine herausragende Bedeutung zu, und ihr sollte ein entsprechender Platz in der erziehungswissenschaftlichen
Orientierung eingeräumt werden. Gerade hier sind aspekt-
reich und hochdifferenziert wesentlich Momente aufzuzeigen, zu entwickeln und zu befragen, die unmittelbar
die erziehliche Zuwendung und das pädagogische Verantwortungsbewußtsein berühren und existentiell bedeutsam sind.
Da die Themenkataloge der bayerischen Lehramtsprüfungsordnung von 1978 diese beiden Komplexe nicht explizit
aufführen (bei der "Systematischen Pädagogik" und der
"Theorie der Schule" sind sie natürlich impliziert), sei
hier auf sie besonders hingewiesen.

Das betonte Ansprechen des pädagogischen Berufsethos ist
in unserer Zeit um so wichtiger, als in der jüngeren Generation - durch größere Zusammenhänge bedingt - ein allgemeiner Trend zur Job-Einstellung zu bemerken ist, der
angesichts des Charakters und der Verantwortung des Lehrerberufs eine bewußte Gegensteuerung in der Lehrerausbildung dringend notwendig erscheinen läßt.

2. Zur wissenschaftlichen Bündelung der pädagogischen Grundorientierung

Angesichts der komplexen Aufgabe der Lehrerausbildung und
angesichts des heutigen Standes der einschlägigen Wissenschaft ist es legitim und sogar notwendig, daß bei der
pädagogischen Grundorientierung als Nachbarwissenschaft
der Erziehungswissenschaft auch die Psychologie und die
Soziologie, aber auch die Philosophie, die Politologie
und die Theologie mitwirken. Es sind hier jedoch auch die
Gefahren der breiten Auffächerung zu bedenken. Zur Abwen-
dung übermäßiger Zersplitterung scheint es bei dieser
Fächervielfalt nicht nur berechtigt, sondern direkt geboten, daß der angehende Lehrer bei diesen Nachbarwissenschaften eigene Schwerpunkte setzen und eine Auswahl
treffen kann, wobei Psycholgie und Soziologie verbindlich
bleiben müssen, von den genannten anderen drei Disziplinen aber nur eine gewählt zu werden braucht, wie das die
bayerische LPO I auch vorsieht. Auch bei den Nachbarwissenschaften ist jedoch daran zu erinnern, daß die Lehrer-
aspiranten aller Schularten in gleicher Weise an diesem
erziehungswissenschaftlichen Umfeld beteiligt werden müssen. Im Interesse der notwendigen Konzentration sollten
überhaupt nur die für die pädagogischen Bezüge relevante-
sten Wissenschaften herangezogen und zur Wahl gestellt
werden; unter diesem Gesichtspunkt ist m. E. auf das Fach
Volkskunde zu verzichten.

Ferner erscheint mir unbedingt wichtig, daß der Beitrag
aller einzubeziehenden Nachbarwissenschaften streng auf
die pädagogisch absolut relevanten, ja die notwendigen
Themen begrenzt wird. Es geht also nicht an, die Lehrer
gleichzeitig auch noch als schmalspurige Psychologen, So-
ziologen, Philosophen usw. auszubilden; sondern der the-
matische Ausschnitt aus den Nachbarwissenschaften, der
hier jeweils beizutragen ist, muß in ganz straffer Auswahl auf die pädagogische Grundorientierung zielen. Die
bayerische LPO I wäre unter diesem Gesichtspunkt zu überprüfen und zu durchforsten.

Außerdem ist zu bedenken, daß die Erziehungswissenschaft
selbst in ihrer Arbeit nicht ohne Berücksichtigung, Herbeiziehung und Eigenverarbeitung der nachbarwissenschaft-
lichen Forschungen und ihrer Ergebnisse unter dem Gesichtspunkt ihres eigenen Auftrages und ihrer spezifischen Fragestellung auskommt. Z. B. kann die Schulpädagogik das Thema "Der Lehrer" überhaupt nicht richtig
klären und ausreichend behandeln, wenn sie nicht auch die
psychologischen und die soziologischen Aspekte auf der
Grundlage der einschlägigen Forschungen mitbeleuchtet.
Ähnliches gilt etwa vom Thema "Der Schüler". Ebenso wäre
jede erziehungswissenschaftliche Theorie der Schule heute
dürftig und lückenhaft ohne Eingehen auf den Komplex
"Schule als soziales Gebilde" (ein Thema, das die bayerische LPO I von 1978 jedoch bei der Soziologie aufführt).
Genau so verhält es sich auch bei anderen Fragen; so kann
z. B. die pädagogische Anthropologie nicht behandelt werden ohne Herbeiziehung der philosophischen Anthroplogie -
kurz: solche Überlappungen und notwendigerweise in die
Nachbarwissenschaften hineinreichenden Problemverflech-
tungen gibt es in der Erziehungswissenschaft auf Schritt
und Tritt. Sie darf sie nicht mutwillig und willkürlich
abschneiden, darf aber natürlich auch nicht etwa ihren
eigenen Schwerpunkt, ihre Spezifika und ihre Identität

verlieren und darf die Akzente ihrer Arbeit nicht nach
der psychologischen, der soziologischen, der philosophischen Seite usw. verlagern. Um so notwendiger erscheint
es, daß sie ihre Arbeit in der Lehrerausbildung thematisch und kollegial mit den Nachbarwissenschaften ab-
stimmt und eine vernünftige Kooperation anstrebt. Fachliche Aufsplitterung, Nebeneinanderherlaufen und Verdop-
pelungen müssen im Interesse der Studierenden, im Interesse der Konzentration, der Arbeitsökonomie und der klaren Profilierung des Studiums auf jeden Fall vermieden
werden.

3. Zur Gefahr spezialistischer Aufsplitterung

Angesichts der seit den sechziger Jahren erfolgten enormen - teilweise sogar übermäßigen - Expansion und Differenzierung der Erziehungswissenschaft in personeller wie
in institutioneller Hinsicht existieren jetzt im Bereich
der wissenschaftlichen Pädagogik nicht selten stark spe-
zialistische Einengungen, vielfach sogar verkürzende Ver-
engungen des Arbeits- und Interessenfeldes, der For-
schungsansätze und der Forschungsrichtungen, zum Teil
auch der Lehrstuhlbezeichnungen, und es ergibt sich daraus manches Problem und manche Schwierigkeit in bezug auf
ihr Partizipieren an der Lehrerausbildung und hinsichtlich der Wahrung von deren Struktur und Aufgaben. Die erziehungswissenschaftliche Grundorientierung der angehenden Lehrer fordert vom Dozenten doch vielfach, ja weitgehend auch die Übernahme elementarer und thematisch um-
fassenderer Aufgaben, was von den sehr spezialistisch
Tätigen und Engagierten eventuell als Zumutung, Störung
und Ablenkung von der eigenen Arbeit oder gar als Bedrohung der persönlich-wissenschaftlichen "Identität"
empfunden wird. Selbst wenn die erziehungswissenschaftlichen Studienanteile im Lehrerstudium ein ausreichendes
Maß zugebilligt erhalten, handelt es sich bei den an-

gehenden Lehrern ja nicht um Hauptfachstudenten der Erziehungswissenschaft. Sie dürfen in ihrer pädagogischen Grundorientierung nicht unnötig in fachliche Verästelungen hineingezogen, auf Seitenwege gedrängt und mit spezialistischen Finessen gefüttert werden. Die Belange der Lehrerausbildung müssen im Gesamtlehr- und -arbeitsangebot der Pädagogik ausreichend beachtet werden und dürfen im Getriebe spezialistischer Fachinteressen und persönlicher Vorlieben keinesfalls zu kurz kommen. Es käme also darauf an, daß im Lehrangebot ein ausgewogenes Verhältnis von thematisch breiteren und thematisch spezielleren Veranstaltungen bedacht und gesichert wird. Auch engagierte und hochzielende Spezialisten sollten sich nicht abschotten und sollten sich nicht zu schade dafür sein, sich in der Lehre gerade im Interesse der pädagogischen Grundorientierung der künftigen Lehrer der elementareren Themen mit anzunehmen.

4. Zu schulnäheren und schulferneren Akzenten

Ständig sollte der Dozent in der Arbeit der Lehrerausbildung auch im Auge behalten und in seine Bemühungen um ihre berufsfeldorientierte Gestaltung einbeziehen, daß sich bei den Themenkreisen und ihrer Vermittlung, bei den Hintergrundbeleuchtungen und den Umfelderhellungen, bei den Darbietungsweisen und den heranzuziehenden Beispielen unterschiedliche Akzente setzen lassen, die jeweils eine größere oder eine geringere Nähe zur Schule aufweisen, unter Umständen sogar recht schulfern gehalten werden können. Auch innerhalb der von der Lehramtsprüfungsordnung vorgesehenen Stoff- und Problemkomplexe für die Allgemeine Pädagogik und selbst bei denen für die Schulpädagogik existieren für den Dozenten und seine Lehrveranstaltungen vielfältig solche Wahl- und Entscheidungsmöglichkeiten. Wenn er sie im Sinne einer möglichst weit-

gehend schulorientierten Lehrerausbildung erwägt und realisiert, so hat das mit praktizistischer Verengung oder
mit Niveauminderung nicht das mindeste zu tun, sehr viel
aber damit, wie sich Lehrerausbildung und speziell die Erziehungswissenschaft für den Lehramtsstudenten präsentieren und ob sie ihn in überzeugender Weise etwas "angehen",
d. h. ihm und der Schule in tieferem Sinne dienen können.
Gerade weil die erziehungswissenschaftliche Arbeit im wissenschaftlichen Anspruch und in der damit sachlich gefor-
derten Gegenstandsdistanzierung keine Minderung erfahren
darf, sollte sie in der gekennzeichneten Weise bei den
Lehramtsstudiengängen möglichst schulnah verfahren und alle dafür gegebenen Möglichkeiten bewußt und geschickt aus-
nutzen. Diese Maxime gilt natürlich erst recht für die
Fachdidaktiken (die überhaupt nur richtig arbeiten können,
wenn sie sowohl erziehungswissenschaftlich wie unterrichtsfachlich fundiert sind und wenn sie zudem engen Kontakt mit der Schule halten). Und die Maxime der Schulnähe
gilt sogar auch für die Unterrichtsfachstudien in der Lehrerausbildung; das zu beleuchten wäre allerdings eine eigene Aufgabe[11]. Daß bei den Unterrichtsfachbereichen in
dieser Hinsicht besonders viel im argen liegt, darf die
Erziehungswissenschaft jedoch nicht davon abhalten, für
eine bessere Schulorientierung das zu tun, was in ihrem
Bereich möglich ist.

5. Zur Richtungs- und Modeanfälligkeit der Erziehungswis-
senschaft

Wie jeder Insider weiß, zeichnet sich die Erziehungswissenschaft nicht gerade durch innere Stabilität, klaren me-
thodologischen Consensus und einheitliche Auffassung ihrer
Vertreter in bezug auf Charakter und Tragweite, Ansatz und
Arbeit der eigenen Wissenschaft aus. Es gibt ganz erhebliche Positions- und Richtungsunterschiede, so daß gele-

gentlich sogar von einer tiefen Zerklüftung der Erziehungswissenschaft gesprochen worden ist. Man sollte diese
Differenzen freilich nicht dramatisieren, zumal auch bei
anderen Geistes- und Sozialwissenschaften tiefgreifende
Wissenschaftsauseinandersetzungen existieren. Es läßt sich
aber auch nicht in Abrede stellen, daß damit ein Problemfeld gegeben ist, das die Lehrerausbildung mit berührt,
da es u. a. auch ihre Glaubwürdigkeit und ihre Fähigkeit
betrifft, verarbeitet und integriert zu werden und gei-
stig-pädagogische Klarheit zu vermitteln. Pädagogische
Grundorientierung auf erziehungswissenschaftlicher Ebene
bedeutet allerdings für den Studierenden in gewissem Sinne
auch Verunsicherung und zunächst vielleicht Irritation,
nämlich die Störung und Deformation von zu hohen, vielfach
kurzschlüssig auf handgreifliche Rezepte ausgehenden Erwartungen. Andererseits darf für ihn die erziehungswissenschaftliche Orientierung nicht im Problematisieren stecken
bleiben und gar den Anschein eines "Glasperlenspiels" gewinnen; sie muß ihm wirklich so weit wie möglich pädagogische Klärung und Felderhellung bringen und pädagogische
Handlungskompetenz anbahnen, wenn auch nicht im rezeptolo-
gischen Sinne. Dabei kann und darf die Positionszerspal-
tenheit der Erziehungswissenschaft für den angehenden Lehrer durchaus nicht verdeckt werden, sie sollte jedoch
durch die Lehrerbildungsaufgabe und die vorgegebenen Themenkreise eine entschiedene Zügelung erfahren.
Zu bedenken ist ferner, daß es in der Erziehungswissenschaft eine gewisse Anfälligkeit für abwechselnde Trends,
Ideologien und Modeerscheinungen gibt, nicht selten mit
sehr kurzatmigem Charakter. Hier liegt eine zusätzliche
Belastung und Gefahr für ihre Arbeit in der Lehrerausbildung und auch sonst, und deren Abwehr erfordert ein hohes
Maß von selbstkritischer Wachsamkeit. Wenn sie sich vor-
schnell oder total in weltanschauliche oder politische Abhängigkeit begibt, oder wenn die natürliche wissenschaft-

liche Dynamik, die aus dem Heraufkommen neuer Fragen und
Probleme und neuer Beleuchtungen sowie neuer gedanklicher
Experimente erwächst, zur Hektik wird, wenn jedes modische
Schlagwort der allgemeinpädagogischen und der schulpädago-
gischen Diskussion begierig aufgenommen und dem angehenden
Lehrer als letzte Weisheit präsentiert wird, kann in seinen Augen die Verbindlichkeit, die intellektuelle Redlichkeit und die Glaubwürdigkeit der erziehungswissenschaftlichen Arbeit vielleicht noch mehr leiden, als das durch
die heterogenen Wissenschaftspositionen geschieht. Dadurch
kann dann bei ihm leicht eine zusätzliche Verunsicherung
mit einem Vertrauensverlust entstehen, was vermieden werden sollte. Wer sich die Mühe machen wollte, die Vorle-
sungsverzeichnisse der Hochschulen über einen längeren
Zeitraum daraufhin durchzusehen, der könnte sich vermutlich
leicht davon überzeugen, daß diese Anfälligkeit in der erziehungswissenschaftlichen Arbeit nicht gering ist.

Abschließende Bemerkungen

Abschließend sei eine Anmerkung zum jüngst aufgekommenen
Schlagwort einer "polyvalenten" oder "offenen" Lehrerausbildung erlaubt. Dieser Vorschlag meint, daß es angesichts
der großen Anstellungsschwierigkeiten, die gegenwärtig
beim Lehrerberuf in allen Schularten bestehen, nützlich
sei, die Lehrerausbildung so anzulegen und durchzuführen,
daß der Studiengang gleichzeitig zu mehreren (verwandten)
Berufsfeldern führt, der angehende Lehrer also z. B.
gleich auch noch für die Aufgaben eines Bibliothekars oder
eines Reiseleiters, eines Dolmetschers usw. ausgebildet
wird und daß seine Berufsmöglichkeiten auf diese Weise
verbreitert, seine Berufschancen damit verbessert werden,
und das wohlgemerkt ohne Verlängerung der Studienzeit,
sondern nur durch entsprechenden Studienumbau.

Zum Vergleich und zur Abschätzung dürfte es nützlich sein,
sich die Situation und die Konsequenzen vorzustellen, die
entstehen würden, wenn bei einer eintretenden Ärzteschwem-
me die Ausbildung des Arztes so umstrukturiert würde, daß
der angehende Arzt gleichzeitig noch Chemiker oder Apothe-
ker werden würde, oder wenn ein Stellenmangel bei Inge-
nieuren dazu führen würde, daß ein Ingenieur gleichzeitig
als Architekt ausgebildet würde - und das alles ohne Verlängerung des Studiums. Es kann gewiß nicht der geringste
Zweifel darüber bestehen, daß als Folge solcher Studien-
änderung schlechtere Ärzte und schlechtere Ingenieure aus
den Hochschulen kommen würden, denn ihnen müßten wesentliche Teile ihrer notwendigen ärztlichen bzw. ihrer notwendigen ingenieurmäßigen Berufsausrüstung fehlen. Man kann
wohl auch sicher sein, daß niemand daran im voraus zweifeln würde und daß niemand sich den vorauszusehenden negativen Folgeerscheinungen aussetzen wollte. Um so merkwür-
diger und bedenklicher, daß manche Seiten sich nicht
scheuen, für den Lehrerberuf einen solchen Vorschlag
ernstlich zu machen. In Wirklichkeit wäre die Situation
und die Konsequenz bei einer "polyvalenten" Lehrerausbildung nämlich nicht anders, auf keinen Fall besser. Angesichts des fachlich außerordentlich weitgespannten und
spannungsgeladenen Feldes beim Lehramtsstudium würde jede
Polyvalenz bei unveränderter Studienzeit unweigerlich dazu führen, daß die Ausrichtung auf die Schule zu kurz käme. Die Schulorientierung ist aber gerade derjenige Punkt,
der bei der Lehrerausbildung heute ohnehin besonders
schwach und problembeladen ist und der deshalb besonders
beachtet und entschieden verstärkt werden muß, damit die
angehenden Lehrer ihren Aufgaben besser gerecht werden
können. Polyvalente Lehrerausbildung würde also mit Sicherheit schlechter ausgebildete Lehrer hervorbringen. Die
Schule braucht aber dringend gut ausgebildete Lehrer.

Und dazu muß die bayerische Lehramtsprüfungsordnung vom
30.5.1978 genau in umgekehrter Weise geändert und berufs-
gerechter gestaltet werden. Der Katalog der sachnotwendi-
gen Änderungen zum Studienanteil der Erziehungswissenschaft in der Lehrerausbildung betrifft folgende Punkte,
die hier abschließend in konzentrierter Form zusammenge-
stellt seien:

1. Der Studienanteil Erziehungswissenschaft (Allgemeine
   Pädagogik und Schulpädagogik) muß für die Lehrerstudenten aller Schularten auf 20 Semesterwochenstunden erhöht werden.

2. Bei dem Katalog der Themenkreise ist in der Allgemeinen
   Pädagogik "Der Erzieher", in der Schulpädagogik "Der
   Lehrer" zu ergänzen.

3. Die Nachbarwissenschaften der Erziehungswissenschaft
   sind für die Lehramtsstudenten aller Schularten in
   gleicher Weise heranzuziehen; das Fach Volkskunde ist
   zu streichen.

4. Bei den Studiennachweisen sind von den Lehramtsstudenten aller Schularten einheitlich je zwei Scheine für
   den Bereich Allgemeine Pädagogik und für den Bereich
   Schulpädagogik zu fordern.

5. Der Prüfungsmodus ist für die Lehramtsstudenten aller
   Schularten einheitlich zu gestalten: in der Erziehungswissenschaft eine mündliche Prüfung und eine Klausur
   (in Allgemeiner Pädagogik und in Schulpädagogik wahl-
   weise: in dem einen Bereich die Klausur, in dem anderen Bereich die mündliche Prüfung). Der Modus bei der
   Klausur muß geändert und dem beim Staatsexamen Üblichen
   angepaßt werden (keine Unzahl von Klausurthemen zur
   Auswahl mehr).

ANMERKUNGEN:

1 Überarbeitete Fassung eines Vortrages, der am 25.1.1986 in Nürnberg bei der Sitzung der Fachschaft Allgemeine Pädagogik/Schulpädagogik an den Universitäten in Bayern gehalten wurde.

2 Näheres hierzu in meinem Beitrag Wandlungen der bayerischen höheren Schule 1860 - 1914. Ursachen und Folgen. In: Lenz Kriss-Rettenbeck/Max Liedtke (Hrsg.): Schulgeschichte im Zusammenhang der Kulturentwicklung. Bad Heilbrunn 1983, S. 213 - 248

3 Zum folgenden vgl. meinen Aufsatz Die philosophische Idee der Lehrerbildung. In: Helmut de Rudder (Hrsg.): Die Lehrerbildung zwischen Pädagogischer Hochschule und Universität. Probleme des Lehrerstudiums. Bad Heilbrunn 1982, S. 57 - 93

4 Die aus Raumgründen skizzenhaft knapp gehaltene Darstellung muß sich auf scharfe Typisierungen beschränken und kann daher nicht darauf eingehen, daß die damaligen "Universitätslösungen" (Sachsen, Thüringen, Braunschweig, Hamburg) in manchen Punkten der Konzeption "Bildner-Hochschule" nahe waren, in anderen von ihr stark abwichen. Nach 1945 knüpfte zunächst nur Hamburg an, die anderen Länder entschieden sich strukturell für die PH-Konzeption, wobei es im einzelnen allerdings gewisse Varianten und Verzögerungen gab.

5 Die konzeptionelle und institutionelle Ausformung der PH als "Bildner-Hochschule" sowie ihre Umstrukturierung zur "Erziehungswissenschaftlichen Hochschule" ist mit vielen Details dargestellt bei Dieter Neumann: Tradition und Fortschritt in der Lehrerausbildung. Die Bildung des Lehrers im Kontext pädagogischer Theoriebildung. Bad Heilbrunn 1985

6 Auf die Entwicklung der Lehrerausbildung für die Realschulen, die Sonderschulen und die beruflichen Schulen konnte aus Raumgründen hier nicht eingegangen werden.

7 Vgl. Hellmut Becker: Die verspätete Lehrerbildung. In: Neue Sammlung 20 (1980), S. 478 - 491

8 Vgl. Hermann Giesecke: Was müssen Lehrer wirklich lernen und wie teuer muß das sein? In: H. Steuber/R. F. Antoch (Hrsg.): Einführung in das Lehrerstudium. Studiensituation - Hochschule - Ausbildung - Lehrer - Beruf. Stuttgart 1980, S. 120 - 130

9 Vgl. dazu z. B. Deutsche Gesellschaft für Erziehungswissenschaft: Das Kernstudium der Erziehungswissenschaft. Weinheim 1968. - Deutscher Bildungsrat, Empfeh-

lungen der Bildungskommission: Strukturplan für das Bildungswesen. Stuttgart 1970 - Wolfgang Klafki u. a.: Funkkolleg Erziehungswissenschaft, Bd. 1. Frankfurt/M. 1970 - Kritisch dazu mein oben in Anm. 3 genannter Beitrag, S. 67 ff. Ferner Hans-Karl Beckmann: Die Berufswissenschaften des Lehrers. In: Pädagogische Welt 39 (1985), S. 500 - 504

10 Zum folgenden vgl. meinen oben in Anm. 3 erwähnten Beitrag, S. 79 - 85

11 Vgl. dazu meinen oben in Anm. 3 genannten Beitrag, S. 85 - 89

Theo Dietrich

RÜCKBLICK AUF 50 JAHRE LEHRERBILDUNG

1. Eingrenzung des Themas auf das Problem der Berufsfeldorientierung des Studiums

Im "Rückblick auf 50 Jahre Lehrerbildung" sollen nicht
die äußeren Formen der institutionellen Entwicklung auf-
gezeigt, also nicht der Weg von der bildungstheoretisch
bestimmten "Pädagogischen Akademie" über die wissenschaftliche "Pädagogische Hochschule" bis zur Universität
hin beschrieben werden, vielmehr soll die zentrale Frage
der Lehrerausbildung diskutiert werden, nämlich die
S t r u k t u r   d e s   S t u d i u m s ,   oder als
Frage formuliert:

Wird man Lehrer durch das Studium 'reiner' Wissenschaften, oder sind die Wissenschaften berufsfeldorientiert zu
vermitteln und zu bearbeiten, und welchen Wissenschaften
kommt die zentrale Stellung zu?

Die Beantwortung dieser Fragen erfolgt anhand meiner eigenen Erfahrungen und Bestrebungen, orientiert sich aber
auch an den Überlegungen und Erkenntnissen anderer. Gestützt auf eigene Entwürfe vermittelt der "Rückblick" -
verstanden als 'Ausblick für morgen' - zugleich einen
Einblick in ein wesentliches Gebiet meiner Lebensarbeit,
nämlich in die Studienreformbemühungen für die Lehrerbildung und deren praktischer Verwirklichung im Rahmen der
Universität.

Die 50 Jahre sind angefüllt mit Planungen und Hoffnungen,
aber auch mit Zweifeln und Enttäuschungen. Letztere haben

mich nicht entmutigt, aber die Stammwurzel, der - wie ich meine - 'verfehlten Lehrerbildung' klarer erkennen lassen. FRIEDRICH SCHNEIDER hat 1957 die "Tragödie der Akademisierung der Lehrerbildung"[1] in dem Bruch zwischen Ideal und Wirklichkeit der von E. SPRANGER konzipierten "Bildnerhochschule" gesehen[2]. In meiner Antwort habe ich die Struktur der "Bildnerhochschule" selbst für die "Tragödie" verantwortlich gemacht[3]. Ich habe darauf hingewiesen, daß 1. der mit dieser Hochschule verbundene B i l d u n g s auftrag allen Hochschulen zukommt und daß 2. die Vielzahl der zu vermittelnden Studieninhalte ein in die Tiefe gehendes Studium verhindert. In dieser Beziehung hat die "Bildnerhochschule" das Lehrerseminar auf 'höherer Ebene' fortgesetzt. Darum habe ich die Universitätslösung bevorzugt und 'Menschenbildung als Gegenstand' der Studien gefordert.

Die folgenden Ausführungen gehen auf die damalige Diskussion nicht direkt ein, machen aber die "Tragödie der Lehrerbildung II" deutlich, wenn man SCHNEIDERS Stellungnahme als Nr. I bezeichnet.Ich bin auch heute der Meinung, daß unsere gegenwärtige Lehrerbildung eine "Tragödie" ist, wenn man den Begriff der "Komödie" vermeiden will. W o   l i e g e n   d a f ü r   d i e   W u r z e l n ?

1.   T h e s e :   Der künftige Lehrer ist berufsfeldorientiert auszubilden. Die Berufsfeldorientierung ergibt sich aus den Aufgaben des Lehrerberufs und aus dem Wissenschaftscharakter der Pädagogik/Erziehungswissenschaft als einer "Wirklichkeitswissenschaft" (H. FREYER).

Nach allgemeiner Auffassung hat der Lehrer in seinem Berufsfeld Aufgaben zu erfüllen wie
- Erziehen und Lehren,
- Beurteilen und Beraten,

- Organisieren und Verwalten,
- Innovieren und politisch Handeln[4].

Ohne hier auf Einzelheiten eingehen zu können, setzt das im Hinblick auf das zuerst genannte Begriffspaar u. a. voraus, daß der Lehrer nicht nur über das Ziel der Erziehung, nämlich Menschlichkeit und Mündigkeit, reflektiert, sondern daß er auch Kenntnisse darüber gewinnt, wie er diese Ziele in der Schule durch produktive Erziehungs- und Lernprozesse verwirklichen kann. Das bedeutet u. a., daß der Lehrer seine Schüler nicht nur über Menschlichkeit und Mündigkeit 'be-lehrt', also sozusagen 'von außen' mit den entsprechenden Inhalten 'füllt', sondern daß er ihnen vor allem die Möglichkeit zu kritischem und verantwortlichem Handeln gibt, und zwar in einem vom "Schulleben" getragenem Unterricht. Der Lehrer muß also seine Schüler befähigen, den Weg der Mündigwerdung selbst und in Verbindung mit der Gruppe zu gehen. Das erfordert vom Lehrer die Beherrschung von Handlungsweisen und Verfahren, die Menschlichkeit und Mündigkeit 'in Gang setzen'. Im Hinblick auf die speziellen Lehraufgaben in den verschiedenen Unterrichtsfächern muß er sowohl fundierte Sachkenntnisse in 'seinen' Fächern sowie Kenntnisse über die Gestaltung optimaler Lernprozesse besitzen, und er muß die Fähigkeiten entwickeln, die bei den Schülern produktives Denken und Handeln ermöglichen. Er muß also beispielsweise selbst 'wissen', wie ein Fjord entstanden ist, bevor er seine Schüler dazu motiviert, anhand von Diapositiven über die Entstehung nachzudenken und 'Theorien zu entwickeln'. - Mit diesen Bemerkungen über die Aufgaben des Lehrers müssen wir uns hier begnügen.

Sicher ist, daß die angeführten Tatsachen und Prozesse im Berufsfeld 'erscheinen', vom Studenten erkannt und kritisch betrachtet werden müssen. Von dieser Voraussetzung

aus ergibt sich für die Lehrerbildung die Aufgabe, eine
möglichst optimale und produktive 'Behandlung' solcher
Erscheinungen, Tatsachen und Prozesse vorzunehmen. Als
Möglichkeiten bieten sich 1. die überlieferten Lehrveranstaltungen der Hochschulen an wie Vorlesungen und Übungen
o d e r 2. die direkte Begegnung mit den Phänomenen in
der Erziehungs- bzw. Schulwirklichkeit, d. h. die Gewinnung der Erkenntnisse von den Phänomenen, also vom "Unmittelbaren", aus. Ich behaupte nun, daß der "unmittelbare Umgang mit den Phänomenen" den eigentlichen Zugang
zur Pädagogik bildet[5]. Was MARTIN WAGENSCHEIN in dieser
Beziehung über den Zugang zur Physik sagt, gilt in gleicher Weise für die Pädagogik. So wie sich die Physik auf
"N a t u r - Phänomene" gründet, so die Pädagogik auf Er-
ziehungs-, Bildungs- und Lernphänomene; und sie können
letztlich nur "genetisch" wirklich verstanden werden, also aus ihrer Entstehung und ihrem Wirk-Zusammenhang heraus. Diese Phänomene dürfen - wie M. WAGENSCHEIN sagt -
"nicht mit schon isoliertem Aspekt, (sondern) müssen mit
dem ganzen Organismus ("am ganzen Leib") erfahren werden"; selbst "auf höheren und späteren Stufen der Abstraktion muß der Durchblick bis zu den Phänomenen"[6] erfolgen. Die innere Struktur eines Prozesses muß also zunächst immer 'er-lebt', dann frag-würdig gemacht und
schließlich geklärt werden. Indem der künftige Lehrer an-
geleitet wird, der Entstehung und Entwicklung der Erzie-
hungs-, Unterrichts- und Lern-Phänomene nachzugehen, wird
er ihren Aufbau und ihre Struktur verstehen - andernfalls
wird er zum Nachreden oder mit einem Begriff PESTALOZZIS:
"zum Maulbrauchen" verführt.

Diese Art des Verstehens und der Erkenntnisbildung wird
von dem Verständnis der Pädagogik/Erziehungswissenschaft
als einer "Wirklichkeitswissenschaft" direkt gefordert.
Meines Wissens hat CARL WEISS als erster diesen Begriff

von H. FREYER auf die Pädagogik übertragen. FREYER hat die Soziologie, die Geschichte und die Psychologie unter diesen Begriff zusammengefaßt, weil sie eine Erkenntnishaltung voraussetzen, die anders als in den Naturwissenschaften und in den Geisteswissenschaften ist. Die Erkenntnis wird hier gewonnen durch "denkende Teilnahme ... (am) Geschehen"[7], also an den pädagogischen Prozessen selbst. Heute würden wir statt von Wirklichkeitswissenschaft von der Handlungswissenschaft bzw. Handlungsforschung sprechen. Wenn ich in diesem Zusammenhang den älteren Begriff der Wirklichkeitswissenschaft verwende, so deshalb, weil der Begriff 1. korrespondiert mit den Begriffen Erziehungswirklichkeit und Schulwirklichkeit, 2. auf die Wirkzusammenhänge im pädagogischen Feld hinweist, also auf die Wirkungen, die zwischen den Personen und Sachen bestehen und 3. den real- und erfahrungswissenschaftlichen Charakter der Pädagogik zum Ausdruck bringt. Pädagogik als Wirklichkeitswissenschaft anerkennt, daß der Pädagogik als Wissenschaft ein Wirk-, Handlungs- und Geschehensfeld vorausgeht, das von der Wissenschaft zu klären ist. Pädagogik/Erziehungswissenschaft ist also der oberste, allgemeine Sammelbegriff für die Wissenschaft, die sich mit den Tatbeständen, Wirkzusammenhängen und Prozessen der Erziehung im umfassenden Sinne befaßt; sie hat die Aufgabe, diesen Gegenstandsbereich von den Phänomenen aus zu durchdenken, methodisch geordnete Untersuchungen durchzuführen, zu Erkenntnissen zu gelangen und sie für pädagogisches Handeln aufzubereiten[8] - in der Erwartung und Hoffnung, daß die in der erzieherischen Praxis tätigen Personen dazu die entsprechenden Fähigkeiten besitzen und/oder zu entwickeln in der Lage sind. Aufgrund der anthropologischen Unfestgelegtheit des Menschen ist es nicht immer möglich, theoriegemäß zu handeln; der Erzieher kann und wird gegenüber der Theorie a u c h versagen.

Trotz dieser 'Einsicht' muß für die Lehrerbildung ein
Weg gesucht werden, der den künftigen Lehrer an die Phänomene der Erziehungs- und Schulwirklichkeit heranführt,
so daß aus dem "unmittelbaren Umgang mit den Phänomenen"
Fragen entstehen, die dann wissenschaftlich geklärt und
schließlich in pädagogisches Tun umgesetzt werden. D. h.
jedoch nicht, daß pädagogisches Wirken ein bloßes Anwenden der Theorie ist; das 'Umsetzen' ist stets risikobe-
laden und nicht im Sinne einer Technik tradierbar. Als
'Unterrichtsmittel' oder Verfahren für die Realbegegnung
mit erzieherischen und unterrichtlichen Prozessen während des Hochschulstudiums entwickelten wir im Verlauf
der 60er Jahre die "Schulpraktischen Studien" im Unterschied zum bereits bestehenden "Schulpraktischen Wochentag" und einer Studienplanung, die die "Schulpraktischen
Studien"in den Mittelpunkt der Studien stellt.

2. T h e s e : Die "Schulpraktischen Studien" sind
aus dem "pädagogischen Anschauungsunterricht" heraus
entwickelt worden.

Praxisbegegnung hat es in der Lehrerbildung - zumindest
in der Volksschullehrerbildung - schon immer gegeben.
Sie bestand aber vorwiegend in einer Einübung von Unterrichtsmethoden. Das gilt z. T. auch für den "Schulpraktischen Wochentag" der Pädagogischen Akademien und ihrer
Nachfolgeinstitution; der "Schulpraktische Wochentag"
unterstand den Lehrern der Übungsschulen und wurde in
der Regel 'neben' der Hochschule durchgeführt; er konnte
zwar die übrigen Studien beleben, war aber kein inte-
grierter Bestandteil der Studien und wurde in der Regel
nicht unter der Verantwortung der Hochschullehrer durchgeführt - selbst dann nicht, wenn diese aufgrund ihrer
Berufungsurkunden dazu verpflichtet waren. Die "Schulpraktischen Studien" sind demgegenüber ein wesentliches

Glied der pädagogischen Studien; nach meiner Anschauung bilden sie das Zentrum der Studien überhaupt und unterstehen der Verantwortung der Hochschullehrer. Das bedeutet, daß der Hochschullehrer vorgeplant haben und selbst die Phänomene 'erzeugen' muß, die der Student erfassen soll. Genauer gesagt: Der Hochschullehrer für Pädagogik muß ähnlich wie der Mediziner in seinem Praxisfeld tätig sein.

Marksteine auf dem Weg zu den "Schulpraktischen Studien" sind die beiden folgenden:

1. F. E. OTTO SCHULTZE hat bereits 1926 die "Grundlegung der Pädagogik von der induktiven Methode" bzw. von der "empirischen Phänomenologie des Unterrichts" aus vorgenommen. Er schreibt:

   > "Es läßt sich nicht bezweifeln, daß man von der Beobachtung durch die Phänomenologie, durch psycholgische (und setzen wir hinzu: durch pädagogische; d. Verf.) Analyse und Wertung zu den Fragen der höchsten Zielsetzung und schließlich auch zu den Problemen der Mittelfindung und so zu pädagogischer Methodik und Didaktik, also zu den Kernfragen des Praktikers kommen kann."9

   SCHULZTES Buch ist reich an eindrucksvollen Beispielen dieser Art, Pädagogik zu betreiben.

2. 50 Jahre später - also 1951 - hat GEORG GEISSLER auf dem Hochschultag in Jugenheim die "schulpraktische Ausbildung in hochschulgemäßer Form" vorgestellt. Nachdrücklich weist GEISSLER auf die Notwendigkeit der "wissenschaftlichen Verarbeitung der praktischen Erfahrung" hin. Dann heißt es:

   > "Zwischen die Frage und das Handeln wird eine umfassende wissenschaftliche Besinnung eingeschoben; es wird in echter Weise von der konkreten Situation ausgehend die pädagogische Theorie entwickelt, aus deren Zusammenhang heraus sich dann das Handeln vollzieht."10

Als Quintessenz der Bestrebungen beider Pädagogen kann man zusammenfassend formulieren:

a) Die pädagogische Theorie hat die Praxis zur Voraussetzung; daher müssen

b) im Studium praktische Erfahrungen gemacht werden, die wissenschaftlich aufzuarbeiten sind.

Pädagogisches Lehren und Lernen erfordert also ein "Theoretisieren in der Situation des Handelns" und ein 'Umsetzen' geklärter Vorstellungen in das Handeln[11]. Die pädagogische Theorie ist aus der konkreten Situation und im "Umgang mit den Phänomenen" zu entwickeln und dem Handeln zur Verfügung zu stellen. Das ist voll wirksam nur mit Hilfe des Fachmanns möglich, dem Hochschullehrer für Pädagogik. Daher ist es ein wichtiges Kennzeichen dieser Art des Lehrens und Lernens, daß die Studenten zusammen mit ihrem Hochschullehrer die Phänomene am 'Ort der Erkenntnisquellen' beobachten, Fragen stellen und sie 'vor Ort' zu lösen versuchen. Sie nehmen ganz im Sinne der Humboldtschen Universitätskonzeption am forschenden Denken und Handeln ihrer Hochschullehrer teil.

3. These : Die "Schulpraktischen Studien" bilden die Grundlage des berufsfeldorientierten Studiums, sind aber durch andere Formen des Studiums zu ergänzen.

Den oben angedeuteten Weg bin ich seit 1952 konsequent gegangen und habe erstmals 1957 in einer Arbeit über den "Unterrichtsbesuch als Grundlage des erziehungswissenschaftlichen Studiums"[12] gezeigt, wie man anhand konkreter Beispiele - im Mittelpunkt des Unterrichts stand in dieser Veröffentlichung die Bearbeitung des Gedichts von F. HEBBEL "Aus meiner Kindheit" - unterrichtstheoretische Fragen erörtert und bis zu "Fragen der höchsten Zielsetzung" (SCHULTZE), also zu anthropologischen Fra-

gen, d. h. bis zu allgemein pädagogischen Fragen vorstoßen kann. Auf diese Weise lernt der Student aus
"primären Quellen" pädagogisch denken und in Weiterfüh-
rung dieser Arbeit, nämlich in eigenen Unterrichtsversuchen, pädagogisch handeln.

Auf diese Weise können - so behaupte ich - alle Probleme und Aufgaben erarbeitet werden, die im Berufsfeld
des Lehrers eine Rolle spielen. Die hierfür notwendige
Zeit steht jedoch während der begrenzten Studiendauer
nicht zur Verfügung. Außerdem muß man zugeben, daß auf
der Grundlage empirischer Befunde zwar Theoriefelder
geklärt werden können, daß aber eine strenge Abfolge
und Andordnung der zu behandelnden Fragen und Fragen-
komplexe nur unter schwierigen Umständen möglich ist -
ähnlich wie die "Fallkonferenzen" und "Fallbesprechun-
gen" der Mediziner und Juristen in der Regel nur bestimmte Problemkreise 'abdecken' und keine Systematik
vermitteln. Zwar kann man im Rahmen einer strengen Studienplanung Einseitigkeiten und 'Ausfälle' vermeiden;
aber das ist - wie gesagt - schwierig und setzt den
Konsens der Mitglieder einer Hochschule oder einer Fakultät voraus. Diese Form des Studiums birgt also die
Gefahr in sich, daß Mosaikstein neben Mosaikstein gelegt wird und die Gewichte falsch verteilt werden. Die
Kasuistik kann immer nur Zusammenhänge anbahnen, aber
nicht vollenden. Daher muß versucht werden, die Studien
im Rahmen der "Schulpraktischen Studien" systematisch
zu ordnen, so daß das Ganze der Pädagogik nicht verlo-
rengeht. Zumindest muß unter Beachtung der zeitlichen
Begrenzung eines jeden Studiums eine 'sinnvolle Unvoll-
ständigkeit' des Ganzen erreicht werden.

Das kann auf zwei Wegen geschehen, nämlich 1. die
"Schulpraktischen Studien" bilden in jedem Semester die

Kernveranstaltung; die Inhalte folgen einer thematischen
Ordnung, z. B. von Strukturproblemen pädagogischer Institutionen über Grundstrukturen von Lehr- und Lernprozessen und der Unterrichtsgestaltung sowie fachdidaktischen Inhalten bis hin zu Schwerpunktthemen bestimmter
Schulstufen. Daneben, aber bezogen auf die Inhalte der
"Schulpraktischen Studien", werden begleitende Vorlesungen und Übungen durchgeführt; sie ergänzen, vertiefen
und fassen die Erfahrungen der "Schulpraktischen Studien" zusammen und stellen sie in größere Begründungszu-
sammenhänge. 2. Die Inhalte der "Schulpraktischen Studien" und die der Vorlesungen und Übungen 'laufen' unabhängig und nebeneinander ab; sie bilden also zwei Strän-
ge im Studiengang. Die Behandlung gleicher oder ähnlicher Probleme erfolgt in der Regel also mit zeitlicher
Verschiebung. Es empfiehlt sich daher, dem Studenten zu
Beginn seines Studiums im Rahmen einer einführenden Vor-
lesung eine Liste der pädagogischen Grundprobleme zu geben, mit denen er sich im Verlauf seines Studiums beschäftigen soll. Dann kann der Student anhand des Vor-
lesungsverzeichnisses eine Koordination der Probleme aus
den beiden Studiensträngen selbst vornehmen. Es ist
sicher, daß das Modell I aufgrund der strafferen Planung
eine größere Sicherheit der Studien gewährleistet; demgegenüber erfordert das Modell II mehr Eigeninitiative
des Studenten[13].

Diese Studienorganisation ist in den endsechziger und
siebziger Jahren nicht nur in Zeitschriften und auf Kon-
gressen diskutiert worden, sondern auch mit Erfolg praktiziert worden[14]. Andererseits muß zugegeben werden, daß
selbst Fachkollegen diese berufsfeldorientierten Studien
im Rahmen der "Schulpraktischen Studien" abgelehnt haben; sie hielten die Form der Studien für zu punktuell
und für zu zeitaufwendig und fürchteten, daß das Studium

nicht genügend Systematik erbringe. Anschaulichkeit und
Konkretisierung ließe sich auch auf anderen Wegen erreichen, z. B. durch Anschauungsmaterialien wie Filme oder
Protokolle u. ä. Selbst der Hinweis auf das Studium der
Medizin und der Jurisprudenz, wo die gleichen oder ähnliche Modelle bereits seit langem praktiziert werden,
konnte nicht überzeugen[15]. Das hat dazu geführt, daß
das Studium auf der Grundlage des "Umgangs mit den Phänomenen" eine Randerscheinung geblieben ist - ähnlich
wie in der Physik - trotz der überzeugenden Argumenta-
tation und der Beispiele MARTIN WAGENSCHEINS.

4. These: Die eigentlichen Gründe der Ablehnung der "Schulpraktischen Studien" wurzeln in der deutschen Universitätstradition, genauer gesagt: im ideolo-
gisch begründeten Auftrag der philosophischen Fakultäten
und ihrer Nachfolgeinstitutionen, zweckfreie oder "reine" Studien zu betreiben.

Zu den oben bereits genannten Gründen für die Zurückhal-
tung gegenüber den "Schulpraktischen Studien" oder gar
ihrer Ablehnung sind zunächst noch die folgenden zu nennen: 1. Im letzten Jahrzehnt sind die Pädagogik und ihre
Ergänzungswissenschaften immer mehr in eine Randstellung
gedrängt worden, so daß für die beschriebene Art der
Studien nicht genügend Zeit zur Verfügung steht. 2. Für
"den Umgang mit den Phänomenen" ist nur ein Teil der in
der Lehrerbildung tätigen Hochschullehrer vorbereitet.
Die Hochschullehrer beherrschen zwar die Theorie ihres
Faches, haben aber nicht oder nur in geringem Umfang in
dem der Theorie vorgelagerten Praxisfeld gearbeitet.
Während kein Chirurg sein Skalpell auf der Lehrkanzel
vorzeigen darf, ohne es auch ansetzen zu können, kann
ein Pädagoge über Autorität oder Zielfragen oder pädagogische Lehr- und Lernprozesse tiefgründig nachdenken und

darüber sprechen, ohne diese und andere pädagogische
'Tatsachen' in die Praxis 'umsetzen' zu können.

Das ist ein 'harter Vorwurf', der aber seine Entschuldi-
gung in der Aussage der 4. These findet. Die Philosophischen Fakultäten und ihre Nachfolgeinstitutionen leben
von der Ideologie, "reine Wissenschaften" vertreten zu
müssen und lehnen daher Aufgaben ab, die praktische Bezüge haben. Diese Auffassung wird mit dem Ideal der
klassischen deutschen Universität begründet, nämlich
zweckfreie Forschung zu betreiben und jeden Praxis- und
Berufsbezug zu vermeiden. Wir können hier nicht dem
Streit um den Praxisbezug in der Universitätsgeschichte
seit WILHELM VON HUMBOLDT nachgehen. Wir müssen aber
darauf hinweisen, daß dieser Grundsatz 1. ein Produkt der
idealistischen Philosophie ist; er hat in früheren Jahrhunderten nicht und im angelsächsischen Raum nie gegolten; 2. nur im Bereich der eigentlichen Neugründung,
nämlich der Philosophischen Fakultät, verwirklicht worden ist. Und selbst dort hat es Ausnahmen gegeben. So
wurden die experimentellen Übungen im Bereich der Naturwissenschaften und der Mathematik, also von Disziplinen,
die im 19. Jahrhundert zur Philosophischen Fakultät gehörten, auch unter 'professionellen Gesichtspunkten' betrieben. Da diese Wissenschaften in den Philosophischen
Fakultäten ein Schattendasein geführt haben und die
Technik ausgeschlossen war, kam es gegen Ende des Jahrhunderts zur Gründung Technischer Hochschulen. Für sie
galt das Prinzip der Zweckfreiheit nicht. Sie betrieben
angewandte und berufsbezogene Lehre und Forschung. Das
haben in früheren Jahrhunderten und auch nach der Neugründung der deutschen Universität durch WILHELM VON
HUMBOLDT die ehemals "oberen Fakultäten" der Theologie,
Jurisprudenz und Medizin schon immer getan.

Das Prinzip der "Zweckfreiheit" ist also ein besonderes Problem der Philosophischen Fakultäten, muß aber aus der Zeitsituation heraus verstanden und im richtigen Zusammenhang gesehen werden: Die Mehrzahl der Studenten der Philosophischen Fakultäten waren künftige Gymnasiallehrer. Sie mußten auf ihre Aufgaben an einem Gymnasium vorbereitet werden, das aus dem Geiste des Neuhumanismus heraus lehrte. Das Ziel der Schule war der allseitig und allgemein gebildete Mensch. Die Idee der individuellen, "reinen" und "allseitig-harmonischen" Menschenbildung galt als oberstes Prinzip. "Rein" sollte die Menschenbildung sein; darum durften keine Vorleistungen auf einen künftigen Beruf hin vermittelt werden. Was lag näher, als die Vorbildung der Lehrer auf diese Prinzipien hin auszurichten? Das Studium konnte und durfte daher nur in einer Universität erfolgen, die selbst von der Idee der allgemeinen und reinen Menschenbildung durchdrungen war. Getragen wurde diese Idee aber vornehmlich von der Philosophischen Fakultät. Sie sollte dafür sorgen, daß der künftige Lehrer seine Disziplinen "rein" und "allgemein" studiert, damit er sie im Gymnaisum in gleicher Weise unterrichtet. Die Vertiefung in wissenschaftliche Fachgebiete sollte aber nicht zu wissenschaftlichen Einseitigkeiten führen; durch philosophische Betrachtung sollte vielmehr der Blick über die Fachgrenzen hinausgehen und ins "Allgemeine" vorstoßen. Die "reine" und "Allgemein"-Bildung der Philosophischen Fakultät diente also letztlich dem Ziel, die allgemeinbildenden Aufgaben des neuhumanistischen Gymnasiums abzustützen und die künftigen Lehrer auf diese Aufgaben vorzubereiten.

Allgemeinbildung in diesem Verständnis war also damals berufsvorbereitende Bildung für die Lehrer der neuhumanistischen Gymnasien. Es ist also ein Mißverständnis, die "reine" und "Allgemeinbildung" sowie die Forderung nach "reiner" Wissenschaftlichkeit von den berufsvorbereitenden Aufgaben trennen zu wollen. Zumindest war das nicht die Absicht WILHELM VON HUMBOLDTS, wohl aber die Ansicht mancher seiner Interpreten, und die deutsche Universität des 19. und 20. Jahrhunderts ist dem mißgedeuteten HUMBOLDT gefolgt, nämlich ausschließlich "zweckfreie" und "reine" Lehre und Forschung zu betreiben. Daß dies a u c h eine ihrer Aufgaben ist, soll in keiner Weise bestritten werden. Aber es ist damals wie heute nicht ihre einzige und alleinige Aufgabe. Die Universität hat sich auch um die 'Anwendung' und Berufsvorbereitung zu kümmern. Das tun praktisch auch alle Fakultäten, deren Lehre und Forschung auf Berufsfelder hin ausgerichtet sind. Die Philosophische Fakultät bildet hier insofern eine Ausnahme, als sie zwar unter neuhumanistischer Zielstellung die künftigen Gymnasiallehrer auf ihr Amt in rechter Weise, also berufsorientiert, vorbereitete, daß aber nach dem Verlust dieser Sinngebung ihre Studenten weiterhin "reine" Spezialwissenschaften studierten und studieren, und zwar ohne Blick auf den späteren Beruf. So kam es, daß die Studenten für das Lehramt an Gymnasien im Grunde genommen keine "Lehrer b i l d u n g" erhielten und erhalten.

Viele Hochschullehrer der Philosophischen Fakultäten und ihrer Nachfolgeinstitution erblicken auch heute ihre Aufgabe darin, ihr Fach "rein" zu vertreten - ohne Blick auf die Berufsaufgaben des Lehrers. Die Spezialisierung der Wissenschaften hat diesen Standpunkt noch verschärft. Seine Berechtigung haben wir anerkannt. Wenn aber der Universität die Verantwortung für die Lehrerausbildung übertragen worden ist, dann muß sie n e - b e n dem Kreis der Verantwortlichen für die "reinen" Wissenschaften auch Hochschullehrer beauftragen, die

ihre Disziplinen anwendungsbezogen betreiben. Für die
Lehrerbildung bedeutet das: Alle Disziplinen, die der
Lehrer 'braucht', also sowohl die Grundlagendisziplinen
der Unterrichtsfächer als auch die Erziehungswissen-
schaften, sind berufsfeldorientiert zu lehren und zu er-
forschen. Vermutlich läßt sich das nur in einer eigenen
"Pädagogischen Fakultät" verwirklichen. Die Forderung
hiernach besteht bereits seit dem 19. Jahrhundert[16]. In
ihrem Rahmen hätten auch die "Schulpraktischen Studien"
ihren legitimen Ort. Hier könnte dann der Humboldtsche
Grundgedanke verwirklicht werden, nämlich daß die Studenten zusammen mit ihren Hochschullehrern am 'Ort der
Erkenntnisquellen der Pädagogik' Fragen stellen und sie
'vor Ort' zu lösen versuchen. Die Studenten nähmen am
forschenden Denken und Handeln ihrer Hochschullehrer
teil. Das sind jedoch Perspektiven für morgen. Im "Rückblick auf 50 Jahre Lehrerbildung" möchte ich nicht ohne
Besorgnis für morgen mit einem im Schlußteil abgewandel-
ten Zitat GEORG KERSCHENSTEINERS schließen:

> "Die Lehrerbildung ist staatlich so organisiert,
> als ob der tüchtige Mathematiker, Naturwissen-
> schaftler, Philologe, Historiker von selbst
> schon ein tüchtiger Lehrer sein müßte und nimmt
> wenig Rücksicht" darauf, daß der künftige Lehrer
> in die Aufgaben seines Berufsfeldes in wissen-
> schaftlicher Weise eingeführt werden muß"[17].

Gegenwärtig stehen wir vor dem 'Ende der Lehrerbildung'.
Es wäre zu wünschen, daß einsichtige und vor allem tat-
kräftige Persönlichkeiten aus Politik und Pädagogik die
Lehrerbildung auf ihre 'eigenen Füße' stellen.

ANMERKUNGEN UND LITERATURVERZEICHNIS:

1 Vgl. F. Schneider: Die Tragödie der Akademisierung unserer Lehrerbildung. Donauwörth o. J. (1957)

2 Vgl. E. Spranger: Gedanken über Lehrerbildung. 1920

3 Vgl. Th. Dietrich: Zur "Tragödie der Akademisierung der deutschen Lehrerbildung". In: "Lebendige Schule", 8/57, S. 433 - 442

4 Vgl. Deutscher Bildungsrat: Strukturplan für das Bildungswesen. Stuttgart 1970, S. 217 ff. - Konferenz Pädagogischer Hochschulen: Vorschläge zur Reform von Schule und Hochschule. Weinheim 1970, S. 19 ff.

5 Vgl. M. Wagenschein: Erinnerungen für morgen - eine pädagogische Autobiographie. Weinheim 1983, S. 108 ff., 135 ff.

6 a. a. O., S. 143

7 C. Weiß: Bayer. Lehrerzeitung. 1931, Nr. 11, S. 154 f. - vgl. auch H. Freyer: Soziologie als Wirklichkeitswissenschaft. 1930 und P. Petersen: Pädagogik der Gegenwart. 2. Aufl. 1937, S. 140 f.

8 Vgl. Th. Dietrich: Zeit- und Grundfragen der Pädagogik. 3. Aufl. 1985, S. 22 f.

9 F. E. Otto Schultze: Grundlegung der Pädagogik, Teil I: Empirische Phänomenologie des Unterrichts. Langensalza 1926, S. XIV - (Sch. war Mediziner und Inhaber des Lehrstuhls für Pädagogik an der Universität Königsberg. Es ist nicht uninteressant, daß er seine Pädagogikkonzeption auf dem Hintergrund der Medizin entwickelt hat.)

10 Georg Geißler: Schulpraktische Ausbildung in hochschulgemäßer Form. Weinheim 1951, S. 28 ff.

11 Vgl. W. Flitner: Systematische Pädagogik. 1933, S. 16

12 In: Lebendige Schule, 1957, S. 72 - 86

13 Vgl. Th. Dietrich: Aufbau und Gliederung des Studiums der Pädagogik auf empirisch-pragmatischer Grundlage. In: Neue Folge der Ergänzungshefte zur Vierteljahresschrift für wiss. Pädagogik, H. 8, 1968, S. 59 - 72 - Einführung in die Erziehungswissenschaft auf empirisch-pragmatischer Grundlage. In: H. Bokelmann und

H. Scheuerl: Der Aufbau erziehungswissenschaftlicher Studien und der Lehrerberuf. Heidelberg 1970, S. 176 - 197

14 U. a. an den Pädagogischen Hochschulen in Bremen und in Braunschweig. In Bremen hat mein 1980 aus dem Leben geschiedener Kollege und Freund, Job-G. Klink, als Rektor der Hochschule die beschriebene Konzeption durchgesetzt. Mit ihm habe ich viele anregende Gespräche über diese Thematik geführt, und wir haben gemeinsam mehrere Hochschultage zum Thema "Schulpraktische Studien" vorbereitet und gestaltet. Vgl. Th. Dietrich und Job-G. Klink: Funktion und Organisation der Schulpraktischen Studien in der Ausbildung der Grund-, Haupt- und Realschullehrer. In: Zeitschrift für Pädagogik, 11. Beiheft, Weinheim 1972, S. 1 - 20 - Th. Dietrich u. a.: Modell eines erziehungswissenschaftlich akzentuierten und auf der Basis der "Schulpraktischen Studien" durchgeführten Eingangsstudiums. In: J.-G. Klink (Hrsg.): Modelle des Eingangsstudiums. Kastellaun 1976 - Für Braunschweig vgl. W. S. Nicklis: Die Schulpraktika im pädagogischen Grundstudium. Bad Heilbrunn 1972, vgl. auch H. Heiland: Schulpraktische Studien. Bad Heilbrunn 1973

15 Vgl. F. Hartmann: Die gegenwärtigen Entwicklungslinien der Ideen, Systeme und Formen der ärztlichen Ausbildung. In: didactica, I/1968, S. 1 - 32

16 Vgl. Th. Dietrich und Job-G. Klink: Struktur und Inhalt einer Pädagogischen Fakultät. In: Die deutsche Schule, 1966, S. 60 - 67 - A. Wittstock: Über die Gründung pädagogischer Fakultäten an den Universitäten. Bleicherode 1864

17 Weitere Literatur zum Thema aus den letzten Jahren: H. K. Beckmann: Modelle der Lehrerbildung in der Bundesrepublik Deutschland. Z. f. Päd., 1980, S. 535 - 557 - - Die Berufswissenschaften des Lehrers. In: Pädagogische Welt, 11/1985, S. 500 - 504 - J. Oelkers: Das Ende der Lehrerbildung. In: Die deutsche Schule, 3/1982, S. 228 - 237 - H. de Rudder: Lehrerbildung zwischen Pädagogischer Hochschule und Universität. Bad Heilbrunn 1982 - F. O. Schmaderer: Neue Lehrerbildung in Bayern. In: Blätter für Lehrerfortbildung, 3/1982, S. 98 - 105 - H. Stock: Integration der Lehrerbildung in die Universität. Göttingen 1974

Dietrich Rüdiger

SCHULBERATUNG – ZUR LEGITIMATION UND IMPLEMENTATION EINES NEUEN BEREICHS VON LEHRERBILDUNG

1. Zur jüngeren Entwicklung institutionalisierter Schulberatung und ihrer besonderen Aufgaben

Zwei Dokumente aus dem Jahre 1973 markieren den wohl entscheidendsten Schritt zu einer bundesweit auszubauenden institutionalisierten Schulberatung:
Nach dem Bildungsgesamtplan der Bund-Länder-Kommission für Bildungsplanung[1] wurden dem Ausbau der Schul- bzw. Bildungsberatung als Richtwerte zugrundegelegt:
bis zum Jahre 1980: ein Psychologe auf 5.000 Schüler,
ein Beratungslehrer auf 1.000 Schüler;
bis zum Jahre 1985: ein Psychologe weiterhin auf 5.000 Schüler,
ein Beratungslehrer auf 500 Schüler.
Die Fristen zum Erreichen dieser Richtwerte mußten zwischenzeitlich bis 1990 verlängert werden.

Durch den Beschluß der Kultusministerkonferenz "Beratung von Schule und Hochschule" vom 14.9.1973[2] wurde eine Differenzierung dieser Beratungsfunktionen nach Kompetenzbereichen und Aufgabenkatalogen zwischen Schulpsychologe und Beratungslehrer vorgenommen.

Beide Dokumente hatten eine Reihe von Länderregelungen zur Folge, nach welchen vor allem Lehrer über unterschiedlich lange Fortbildungslehrgänge zu Beratungslehrern ausgebildet werden sollten, während die Rekrutierung der Schulpsychologen aus dem Kreis der Diplompsychologen - vor allem solchen, die gleichzeitig Lehrer waren - zu erfolgen hatte. In Bayern wurde eine weitere Ausbildungsvariante eingeführt: das grundständige "Studium der Psychologie mit schulpsychologischem Schwerpunkt" sowie das Erweite-rungs-"Studium für die Qualifikation des Beratungslehrers" (LPO I § 107 - 109); die Prüfung zur Erlangung letztgenann-ter Qualifikationen - sei das nach den entsprechenden Fortbildungslehrgängen oder zum Abschluß des grundständi-gen Studiums - finden hier grundsätzlich als Staats- und Universitätsprüfungen statt.

Die Wurzeln institutionalisierter Schulberatung reichen in Deutschland bis in das Jahr 1922 zurück, als LÄMMERMANN mit der schulpsychologischen Betreuung des "Mannheimer Schulsystems" beauftragt wurde[3]. Doch erst nach den Fünf-zigerjahren erfolgte in der Bundesrepublik der allmähliche Ausbau unter Fachpsychologen arbeitender Schulpsychologi-scher Dienste. Der Einsatzbereich dieser Dienste konzen-trierte sich zunächst vornehmlich auf psychische Konflikt-fälle. - Um den weiterhin bestehenden Mangel an auch schu-lisch qualifiziertem Personal für die Beratung zu redu-zieren, kam es dann bald in einigen Bundesländern (Baden-Württemberg, Bayern) zum Einsatz von mehrwöchig vor allem in Schullaufbahn- und Eignungsfragen ausgebildeten "Schul-jugendberatern". - In den Sechzigerjahren waren es schließlich bildungspolitische und schulpädagogische In-tentionen - man **denke** an Debatten um Probleme wie "Chan-cengleichheit" und "Schulstreß" -, durch welche Beratung in der Schule nochmals eine maßgebliche Erweiterung ihrer Funktion erhielt: eine präventive Funktion - nämlich vor-beugende Maßnahmen zu initiieren, damit schulisch bedingte Hemmnisse, Schwierigkeiten und Konfliktgefahren für den individuellen Bildungsweg auf ein Minimum reduziert werden - und eine sogenannte "augmentative Funktion"[4], d. h. durch Beratung zur optimalen pädagogischen Förderung von Einzelschülern und zur Verbesserung individueller Bil-dungschancen beizutragen, womit sich Beratung letztlich als Hilfe zur Selbstverwirklichung verstehen ließe.

Zur begrifflichen Grundlegung: Angesichts der beschriebenen Funktionenerweiterung von zunächst schulpsychologischer Konflikthilfe bis zur Verbesserung individueller Bildungsförderung wird verständlich, daß man heute jene ursprüngliche Kennzeichnung "psychologische" Beratung zu eng und einseitig aufgibt und - gerade den zentraleren "pädagogischen" Intentionen angemessener - eher von "Schulberatung" oder von "Bildungsberatung" spricht[5].

Unter Schulberatung versteht man dann eine zwischenmenschliche Beziehung, in deren Verlauf eine Person (Berater) einer anderen (u. a. Schüler, Schülereltern, Lehrer als Klienten) durch Ratgabe bei der Lösung eines Bildungs- und/oder Erziehungsproblems zu helfen versucht.

Schulberatung wird üblicherweise - noch vor einer Spezifikation nach Schulpsychologe und Beratungslehrer - in drei Aufgabenbereiche/Funktionsfelder aufgegliedert:

"Schullaufbahnberatung" soll vor allem durch
- Information über schulische und schulanschließende Bildungsgänge,
- Vermittlung individueller Schuleignungsvoraussetzungen und
- Abstimmung dieser beiden mit den besonderen Bildungserwartungen von Schülern und Eltern

begründete Wahlentscheidungen für bestimmte Lernniveaus, Schulformen und -typen, Fächerschwerpunkte sowie flexible und relativ konstante Lerngruppen ermöglichen; Schullaufbahnberatung hat insofern eine Vermittlungsfunktion zwischen Individuum und Bildungssystem.

"Einzelfallhilfe" hat die Behebung individueller Schwierigkeiten und Störungen des Erlebens und des Sozial-, Lern- und Leistungsverhaltens zum Ziel und damit
- die Wiederherstellung oder Verbesserung der Lernfähigkeit sowie

- die Verhaltensnormalisierung des Individuums in der
  schulischen Lerngruppe.

"Systembezogene Beratung" (auch "Beratung von Schule und
Lehrer") umfaßt jene Beratungstätigkeiten, die
- einer Optimierung schulischer Lernsituationen sowie
- einer bildungswirksameren Gestaltung des gesamten Schul-
  geschehens
dienen; sie schließt die Vermittlung von Konzepten zur Individualisierung schulischer Lernförderung und zur Prävention
von Verhaltens-, Leistungs- und Erlebnisstörungen mit ein
und richtet sich an Einzellehrer, Lehrerkollegien, Schul-
leitungen und Administrationen bevorzugt des lokalen
Schulsystems[6].

Unterschiedliche Akzentsetzungen aus den drei Aufgabenbe-
reichen und den ausgewählten Hauptformen von Beratungs-
handlungen werden sich aus der jeweiligen Schulform- und
Schulstufenorientierung des Schulberater-Einsatzes und aus
der Qualifikationsausrichtung und -stufe der Schulberaterausbildung ergeben.
Zwei grundlegende Probleme sollen im folgenden beschrieben
und andiskutiert werden:

- das Problem der Legitimation von institutionalisierter
  Schulberatung; m. a. W. die Frage nach dem Bedarf an einer solchen;

- das Problem der Implementation, d. h. der Realisierung
  der Schulberaterausbildung nach verschiedenen Kompetenz-
  ebenen und des Bewährungseinsatzes derart ausgebildeter
  "Schulberater".

2. Zur Legitimation institutionalisierter Beratung in der
   Schule

Bei der Frage nach der Legitimation, nach der Anerkennung
des Bedarfs an Schulberatungskompetenz hört man gelegentlich, der Lehrer betreibe doch - seinen Lehr- und Erzie-
hungsaufgaben gemäß - immer schon Beratung seiner Schüler
und deren Eltern bei Problemen der Schullaufbahn oder des
Leistungs- und Sozialverhaltens. Wenn man überdies das
Ausmaß und die Schwere solcher Laufbahn- und Verhaltens-
probleme nicht dramatisiere - für "schwere Fälle" gäbe es
fachkompetente Institutionen wie z. B. Erziehungsbera-
tungsstellen - brauche man dann überhaupt eine professio-
nalisierte, institutioneninterne Schulberatung? Sicher
gibt es zahlreiche Lehrer, die ihre Berufsaufgabe auch in
einer engagierten außerunterrichtlichen Beratungsarbeit zu
erfüllen versuchen. Aber: Wie groß ist der Anteil dieser
Lehrer? Lassen sich solche Lehrer angesichts des Fehlens
von Fachkompetenz bei ihrer Beratung nicht wiederum oft
von sogenannten "Alltagstheorien"[7] leiten? Will man möglicherweise mit dem Argument der Bagatellisierung von
Schulberatungsbedarf dem Verdacht vorbeugen, mit Unter-
richts- und Erziehungsproblemen im eigenen Berufsfeld bisher nicht fertig geworden zu sein, sie vielleicht selbst
noch mitverursacht zu haben?

2.1 Statistische Daten zur Beratungsbedarfsanalyse und
    ihre Probleme

Statistische Erhebungen zum Schulberatungsbedarf liegen
weitgehend nur für den Beratungsbereich der "Einzelfallhilfe" vor. Verwiesen sei hier beispielhaft auf die Erhebungen von THALMANN, KLUGE und PERREZ et al.[8]. Die Untersuchungen von THALMANN und PERREZ et al. erfaßten über
Experteninterviews u. a. psychosomatische Störungen, Störungen von Motorik und Sprache, des affektiven Verhaltens
sowie des Schul- und Sozialverhaltens und gelangten -

ähnlich wie solche Untersuchungen in Schweden und Groß-
britannien - zu vergleichbaren Ergebnissen: Zwischen 15
und 30% aller untersuchten Schüler wurden in den Bereichen
der psychosomatischen, der affektiven und der Schullei-
stungsstörungen (besonders Magenbeschwerden und Kopf-
schmerzen, Aggressivität, Störungen des Selbstgefühls und
der Konzentration) als stark bis sehr stark auffällig und
behandlungsbedürftig bezeichnet.

Dennoch sollten auch solche von Experten erhobenen, nach
Prozentanteilen berechneten Befunde nicht unproblemati-
siert bleiben. Die oben angeführte Untersuchung von KLUGE
(1975) bestätigt als hauptsächliche Verhaltensstörungen von
Schülern zwar solche in der Mitschülerbeziehung (vor allem
Aggressivität), im Leistungsbereich (besonders der Konzentration) und im Bereich der Schul- und Klassenordnung
(Störungen des Unterrichtsgeschehens); die festgestellten
Quoten liegen hier jedoch wesentlich niedriger, nämlich
bei 2,5 %. Verständlich wird letzteres mit der gegenüber
den üblichen Untersuchungen veränderten Erhebungsmethode
KLUGES: Er verzichtete auf einen Katalog auffälliger Verhaltenssymptome und bat die beteiligten Lehrer, in einem
Fragebogen mit "offenen Fragen" jene Schüler nach Ver-
haltensart und -häufigkeit zu beschreiben, die mit ihrem
Verhalten den Unterricht störten. Die Ausrichtung der Fragen nicht auf vorgegebene Verhaltenssymptome, sondern auf
Art und Grad der Schülerbeteiligung bei gestörten Unter-
richts-Interaktionen engt also offensichtlich das Spektrum
verhaltensgestörter Schüler ein. Diese Feststellung wiederum verweist auf das "Normenproblem": Welche Normen oder
Vergleichsmaßstäbe werden verwendet zur Abgrenzung von
(noch) nicht gestörtem gegenüber gestörtem Verhalten? (Zum
Normenproblem u. a. WETZEL[9].)
Geht man eher von einer "funktionellen Norm" und einem
"sozialwissenschaftlichen Erklärungsmodell" aus (wie

KLUGE), wird vermutlich der Anteil erfaßter Verhaltensstörungen geringer sein als beim Ausgang von einem eher
symptomorientierten (auch "medizinischen") Erklärungsmodell (wie THALMANN). Denn nach dem sozialwissenschaftlichen Erklärungsmodell lassen sich Verhaltensstörungen "als
mißglückte Lösungsversuche von Konflikten in der Interak-
tion des Individuums mit seiner Umwelt" bezeichnen[10]. Die
dieser Definition nicht zuordenbaren Verhaltensauffälligkeiten - oft auch episodisch auftretende, sich im allgemeinen leichter oder spontan zurückbildende Verhaltenssymptome - entfielen demzufolge bei der Ermittlung des An-
teils speziell behandlungsbedürftiger Schüler mit gestörtem Lern-, Leistungs- und Sozialverhalten.

Der Vergleich verschiedener Häufigkeitserhebungen von Verhaltensstörungen legitimiert damit zwar durchaus den
grundsätzlichen Bedarf an Schulberatungskompetenz, allerdings nur nach einem relativen und störungsspezifischen
Bedarfsanteil. Der verhaltensstörungsunspezifische Beratungsbedarf bleibt dabei noch unberücksichtigt.

2.2 Das Problem der "Passung" von Schule und Schüler

Eine weitere Klärung des Legitimationsproblems der institutionalisierten Schulberatung kann eine Diskussion über
die Zusammenhänge von Erziehungszielen, bildungspolitischen Forderungen, schulinternen Gegebenheiten und der individuellen Schülerpersönlichkeit herbeiführen. Es geht
dabei um das grundlegende Problem der "Passung von Schule
und Schüler"[11], ausgehend von den dem einzelnen Schüler
für seine optimale Bildung und Selbstverwirklichung angemessenen Einschulungs-, Schullaufbahn- und Bildungswegent-
scheidungen in unserem Schulsystem, weiterführend über die
dem Einzelschüler angemessene Bereitstellung von Förder-
und Interventionsmaßnahmen seitens der Schule bei Problemen des Lern- oder Sozialverhaltens bis hin zur Gewähr-

leistung optimaler Unterrichts- und Erziehungsbedingungen im internen Raum des lokalen Schulsystems.

a) Aufgabenfeld "Schul-(Bildungs-)Laufbahnberatung"

Für dieses Aufgabenfeld stellt sich das Problem der "Passung" (vgl. Kästchen Abb. 1) in der Lösung der Spannung zwischen dem individuellen Bildungsziel der "Selbstverwirklichung", dem bildungs- und gesellschaftspolitischen Anspruch der "Chancengerechtigkeit" (verfassungsverbürgtes Recht auf eine der Eignung und Neigung entsprechende Ausbildung) und den Gegebenheiten des "Schul- und Bildungssystems" (äußere Verzweigtheit der Bildungsgänge, Durchlässigkeiten; schulforminterne Differenzierungsangebote); Beratung: Maßnahmen zu diesen Bestimmungen (Ovale in Abb.1).

Zur Gewährleistung optimaler individueller Ausbildung und somit auch von Chancengerechtigkeit fanden seit den Sechzigerjahren in der Bundesrepublik erhebliche Reformen in unserem Bildungssystem statt. Mit dem damit erreichten hohen Grad an Verzweigungen nach Schulformen und Durchlässigkeiten wuchsen allerdings auch die Probleme individuell angemessener Bildungslaufbahnberatung. Ohne profunde Kenntnisse aller solcher Verzweigungen und Übertrittsmöglichkeiten bis hinein in den schulanschließenden berufsbildenden[12] und den Hochschulbereich, unter Mitberücksichtigung länderspezifischer Regelungen und lokaler Gegebenheiten, kann es heute keine schülergerechte Laufbahnberatung mehr geben (B 1).

Gewährleistung von Chancengerechtigkeit besteht aber auch darin, daß ein Schüler - hier fällt der Blick vor allem auf das in der familiären Sozialisation anregungsbenachteiligte Kind - von Anbeginn seiner Schulzeit differenzierende Lernangebote erhält, um seine bisherige schicksalhafte Bildungsbenachteiligung auszugleichen (B 2). Schullaufbahnberatung hat hier, noch vor der speziellen

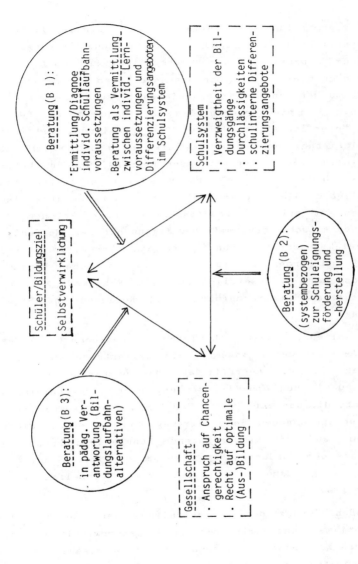

Abb. 1: "Passung" im Sinne individuell angemessener Bildungslaufbahnen als Aufgabe der "Schullaufbahnberatung".

Eignungsermittlung, die Aufgabe einer diagnosegeleiteten differenzierten Schuleignungsförderung und Eignungsherstellung[13]. Dabei wird der Berater nicht nur unmittelbar, sondern auch mittelbar über die jeweiligen Lehrer solcher Kinder zu beraten und intervenieren versuchen. - Er bedarf dazu u.a. kompetenter Kenntnisse über Konzepte des "adaptiven Unterrichts", d. h. zur Differenzierung und Individualisierung von Lernwegen (etwa nach dem Modell des remedialen oder zielerreichenden Lernens) und von Unterrichtsmethoden (nach dem Aptitude-Treatment-Interactionmodell, auch ATJ[14]); ebenso wie über neuere Ansätze einer förderorientierten Prozeßdiagnostik, nach welcher die testtheoretische herkömmliche Eigenschafts-, Meßfehler- und Selektionsorientierung durch eine Verhaltens-, Verlaufs- und Förderorientierung im diagnostischen Vorgehen abgelöst wird[15], zusätzlich auch der Fähigkeit zu einer überzeugenden Gesprächsführung mit Kollegen und Schulleitung[16].

Nicht selten verbirgt sich hinter der Ratsuche bei Fragen nach der individuell angemessenen weiterführenden Schullaufbahn (z. B. Übertritt auf das Gymnasium oder die Realschule) auch eine Lernhemmung oder Lern-/Leistungsstörung, die den Schüler am Erreichen einer seiner Begabung entsprechenden Schulleistung und am erfolgreichen Übergang auf eine weiterführende Schule behindert. Hier wird aus dem vordergründigen Anlaß zu einer Schullaufbahnberatung dann ein Anlaß zur "Einzelfallhilfe" (siehe b).

Eine Behinderung der Vollentfaltung der individuellen Lernfähigkeit und damit auch der Selbstverwirklichung des Schülers kann allerdings auch durch die falsche Wahl einer Schulform eintreten. Wenn wir von Schullaufbahnberatung in pädagogischer Verantwortung sprechen (B 3), dann meinen wir damit, bei der Beratung zu berücksichtigen, daß für manchen zwar höher, aber konkret begabten

Schüler der Weg durch ein stärker das formallogische und
philologische Denken förderndes Gymnasium seine positive
Selbstkonzeptbildung und damit den Weg seiner Selbstverwirklichung eher behindern als fördern kann. Der in Abb.1
aufgezeigte Zusammenhang zwischen dem Entwicklungsziel
der Selbstverwirklichung und dem Recht auf optimale
(Aus-)Bildung bedeutet keineswegs - wie in der Bildungs-
euphorie der Endsechziger- und Anfangssiebzigerjahre bevorzugt - Übertrittsempfehlung auf gehobene schulische
Bildungsgänge um jeden Preis. Der Berater hat hier Gefahren der sozialen Entfremdung und der persönlichen
Identitätsbehinderung genauso wie solche gesunkener Ar-
beitsmarktchancen für Abiturienten und Akademiker mit zu
sehen und in seine Beratung immer auch Alternativen individuell angemessener schulischer oder kombiniert schu-
lisch-beruflicher Bildungslaufbahnen - Möglichkeiten des
sogenannten Zweiten und Dritten Bildungsweges - einzube-
ziehen[17]. Wichtig wäre dabei auch noch, durch ein argu-
mentativ überzeugendes Beratungsgespräch Übereinkunft mit
den Eltern- und Schülerwünschen zu erzielen, weil damit
erwiesenermaßen die Schulerfolgschancen des ratsuchenden
Schülers steigen.

b) Aufgabenfeld "Einzelfallhilfe"

Abb. 2 versucht, die Hauptzusammenhänge zwischen Schwierigkeiten und Störungen des Lern-/Leistungs- und/oder
Sozialverhaltens von Einzelschülern einerseits mit schul-
klasseninternen Kommunikations-, Führungs- und Unter-
richtsbedingungen, andererseits mit Sozialisations-, Kom-
munikations- und Anregungsbedingungen im Elternhaus zu
verdeutlichen (Kästchen) und daraus entsprechende Konsequenzen der Beratung abzuleiten. Beratung besteht dabei
wiederum in der Vermittlung von "Passung" zwischen den
jeweiligen Spannungspolen (Ovale). Da bei jedem der drei
Zusammenhänge schulische Gegebenheiten mitbeteiligt sind

und die damit erforderlichen Beratungskompetenzen weder
von außerschulischen Beratungsdiensten noch von herkömm-
lich ausgebildeten Lehrern voll eingebracht werden können, legitimiert sich daraus auch für diesen Bereich der
Einzelfallhilfe das Erfordernis spezieller "Schulber-
ratung".

Wenn man bedenkt, daß u. a. moderne Lebensbedingungen
(Medieneinflüsse, Reizbedingungen, Mobilität), Randgrup-
penprobleme (z. B. Gastarbeiterkinder), die schulinterne
Erweiterung der Lerninhalte und die Verschärfung von Lei-
stungs- und Ausleseanforderungen sowie schließlich ge-
stiegene Leistungserwartungen von Eltern die Zunahme von
Verhaltensproblemen von Schülern verständlich machen,
dann wird das Erfordernis schulintern bereitgestellter
Beratungskompetenz umso zwingender.

Im folgenden sei nur exemplarisch auf einige für die Ausübung der in Abb. 2 angegebenen Beratungsmaßnahmen notwendige Kompetenzen hingewiesen:
Die jüngere pädagogisch-psychologische Erziehungsstil-,
Einstellungs- und Interaktionsforschung[18] hat Phänomene
wie "Implizite Persönlichkeitstheorien", "Erwartungsef-
fekte" (sich selbst erfüllende Prophezeiungen) und sogenannte "Alltagstheorien" bei professionellen und nicht-
professionellen Erziehern erfaßt, nach welchen Erzieher
nachweislich - auch entgegen ihren positiven Verhaltens-
vorsätzen - an der Entstehung von Schülerkonflikten, Verhaltensstörungen und Minderleistungen entscheidend mitwirken. So kann es über negative Verhaltenserwartungen
allmählich zu Festschreibungen und Stigmatisierungen von
Schülercharakteren, über die Anwendung einseitigen, all-
tagspsychologischen Wissens zur verfehlten subjektiven Erklärung von Verhaltensauffälligkeiten und über daraus
wiederum subjektiv abgeleitete, meist strafende Erzie-
hungsmaßnahmen eben gerade zu Verfestigung und Dramati-

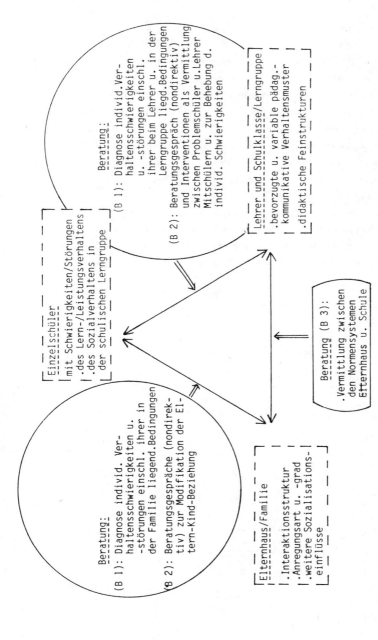

Abb. 2: "Passung" im Sinne der Wiederherstellung bzw. Verbesserung individueller
Bildungsvoraussetzungen und der Verhaltensnormalisierung für schulisches
Lernen als Aufgabenfeld der "Einzelfallhilfe"

sierung solcher Verhaltensstörungen kommen. Für die Be-
raterausbildung folgert sich daraus - darüber besteht
weitgehend Konsens - "theoriegeleitetes Beratungshan-
deln", was einerseits die Kenntnis der wesentlichen Er-
klärungsmodelle und Behandlungskonzepte für gestörtes
Verhalten (B 1), andererseits aber auch die Fähigkeit,
den zu beratenden Lehrer oder Elternteil zunächst bei
"seiner" Alltagstheorie behutsam "abzuholen" (B 3), voraussetzt. Für letzteres haben u. a. PERREZ et al.
(1985) ein System von Trainingsübungen entwickelt. Die
verschiedenen wissenschaftlichen Theorien und Erklärungs-
modelle, die zweifellos je nach Beratungsfall und indivi-
duellem Verhaltensproblem unterschiedlich - auch in ihrer
angemessenen Kombination unterschiedlich - heranzuziehen
sind, ließen sich nach Abb. 3 grob ordnen:

Abb. 3   Verschiedene spez. Erklärungs- u. Therapiekonzepte f. Verhaltensauffälligkeiten u. -störungen

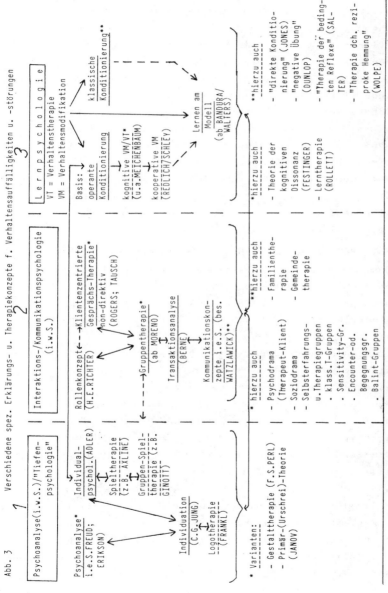

Einzelne Konzepte unterscheiden sich nach stärkeren Akzenten der "Erklärungs"-funktion (z.B.Rollenkonzept,Kommunikationstheorie, Th.d.kognitiven Dissonanz) oder der "Therapie"-funktion (bes. dort, wo als "VM" oder "Therapie"gekennzeichnet) oder nach gleich-gewichtiger Berücksichtigung beider Gesichtspunkte.

Das Schema weist drei Spalten von Theorien bzw. Modellen aus: eine tiefenpsychologisch-psychoanalytisch, eine lerntheoretisch und eine kommunikationspsychologisch orientierte Theorien- und Konzeptgruppe, mit fließenden Grenzen zwischen den einzelnen Gruppenbereichen. Für zentrale, in der Lebensgeschichte eher früh verwurzelte Triebkonflikte haben die tiefenpsychologischen Konzepte die höhere Relevanz, für unerwünschte - meist durch klassiche oder operante Konditionierung gelernte Verhaltensgewohnheiten die lerntheoretischen Konzepte. Auf die schulische Einzelfallhilfe bezogen werden - je nach Kompetenzebene - die "Beratungslehrer" eher Konzepte der kognitiven oder kooperativen Verhaltensmodifikation, "Schulpsychologen" vereinzelt auch tiefenpsychologische Konzepte anwenden.

Zentrale Bedeutung im Rahmen der Einzelfallhilfe kommt der kompetenten Beratungsgesprächsführung (B 2) in der klientenzentrierten/non-direktiven Ausrichtung zu[19]. Zu den Grundprinzipien dieser Gesprächsmethode gehören u. a.
- Achtung, Wärme, Rücksichtnahme dem Klienten gegenüber,
- einfühlendes Verstehen (dem Klienten z. B. durch Verbalisierung von Gefühlen bekundet),
- Echtsein (ohne - Fassade - sein).

Ein solches klientenzentriertes Beratungsgespräch - vor allem mit dem z. B. aggressiven, verhaltensunsicheren, verängstigten oder motivations- bzw. konzentrationsgestörten Schüler, aber auch den elterlichen Bezugspersonen - greift einerseits auf verhaltens- und testdiagnostische Befunde zurück, dient im weiteren dem gesprächsdiagnostischen Erheben von anamnestischen und explorativen Daten, damit zugleich der Klärung der Zusammenhänge solcher Verhaltensstörungen und der Vermittlung zwischen den Normensystemen Elternhaus und Schule, ebenso aber auch der zunehmenden Einsicht, Selbsterfahrung sowie Einstellungs-

und Verhaltensänderung der beteiligten Personen. Die hierbei eingesetzten neueren, meist methodenintegrierten Interventionsverfahren differenzieren in der Regel zwischen Aspekten der Einzel-, Gruppen- und Elternintervention[20].

c) Aufgabenfeld "systembezogene Beratung"

Systembezogene Beratung - auch Beratung von Schule und Lehrer - könnte man unter das Motto "damit Schüler und Lehrer sich in unserer Schule bei ihrer Lern- und Lehrarbeit wohler fühlen" stellen. Es geht dabei im weitesten Sinne also um Prävention, um die Initiierung präventiver Maßnahmen zur "Humanisierung schulischen Lernens"[21]. Kernhaft ist mit solchen Beratungsmaßnahmen die Verbesserung sozialer Bedingungen des schulischen Lernens angesprochen, um über deren motivierenden Kräfte auch eine Verbesserung der gesamten Bildungswirksamkeit der Schule zu erreichen. Diese Akzentsetzung systembezogener Beratung schließt allerdings im einzelnen nicht auch Beratung von Lehrerkollegen zum Einsatz verhaltensmodifizierender oder differenzierender unterrichtsorganisierender Maßnahmen aus.

Abbildung 4 versucht jenes Spannungsgefüge zu verdeutlichen, in welchem systembezogene Beratung "Passung" zwischen Schülergruppen, Einzellehrern und den komplexen Rahmenbedingungen der jeweiligen gesamten Schule anstrebt. Zunächst fallen dabei wohl Belastungen in den Beziehungen zwischen Einzellehrer und einer Schulklasse (bzw. einer Schülergruppe in einer Klasse) ins Blickfeld. Weniger ganze Schulklassen - wenngleich in den Lehrerkollegien nicht selten Etikettierungen wie "indolente", "aggressive" oder "hysterische" Klassen anzutreffen sind - als vielmehr Kleingruppen und vereinzelte Schüler lassen sich hier z.B. als "inaktiv" oder "störend" oder "unaufmerksam" oder "unpünktlich" bezeichnen, womit sie zugleich unter den Mitschülern und/oder beim Lehrer Unbehagen und Gegenreaktio-

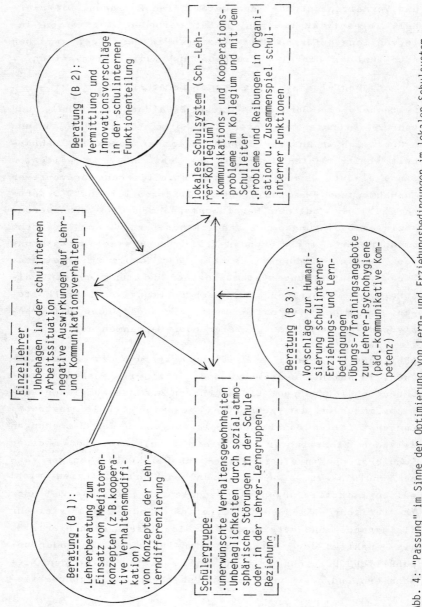

Abb. 4: "Passung" im Sinne der Optimierung von Lern- und Erziehungsbedingungen im lokalen Schulsystem als "systembezogene Beratung"

nen hervorrufen. Beratungslehrer oder Schulpsychologen
wären sicher überfordert, hier - wenn es sich um unter-
richtsstörende Verhaltensgewohnheiten handelt - in jedem
Einzelfall selbst intervenierend einzugreifen. Da sollte
Schulberatung eher über das sogenannte "Mediatorenkonzept"
ablaufen (B 1), wonach der Berater den Lehrer bei seinen
Problemen mit Schulklassen oder Schülergruppen mit entsprechenden Interventionskonzepten vertraut macht und -
sich als Gesprächspartner im Hintergrund haltend - diese
Konzepte einsetzen läßt. Verwiesen sei hierbei z. B. auf
die sogenannte "Kooperative Verhaltensmodifikation"[22],
nach welcher Lehrer und Schüler sich um ein gemeinsam
tragbares Bedingungsmodell für derartiges Unbehagen und um
gemeinsame (also auch den Lehrer einbeziehende) Verhal-
tensänderungen einschließlich ihrer Kontrolle bemühen,
oder auf die verschiedenen Differenzierungsformen des
schon oben erwähnten "adaptiven Unterrichts", wonach etwa
mißerfolgsängstliche Schüler zunächst eher über kleine
Lernschritte, häufige Verstärkungen, mehr induktiv und re-
zeptiv angelegtes Lernen geführt werden sollten.

Schulisches Lernen kann allerdings auch belastet sein
durch Reibungen im Lehrerkollegium einer Schule (Fehler
oder Schwachstellen in der Organisation verschiedener
Funktionen, mehr Rivalitäten als Kooperation innerhalb eines Kollegiums, Beziehungsprobleme zwischen Schulleitung
und Kollegium), wodurch der Einzellehrer sich in seiner
schülerorientierten Unterrichts- und Erziehungsarbeit de-
motiviert, behindert erlebt. Hier entsprechende Reibungs-
zonen zu erfassen und sie ebenso unaufdringlich wie trotzdem überzeugend den Kollegen und der Schulleitung einsichtig zu machen - einschließlich entsprechender Lösungsvor-
schläge - gehört sicher zu den schwierigsten, angesichts
der Rollenprobleme des mit Beratungskompetenz ausgestatte-
ten Kollegen auch sensibelsten Aufgaben der Schulberatung
(B 2). ROYL[23] versucht über sogenannte "Modellgeschichten"

(z. B. "was fangen wir mit dem Berater an?", "ein neuer
Kollege kommt", "Lehrmitteleinsatz") hierfür zu stimulie-
ren.

Vielfältig wurde in den beiden letzten Jahrzehnten nachge-
wiesen, daß die Mehrzahl der Lehrer - trotz aller guten
Vorsätze zu schülerorientiertem, kooperativem, partner-
schaftlichem Erzieherverhalten - in Problem- und Konflikt-
situationen häufig in dominatives, kommunikationsstörendes
Verhalten zurückfällt. Häufen sich solche negativen Reak-
tionsweisen, dann verliert der Lehrer bei den Schülern
auch seine intendiert-positive Modell- oder Vorbildfunk-
tion. Er wird zum negativen Verhaltensmodell. Zum Aufbau
pädagogisch-kommunikativer Kompetenz von Lehrern reichen
Kenntnisse und Einsichten über das Soll-Verhalten offensichtlich nicht aus. Nicht selten stehen hinter der Widersprüchlichkeit von Verhaltensvorsatz und Verhaltensreali-
tät bei Lehrern aber auch zentrale Persönlichkeitsproble-
me: Fehlende Ich-Identität und mangelnde Echtheit (d. h.
Fassadenhaftigkeit) korrespondieren dabei miteinander. Der
Mangel an "Wesensautorität" wird dann - wenn ein Lehrer
nicht resigniert - durch den Anspruch von "Amtsautorität"
ersetzt.

Stellt man dagegen, daß Vorbild erst "zur umfassenden Wirkung kommen (kann, wenn es) vom Individuum selbst in Zuneigung und Liebe und in freiem Entschluß ausgewählt und
anerkannt" wird[24], daß aber beständige Zuneigung und Liebe
des Heranwachsenden maßgeblich von der Kontinuität und Be-
rechenbarkeit des Verhaltens und der inneren Geschlossenheit der Modellperson abhängen, dann wird verständlich,
daß die Akzeptanz einer Vorbildperson deren pädagogisch-
kommunikative Kompetenz, verwurzelt in Ich-Identität und
Echtheit, voraussetzt. Ohne Zweifel leistet Lehrerbildung
zur Vermittlung solcher pädagogisch-kommunikativen Kompetenz bis heute weitaus weniger als zur Vermittlung didak-

tischer Kompetenz. Es könnte aber eine Aufgabe der "höheren" Schulberatungsqualifikationen werden, im eigenen Kollegium hierzu die Bildung entsprechender Arbeitsgruppen - etwa unter der Themenstellung "Übungen zur Psychohygiene für Pädagogen" (vgl. ein entsprechend auf acht Teilziele entwickeltes Übungskonzept von SIELAND[25]) - anzuregen und zu organisieren.

Der Aufgabenbereich "systembezogene Beratung" umfaßt schließlich - wiederum auf der Beziehungsebene Schülergruppe ⟵⟶ Lehrerkollegium - auch noch die Orientierung der Kollegen über Möglichkeiten kooperativer Unterrichtsplanung, über Verfahren förderorientierter und zugleich konkurrenzreduzierender Schulleistungsbeurteilung (z. B. zum Abbau sozialer Vergleichsmaßstäbe), über den Einsatz von Rollenspielen zur Integration von Außenseitern, über Möglichkeiten intensiver Zusammenarbeit zwischen Eltern und Lehrern, über Möglichkeiten außerunterrichtlicher Aktivitäten (z. B. kooperative Spiel- und Beschäftigungsformen bei Schullandheimaufenthalten, Schulfesten, etc.[26]). Im wesentlichen aber geht es hierbei (B 3), wie überhaupt bei aller systembezogenen Beratung, um die Verbesserung von Kommunikation und Kooperation, um die Mitarbeit im Rahmen bereits seit spätestens der Reformpädagogik bestehender Bestrebungen, nämlich "das Lern- und Sozialisationsmilieu der Schule von Grund auf zu ändern, Lern- und Leistungsforderung unter dem Aspekt des Pädagogischen neu zu formulieren und die Schule in eine Stätte partnerschaftlich-kooperativen Lernens umzuwandeln"[27].

3. Ausblick: Implementationsprobleme der Schulberatung

Im folgenden sollen, wiederum exemplarisch, noch einige wesentliche Probleme der Realisierung der Schulberater-"Ausbildung" und der Realisierung von Schulberatung in der "Praxis" angesprochen werden.

Der unbefangene Leser kann nach dem vorangegangenen, wenngleich auf amtliche Ausbildungspläne und einschlägig entwickelte Studienmaterialien zurückgreifenden Abriß von Aufgaben von Schulberatung wohl besorgt reagieren: Werden auf solche Kompetenzen hin ausgebildete Lehrer nicht zu Mini-Schulleitern, zu Mini-Schulräten, zu Beratungs-Vollprofis? Die Besorgnis ist verständlich. Sie läßt sich aber wohl dadurch entkräften, daß der vorliegende Legitimierungsentwurf noch nicht zwischen den verschiedenen Qualifikationsebenen von Schulberatung unterscheidet.

Nach dem eingangs angeführten Beschluß der Kultusministerkonferenz (1973) ist zwischen den Kompetenzbereichen von Schulpsychologen und Beratungslehrern zu differenzieren. Letztere beraten mehr im Aufgabenfeld der Schul- und Bildungslaufbahnprobleme, im Aufgabenfeld der systembezogenen Beratung und der Einzelfallhilfe aber nur bei weniger komplexen und weniger tiefenverwurzelten Problemen, während sie die schwierigen Fälle und Probleme an die diplomierten Schulpsychologen delegieren. Schulpsychologen haben darüberhinaus noch eine Supervisionsfunktion über Beratungslehrer.

Darüberhinaus darf nicht übersehen werden, daß noch vor dem Beratungslehrer (meistens zweijährige Zusatzausbildung) und dem Schulpsychologen (Psychologiediplom) der nicht zusätzlich ausgebildete Lehrer im Regelfall der dem Schüler und seinen Eltern nächststehende Berater ist, zumindest sein sollte. Das setzt allerdings eine reformierte Lehrerbildung, vor allem in den erziehungswissenschaftlichen Kernfächern Psychologie, Pädagogik und Schulpädagogik, voraus. Erst wenn jeder Lehrer hier bereits elementare Wissens- und Handlungskompetenzen erhalten hat, kann der Bedarf an Schulberatung befriedigt werden.

Dazu sind u. a. zu rechnen: ein differenzierter Überblick über das regionale Schulsystem einschließlich seiner Verzweigungen und Durchlässigkeiten sowie der lokalen Beratungsdienste; die verfahrenskritische Kenntnis und Einsatzkompetenz der wichtigsten Diagnosemethoden zur Erfassung von Fähigkeiten einschließlich ihrer Moderatorvariablen, von Lernerfolgen, von Lern- und Interaktionsprozessen (Verhaltensbeobachtungen); die Beherrschung der grundlegenden Prinzipien der explorativen, informativen und beratenden Gesprächsführung, die Kenntnis der wichtigsten Forschungsergebnisse und Konzepte zur Lehrer-Schüler-Interaktion, zur Erklärung von Störungen des Lern- und Sozialverhaltens einschließlich einiger ausgewählter Methoden zur Intervention bei solchen Störungen[28].

Ziel wäre damit die Schaffung dreier professionalisierter Schul-Beratungsebenen, für die eindeutige Kooperationsstrukturen festgelegt sein sollten. Die Kooperation zwischen diesen Funktionsebenen der Schulberatung sollte dabei nicht nur für Delegationsverfahren - wo ist dieser oder jener "Fall" zur Beratung anzusiedeln - verstanden werden, sondern auch für das teammäßige Miteinanderarbeiten am gleichen Fall. Dann erst käme Professionalisierung von Beratungsträgern im Sinne eines Ausgleichs von Blickverengungen aber auch von Kompetenzschwerpunkten bei Lehrern, Beratungslehrern und Schulpsychologen voll zur Wirkung. Und dann müßte man auch nicht mehr zwischen "Vollprofessionalisierung" und "Semiprofessionalisierung" in der Schulberatung differenzieren.

Regional erstellte Jahresberichte über schulische Beratungsarbeit bezeugen auf beiden Funktionsebenen (Beratungslehrer, Schulpsychologe) den großen Beratungsbedarf, aber auch das große Beratungsengagement der in den letzten Jahren eingesetzten Berater. Problematisch bleibt weiterhin die unhaltbare Relation zwischen Ausbildungsinvestition und verfügbarer Beratungszeit (Unterrichtsstundendeputat). Es kann nicht einleuchten, daß ein beispielsweise über 40 Studientage und vier zusätzliche geschlossene Lehrgangswochen über zwei Jahre hinweg ausgebildeter Beratungslehrer die dabei erworbene Beratungskompetenz nur durchschnittlich drei Stunden je Woche in Beratungszeit umsetzen soll und daß - darüberhinaus - die für Beratungszeit verfügbar gemachten Unterrichtsstundendeputate für gleich ausgebildete Beratungslehrer von Lehramt zu Lehramt bis zum Fünffachen differieren. (In Bayern erhält der Beratungslehrer an Realschulen für seine Beratungsarbeit beispielsweise nur eine Stunde Deputat, als wenn es an Realschulen um soviel weniger Beratungsanlässe gäbe.) Ebenso wie hier lehramtsgerechtere und beratungsgerechtere Lösungen zu fordern sind, wäre zu wünschen, daß die gegenwärtig anhängigen Maßnahmen zur Einschränkung von Lehrerbildungspotentialen nicht auch noch zu Lasten des jüngsten Kindes von Lehrerbildung, der Vermittlung von Kompetenzen zur Schulberatung, sich auswirkten.

ANMERKUNGEN:

1 Bund-Länder-Kommission für Bildungsplanung (Hrsg.): Bildungsgesamtplan, Bd. 1. Stuttgart 1973

2 Kultusministerkonferenz: Beschluß der Kultusministerkonferenz "Beratung in Schule und Hochschule" v. 14.9.1973 (in allen Amtsblättern der Kultusministerien der Länder und Stadtstaaten)

3 Vgl. H. Lämmermann: Von der Tätigkeit der Schulpsychologen. Langensalza 1929

4 Vgl. K. Heller (Hrsg.): Handbuch der Bildungsberatung. 3 Bde. Stuttgart 1975/76, S. 17 ff.

5 Aus dieser gleichermaßen pädagogische und psychologische Intentionen und Konzepte integrierenden Aufgabe "Beratung in der Schule" leitet der Verfasser - selbst seit langen mit der Entwicklung von Beratungskonzepten und der Ausbildung von "Schulberatern" beschäftigt - auch seine persönliche Legitimation ab, als "Psychologe" - nicht nur als Freund - einen Beitrag zur Festschrift eines seinerseits auch psychologisch orientierten "Pädagogen" zu leisten. Darüberhinaus darf aber die grundsätzlich erfreuliche Tendenz zunehmender Überwindung der traditionellen Fachgrenzen zwi-

schen Pädagogik und Pädagogischer Psychologie bekundet werden (vgl. u. a. Schiefele, H./Krapp, A. (Hrsg.): Handlexikon der Pädagogischen Psychologie. München 1981)

6 Vgl. Deutsches Institut für Fernstudien an der Universität Tübingen - Diff: (Hrsg.): Fernstudienlehrgang "Ausbildung zum Beratungslehrer". - Erste Version: 16 Studienbriefe. Tübingen 1978/79 - Zweite Version (revidierte Fassung): 10 Studienbriefe. Tübingen 1985/86

7 Vgl. U. Laucken: Naive Verhaltenstherapie. Stuttgart 1974 - M. Perrez/F. Büchel/ N. Ischi/J.-L. Patri/B. Thommen: Erziehungspsychologische Beratung und Intervention. Bern, Stuttgart, Toronto 1985, S. 64 ff.

8 Vgl. K.-J. Kluge: Sie prügeln sich und leisten wenig. Verhaltensauffällige in Grund- und Hauptschulen. Neuburgweier 1975 - M. Perrez/ J.-L.Patri/N. Ischi: Verhaltensstörungen bei Schulkindern im Zusammenhang mit Erziehungsstil-, ökologischen und sozialstrukturellen Variablen. In: Walter, H. (Hrsg.), Region und Sozialisation. Stuttgart, Bad Cannstadt 1981 - H.-C. Thalmann: Verhaltensstörungen bei Kindern im Grundschulalter. Stuttgart 1971

9 Vgl. H. Wetzel: Konzepte der Normalität und Abnormalität des Verhaltens. In: W. Wittling (Hrsg.): Handbuch der Klinischen Psychologie, Band 3. Hamburg 1980

10 Charlton, M./Feierfeil, R./Furch-Krafft, E./Wetzel,H.: Verhaltens- und Erlebnisstörungen. DIFF-Studienbrief 9 des Fernstudienlehrgangs Ausbildung zum Beratungslehrer. Tübingen 1977, S. 4

11 Kh. Rebel: Beratung als Aufgabenfeld der Lehrerbildung. In: H. Wollenweber (Hrsg.): Schule im Brennpunkt - Erziehung und Bildung im Spannungsfeld von Individuum und Gesellschaft. Paderborn 1983, S. 256 ff.

12 Trotz - oder gerade wegen - des Berufsberatungsmonopols bei der Bundesanstalt für Arbeit wurden Hilfen zur Berufsfindung im Bereich der Schule über Jahrzehnte lang vernachlässigt. Heute erscheinen kooperative Maßnahmen zur Berufsfindung und Berufsberatung zwischen Arbeitsverwaltung und Schule unerläßlich - vgl. L. R. Martin: Berufsbildungs- und Studienberatung. In: H. Wollenweber (Hrsg.), Schule im Brennpunkt - Erziehung und Bildung im Spannungsfeld von Individuum und Gesellschaft. Paderborn 1983

13 Vgl. D. Rüdiger: Die pädagogische Problematik der Schuleignungsfindung - Möglichkeiten ihrer Lösung im Kontext eines veränderten Verständnisses von Schule

und Schuleignungsermittlung. In: K. Aurin (Hrsg.), Beratung als pädagogische Aufgabe. Bad Heilbrunn 1984 a

14 Vgl. R. Schwarzer/K. Steinhagen (Hrsg.): Adaptiver Unterricht. München 1975

15 Vgl. A. Kormann: Veränderungsmessung. In: H. Schiefele/A. Krapp (Hrsg.), Handlexikon der Pädagogischen Psychologie. München 1981; vgl. A. Kormann: Möglichkeiten von Lerntests für Diagnose und Optimierung von Lernprozessen. In: K. Ingenkamp/ R. Horn/ R. Jäger (Hrsg.), Tests und Trends 1982. Weinheim, Basel 1982; vgl. D. Rüdiger: Prozeßdiagnostik. In: H. Schiefele/ A. Krapp (Hrsg.), Handlexikon der Pädagogischen Psychologie. München 1981; Wenngleich hierbei (B 1   B 2) nicht völlig verzichtet werden kann auf den Einsatz herkömmlicher kognitiver Fähigkeitstests (Intelligenztests), die nach der sozialen Bezugsnorm standardisiert wurden, sollten die Diagnoseschwerpunkte nun stärker auf kriteriumsorientierten Leistungsmessungen (als Lernsteuerungstests) und auf prozeßbezogenen Verhaltens- und Interaktionsanalysen sowie auf der Erfassung sogenannter "Moderatorvariablen" (z. B. Lern- und Leistungsmotivation, Konzentrationsverläufe, Schulängstlichkeit oder Unterrichtsbeteiligung) liegen, weil durch diese eher die aktuellen, sozialen und persönlichkeitsspezifischen - und gezielt zu behandelnden - Ursachen für derartige Lern- und Leistungsprobleme erfaßt werden als durch Tests, die im Grunde genommen nur Lern-"Ergebnisse" ermitteln.

16 Vgl. B. Sieland: Psychohygiene für Pädagogen: Selbsthilfe für Helfer. In: B. Fittkau (Hrsg.), Pädagogisch-psychologische Hilfen für Erziehung, Unterricht und Beratung. Braunschweig 1983

17 Vgl. D. Rüdiger: Schullaufbahnberatung heute - Konzepte, Aspekte, Probleme. In: H. Wollenweber (Hrsg.), Schule im Brennpunkt - Erziehung und Bildung im Spannungsfeld von Individuum und Gesellschaft. Paderborn 1983, S. 81 - 85

18 Vgl. J. E. Brophy/T. L. Good: Die Lehrer-Schüler-Interaktion. München, Berlin, Wien 1974; vgl. J. E. Brophy: Research on the Self-Fulfilling-Prophecy and Teacher Expectations. In: J. o. Educational Psychology 1983 (S. 631 - 661); vgl. H. Nickel: Psychologie des Lehrerverhaltens. München, Basel 1978; R. Tausch/ A. Tausch: Erziehungspsychologie. Göttingen 1977 (8. Aufl.)

19 Vgl. R. Bauer: Pädagogische Gesprächstherapeutik. Diss. Regensburg 1985; vgl. C. R. Rogers: Die klientbezogene Gesprächstherapie. München 1973; R. Tausch/ A. Tausch: Gesprächspsychotherapie 1981 (8. Aufl.)

20 Vgl. D. Betz / H. Breuninger: Teufelskreis Lernstörungen. München, Wien, Baltimore 1982; F. Petermann/ U. Petermann: Training mit aggressiven Kindern. München, Wien, Baltimore 1978; vgl. U. Petermann: Training mit sozial unsicheren Kindern. München, Wien, Baltmore 1983

21 Vgl. D. Rüdiger: Aspekte zur Humanisierung schulischen Lernens. In: D. Rüdiger/M. Perrez (Hrsg.), Anthropologische Aspekte der Psychologie. Salzburg 1979

22 Vgl. A. Redlich/W. Schley: Kooperative Verhaltensmodifikation im Unterricht. München, Wien, Baltimore 1978

23 Vgl. W. Royl: Systembezogene Beratung. In: DIFF-Studienbrief 7 (neue Version) des Fernstudienlehrgangs Ausbildung zum Beratungslehrer. Tübingen 1985

24 K. E. Maier: Grundriß moralischer Erziehung. Bad Heilbrunn 1985, S. 132

25 Vgl. Sieland, a. a. O., 1983, S. 532 - 563

26 Vgl. P. Gaude: Möglichkeiten und Grenzen interner und externer Systemberatung im Raum der Schule. In: K. Heller (Hrsg.), Handbuch der Bildungsberatung. Band II. Stuttgart 1975, S. 578 ff.

27 K. E. Maier: Soziale Erziehung - Soziales Lernen. In: J. Schermaier/M. Rothbucher/G. Zecha (Hrsg.), Aspekte praxisbezogener Pädagogik. Salzburg 1980, S. 127

28 Perrez et. al., a. a. O., 1985, S. 38 f., vgl. D. Rüdiger: Professionelle Funktionen und Kooperationsstrukturen in der Psychologischen Schulberatung. In: Jahres- und Tagungsbericht der Görres-Gesellschaft 1984 b

Erich Wasem

KUNSTERZIEHUNG IM BAYERN DER FÜNFZIGER JAHRE:

Drei Jahrzehnte Streit um "Ausdruck" und "Gestalt"
(RICHARD OTT contra HANS HERRMANN).

VORBEMERKUNG:

Darstellungen zur Geschichte der Pädagogik wurden zu
lange nur überregional geschrieben, wodurch länderspezi-
fische Verdienste bzw. Eigenheiten häufig nicht gebüh-
rend gewürdigt wurden. Diesen Mangel vestärkten nicht
selten auch politische Umstände. Die Zäsur des Zweiten
Weltkriegs und seine Folgen ließen verkennen, was Jahrzehnten fehlte, verdammt war oder nur unterschwellig
tradiert wurde oder in anderer ganz neuer Form wirkte,
wie z. B. die amerikanische "Reeducation". Diese war auf
die US-amerikanische Besatzungszone beschränkt und blieb
daher in erster Linie den Menschen bewußt, die dort gelebt haben, wie z. B. der Verfasser.

In Bayern setzte damals HANS HERRMANN als Fachreferent
für das Zeichnen an den Münchner Volksschulen und durch
seine Veröffentlichungen und Vorträge die klassizisti-
sche "Gestalt"-Theorie fort, die die Schule auch während
des NS-Regimes beibehalten hatte. Der kulturgenetischen
Lehre trat RICHARD OTT, mit dem der Verfasser ebenso
über Jahrzehnte hinweg verbunden war, wie er mit HANS
HERRMANN in Verbindung stand, scharf entgegen. OTT,
Kunstmaler und Kunsterzieher, war längere Zeit Leiter
der "Schule der Kunst" im Amerikahaus und damit Vertreter eines einerseits künstlerisch freien Malens der Kinder, wie andererseits Erforscher des "Urbilds der Seele",
in dem das Individuum das Typologische dominiert. Die
konsequent und scharfgeführte Kontroverse, insbesondere
zwischen 1949 und 1964, ist in der Fachliteratur bislang
unberücksichtigt geblieben, obgleich ein fast einmaliges
Gegensatzpaar in der Mitte dieses Jahrhunderts mit para-
digmatischen Ansprüchen aufeinanderprallte.

ZUM GANG DER KUNSTERZIEHUNGSBEWEGUNG

F. NIETZSCHE beeinflußte durch seine Lebensphilosophie entscheidend die einsetzenden pädagogischen Reformen. Die Umwertung der Werte ermunterte - eher indirekt - zur Irrationalität und "Spontaneität" im pädagogischen Handeln. NIETZSCHE setzte Tröstungen durch Kunst der "Herdenmoral" entgegen. Das philisterhafte Erwerbsdenken und ein entsprechendes "intellektualistisches" Bildungsideal sollten überwunden werden. Der Nietzsche-Adept AUGUST JULIUS LANGBEHN half mit, in diesem kulturkritischen Sinn gleichfalls die Reform in der Schule einzuleiten. Mit "Rembrandt als Erzieher" erzielte er nach 1890 zunächst einen durchschlagenden Bucherfolg. In diesem Machwerk (88 Auflagen) versprach er die Rettung des Individuums sowie Heil und Erlösung durch eine nationalistisch-niederdeutsch versittlichende Kunst. Das deutsche "Volk" ließ er zum Erziehungsobjekt des größten aller "deutschen" Künstler, eben von Rembrandt, werden.

"Kunst in allem - Kunst für alle!" wurde nach 1900 das Motto nicht nur für den auch im übertragenen Sinn gemeinten "Kunstwart". Der Kunstbetrachtung, der Pflege der bildnerischen Erziehung kam programmatische Bedeutung zu. Nach den Kunsterziehertagen 1901 (Dresden: Bildende Kunst), 1903 (Weimar: Deutsche Sprache und Dichtung) und 1905 (Hamburg: Musik und Gymnastik), sollten die schöpferische Schaffenskraft gestärkt, die Urquellen der Kunst des Volkes, der Naiven und der "Primitiven" erschlossen werden. Der Jugendstil war zudem geeignet, das Unverbrauchte, Frische, Neue, Keimende, Traditionsabgewandte, eben das jugendliche Element, zu Ausgang und Ziel einer selbständigen Lebensreform werden zu lassen.

Noch waren jedoch in der Schule das Abzeichnen von Vorlagen und das Nachzeichnen von sachorientierten "Lebensformen" zunächst der entscheidende Fortschritt gegenüber
einem geometrischen Zeichnen. Das Logische wurde zugunsten des Optischen abgelöst. Psychologische Elemente,
bzw. "das Kind als Künstler" und sein subjektives Erleben wurden darüber hinaus zunehmend akzeptiert.

Durch die empirische Untersuchung GEORG KERSCHENSTEINERS
von (überflüssigerweise) 300 000 Münchner Kinderzeich-
nungen, die aus dem Gedächtnis mittels des "Gesichts-
sinns" Menschen, Pflanzen, Tiere wiedergaben, folgten
(ab 1905) seiner Analyse der "Entwicklung der zeichnerischen Begabung" weitere pädagogisch-psychologische Untersuchungen. Kulturevolutive Stufenlehren boten sich
an; bei KERSCHENSTEINER in vier Schritten vom Schema zur
formgemäßen Darstellung.

Nach 1919 kam eine "objektive" Funktionsgerechtigkeit
durch das Bauhaus zum Zug. Bis zum Anbruch des Nazi-Re-
gimes, das einige von den Bauhaus-Künstlern (Kandinsky,
Klee, Schlemmer, Feiniger, Albers u. a.) aus Deutschland
vertrieb, wollte die "Pionierschule einer modernen Architektur" Ich-Kult und Pseudopracht überwinden. Von Ma-
teriallogik, der Angemessenheit der Werkstoffe sowie
von der Funktionalität der Gebrauchsgegenstände wurde
mehr Übereinstimmung, z. B. der Möbel mit den Menschen
angezielt.

Durch die beginnende Akademisierung der Lehrerbildung
(ab 1926) setzten eklektizistische Methoden verstärkt
ein, aber auch integrierende Ideen. Lehrplanung und In-
stitutionalisierung bezweckten vor allem deren Breiten-
wirkung.

Gleichzeitig entstand ein unüberwindbarer Gegensatz zwischen Anhängern von GUSTAF BRITSCHs "Theorie der bilden-

den Kunst", (1926, durch EGON KORNMANN herausgegeben und
fürderhin vertreten)[1] und Freunden einer Kinder-Kunst:
G. F. HARTLAUB (1922) und (ab 1949) OTT. Bei den
Britschianern wurde das Zeichnen als Finden der "Gestalt" mittels "Denken in Gesichtssinneserlebnissen"
aufgefaßt. Die "Denkbedingungen" - gestuft und formali-
siert - waren genau vorgegeben. An den Stufen wurden die
Leistungen des Kindes gemessen. Die "Verwirklichung geistiger Vorstellungszusammenhänge" (im Sinne von BRITSCH)
zielte insbesondere bei HERRMANN auf die "Gestalt". Sie
sollte in der Vorstellung das Wesenhafte treffen.

KENNZEICHEN DER ZWEI GEGENPOSITIONEN

Nun ist es nicht so, daß beide Kontrahenten nicht auch
Gemeinsamkeiten gehabt hätten. Beide waren z. B. leidenschaftliche Sammler einer großen Zahl von Kinderzeich-
nungen. Bei HERRMANN dürfte sich die Zahl um die hundert-
tausend Blätter bewegt haben. RICHARD OTT sammelte Tausende von Blättern vor allem nach psychologischen Kriterien und der Qualität der Malerei. Wie schon KERSCHEN-
STEINER waren beide Kunsterzieher an der leitbildhaften
Spitzenleistung interessiert. In allen drei Fällen gaben
die Sammlungen Anlaß zu Ausstellungen. So stellte im
Frühjahr 1949 HERRMANN in der Münchner Gewerbeschule an
der Westenriederstraße Bilder zum Thema "Schülerspei-
sung" aus. Die 50 schönsten Blätter erhielt damals der
amerikanische Präsident Truman als Dankgeschenk für
Hilfsgüter eben zu dieser Speisung. RICHARD OTT stellte
z. B. in der Villa eines Sponsors in Schwabing im Jahre
1964 Kindermalereien aus, die ein lebhaftes Presseecho
fanden. Bei all dem waren sich beide Repräsentanten
wechselseitig Lieblingsfeinde in der geistigen und poli-

tischen Grundposition, die in beiden Fällen historisch begründet war.

Ein Hauptwerk von HANS HERRMANN "Der Glanz des Wahren"[2] knüpft an Lehren von THOMAS VON AQUIN (1225 - 1274) an, bei dem Gottes Schöpfungswerk ursprünglich makelloses Kunstwerk, gestaltete Wahrheit war. Die Schönheit setzte hierbei das Gute, die Verneinung des Bösen voraus. Der Mensch formt sein Bild nach dem Urbild Gottes. Thomistisch wird das Schöne so zum Glanz des Wahren.

Die Verknüpfung der Ästhetik mit der Ethik hatte in der Pädagogik des 19. Jahrhunderts Vorrang. Noch in der "Entwicklung der zeichnerischen Begabung"[3] verband KERSCHENSTEINER seine kulturevolutive Stufenlehre mit dem Ziel der staatsbürgerlichen Erziehung. Vollkommene Form sowohl im Zeichenunterricht als auch in der Erziehung.

HERRMANN intendierte die Suche der "Gestalt". Gewissermaßen ihrer Heiligung galten alle Aufgaben, in der Hoffnung auf mittelbare Veredelung des Menschen im Umgang mit ihr.

Im Atelier von HERRMANN lagen stets formschöne Gegenstände griffbereit als idealtypische Gebilde in Hülle und Fülle zur Betrachtung aus: Schneckenhäuser, Gebetbuchhüllen, Steine, Handwerksgeräte wie Werkzeuggriffe, Gefäße, Bestecke, Spielzeug und viele hervorragende Schülerzeichnungen. Er schätzte es, diese mit gotischen Kupferstichen und chinesischen Pinselzeichnungen zu vergleichen, um wechselseitig die hohe Qualität zu bestätigen. Ein ähnliches Verfahren liebte übrigens auch RICHARD OTT. Er ging mit Kindern in die alte Pinakothek und verglich dort Kinderkunst mit Gemälden, z. B. von Albrecht Dürer, wobei dann die Werturteile nicht selten zugunsten der Kinderkunst ausfielen.

Ein Schlüsselbegriff, um die Schule BRITSCH-KORNMANN-HERRMANN zu verstehen, ist der des "G e s i c h t s - s i n n e s". Schon GEORG KERSCHENSTEINER hatte ihn im Anschluß an HANS VON CORNELIUS übernommen. Die 300 000 Gedächtniszeichnungen Münchner Volksschüler von Menschen, Pflanzen und Tieren liefen bereits auf Verarbeitungen innerer Vorstellungen in Akten der Formbildung hinaus. Eine ähnliche stufengemäße Formentwicklung, die durch die BRITSCHschen "Richtungsunterscheidungen" differenziert wurde, finden wir auch bei HERRMANN. Der innere Bau eines Ding-Sinnbildes wird wesenhaft und unter kulturgenetischen Aspekten entfaltet. Ein Gewächs, der Baum, kommt vor dem bestimmten Baum, wobei sich der Stamm aus dem Boden erhebt, sich der Ast vom Stamm abhebt und wiederum von den Ästen Zweige und Blätter. Der Aufbau des menschlichen Körpers folgt ähnlichen Ausfaltungen.

Gemäß altersbedingter geistiger Fähigkeiten durchdringt das Kind Gegenstand oder Sache ohne kopierende Nachahmung. Der Lehrer hat auf die Entwicklungslinien zu achten, darf aber nur behutsam in dieses "verstehende" Zeichnen eingreifen. Die formschaffenden Kräfte suchen die Wesensempfindung zur ausdifferenzierten Vollkommenheit der inneren Schau zu bringen. Auf dieser Linie war die Kunst der Renaissance für HERRMANN besonders vollkommen, während OTT manchmal dazu neigte, Maler der Renaissance für Farbfotografen zu halten.

Im Mai 1950 formulierte mit eigenen Worten Prof. HERRMANN seine Auffassungen mir gegenüber wie folgt: Tektonik und sinnhafte Logik eines Formaufbaues ist keine Verstandessache und in der echten Kinderzeichnung sind sie von Natur aus enthalten; sie, die Kinderzeichnung, kann auch nicht "gefühllos" rational verwirklicht wer-

den, sondern ist der Ausdruck einer seelisch-geistigen
Beschäftigung mit den Gestalten. Vor aller Großmanns-
sucht soll der Schüler bewahrt werden und vor allem
muß er behütet sein gegen den Kitzel eines prahleri-
schen bloßen Selbstausdruckes. In jeder echten Gestaltung, ja sogar in jeder Darstellung ist der Ausdruck -
gleichsam in richtiger "Dosierung" - mit eingeschlos-
sen.

Dieser Zeichenunterricht nach objektiven Formgesetzen
mußte sich zwangsläufig gegen das Malen von Kindern
richten, bei dem sich vor allem die Individuallage des
Kindes, der Ausdruck seines Innenlebens bzw. seiner
Entwicklungsstufe präsentierten. HERRMANN wollte das
Kind aus seiner "Ich-Gefangenheit" befreien. Es sollte
seine Person indirekt in das Bild einbringen: vom
"Nicht-Ich" zu einem "Außen" aus dem "Innen" des Sich-
Fühlens: Formung als ordnendes Prinzip. Eine recht abstrakte Auffassung; nicht ganz frei von der romanti-
schen Vorstellung der Entäußerung innerer Bilder.

"Hudelei" wurde nicht geduldet, da sie Zeugnis von Un-
ordnung und fehlender Klarheit des Geistes sei, wohl
insbesondere aber auch von Ungeformtheit. Der Farbe
stand HERRMANN reserviert gegenüber, weil sie nicht zureichend zu fassen vermag, was nun einmal "gefaßt" sein
muß. Seine pädagogische Anthropologie zielte in toto
auf Erkenntnis und Formung.

Die moderne Kunst kenne diese Haltung nicht mehr, meinte
HERRMANN, sie befände sich in Auflösung. Dieser Glaube
an den "Verlust der Mitte", wie ihn schon HANS SEDLMAYER
konstatiert hatte, mußte RICHARD OTT zwangsläufig als
ebenso reaktionär erscheinen, wie die entschiedene Ablehnung von Künstlern als Kunsterzieher durch HERRMANN:

"Der tätige Künstler als Erzieher der Jugend ist gefährlich, heute in der Verwirrung von Ismen besonders.
Selbst der wirkliche auf hoher Stufe schaffende Künstler könnte möglicherweise mit den primitiven Nöten der
Kleinen nichts anfangen. Es gehört tiefe Besinnung dazu, die Aufgaben einfacher Gestaltung zu erkennen. Die
künstlerische Mitgift, welche der Erzieher von Kindern
und Jugendlichen braucht, ist geringer als gewöhnlich
angenommen wird, dagegen muß Vertrautheit mit den besonderen Problemen des Primitiven, und pädagogische
Fähigkeit der selbstlosen Beratung in reichem Maße
vorausgesetzt werden."[4]

Das Kind selbst kann auch kein "Künstler" sein; es
lernt erst zeichnerisch zu artikulieren. Der entwick-
lungsgemäße Grad der "Gestalt" ist der vertretbare Maß-
stab. Für "Psychologisieren" und "Typologisieren" hatte
HERRMANN nichts übrig, auch nicht für Tiefenpsycholo-
gie, wiederum im Gegensatz zu R. OTT, letztendlich weil
der Weg zur Idee des wahren Menschen (im Sinne von
THEODOR HAECKER) ein anderer sei.

HERRMANN duldete auch ein "lebenspraktisches Zeichnen",
das geistvoll sein kann, das aber mit Abzeichnen oder
"Perspektive-Zeichnen" gar nichts zu tun hat. Er ist
also entschieden gegen alle alten Formen des Zeichnens,
wie sie die "Konstrukteure" unter den Zeichenlehrern
schätzten, gleichzeitig sprach sich HERRMANN ebenso gegen die Modernisten unter den Kunsterziehern aus.

Eine bemerkenswerte Gemeinsamkeit zwischen HERRMANN und
OTT ist ein bis heute treuer Stamm von Anhängern: Was
HERRMANN anlangt, sind dies nicht nur die Leute des Ge-
staltarchivs in Schondorf (das auch die Hinterlassen-
schaft des 1983 vestorbenen EGON KORNMANN, das Material
des Britsch-Institutes in Starnberg, aufgenommen hat),
sondern auch eine Reihe unbekannt gebliebener Kunsterzieher. Ähnliches gilt für OTT. Sicher wird er im Laufe
der kommenden Jahre eine von Sammlern seiner Bilder

sowie von "Schülern" und ganz jungen Kunsterziehern aus-
gerichtete Gedenkausstellung erhalten.

RICHARD OTT begann seine Tätigkeit als Kunsterzieher an
der Höheren Schule in Berlin und Guben, nachdem der
junge Künstler bei MOLL, OTTO MÜLLER und SCHLEMMER studiert hatte. Kunstwerke von R. OTT und auch Kindermalereien sind in Museen und Galerien zu finden, wie z.B. in
der Städtischen Galerie im Lenbachhaus (München).

1949 trat Ott mit einem vielbeachteten Mappenwerk "Urbild der Seele" hervor, in welchem er eher Zeugnisse
kindlicher Kunst als Illustrationen der Kretschmerschen
Typologie wiedergab. Die Korrelation von Körperbau,
Typen und Malweise ist dennoch ein psychologisches Ver-
dienst, das durch ein Vorwort des Tübinger Nervenarztes
und KRETSCHMER-Schülers Dr. W. WINKLER anerkennend gewürdigt wurde.

OTT unterhielt in seiner Wohnung in München eine "Freie
Akademie" junger Maler. Gleichzeitig gründete er Anfang
des Jahres 1949 ein "Museum für kindliche Kunst", ein
nur ansatzweise realisiertes Unterfangen, das ihn bis zu
seinem Tode (1974) beschäftigte. Noch im Speicher seines
Peißenberger Domizils versuchte er es bis zuletzt zu
verwirklichen. Er stellte 1949 Blätter in der Internationalen Jugendbuchausstellung im "Haus der Kunst" aus
sowie 1950 in Milwaukee/USA.

Um seine Sammlungen ausbauen zu können, bildete
er die "Gesellschaft der Freunde kindlicher Kunst".
Ihre Mitglieder haben heute Kinderbilder in
ihren Privatsammlungen. Als besonderer Höhepunkt
kann gelten, daß R. OTT im Amerikahaus München
im November 1949 eine "Schule der Kunst" einrichtete, an

der durchschnittlich bis zu 120 fünf- bis zwölfjährige
Kinder teilnahmen. Viele Kindermalschulen haben von hier
aus Impulse erhalten.

Malen sei - meinte OTT - für das Kind keine Arbeit, sondern "die Entfaltung seiner konstitutionstypischen Fähigkeiten". Deshalb lehnte er auch jeden Zwang in der
Erziehung ab, weil die Beeinflussung des Entwicklungs-
ganges zu "nervösen und körperlichen Krisen" führen könne, wenn man beispielsweise einem pyknischen Kind seine
"Unsauberkeit" und "Unklarheit" vorwerfe und es entsprechend anhalte, klare Linien zu zeichnen, die ihm
nicht liegen. Die "genotypische Verankerung des farbigen
Ausdrucks" sah OTT vor allem in Bezug auf Augen-, Haut-
und Haarfarbe. Auf einer Tübinger Ausstellung brachte
der Maler als Beispiel je 8 Bilder - zweier rotblonder
Knaben -, "in denen deutlich die zarte Verschiedenheit
der Augenfarbe (grünblau und graublau) zum Ausdruck
kam". Je mehr sich das Kind beim Malen der in ihm lie-
genden "farbigen Melodie" nähere, desto mehr sei es in
seiner seelischen und körperlichen Entwicklung auf dem
richtigen Weg. OTT unterschied die Kinder mehr nach der
konstitutionellen Anlage als nach Altersstufen. Das ist
bei den engen Grenzen der Anwendbarkeit der Konstitu-
tionstypen auf Kinder allerdings zu verkürzt gesehen.

OTT glaubte an die angeborene künstlerische Ausdrucks-
fähigkeit des Kindes und ein entsprechendes ästheti-
sches Urteilsvermögen. Unbewußte Urbilder aus Erbanlage
und Sinneseindrücken füllen vor Sprechen und Denken die
Seele des Kindes aus. Sie sind die "Wurzel der sich bildenden Persönlichkeit" und dürfen nicht durch "ratio-ni-
hilistische" Beurteilungsschemata zerstört werden. Lediglich die Phantasie des Kindes mag der Kunsterzieher
durch eine Themenstellung, die dem Kinderleben angepaßt

ist, anregen. Zur Weckung und Förderung ursprünglicher
Ausdrucksfunktionen der kindlichen Seele können Zunft-
zeichenmalerei, Volks- und Bauernkunstversuche innerhalb
moderner Städte nichts nützen.

OTT forderte als den idealen Lehrer des Kindes deshalb
den Künstler. Nur er verfüge über die psychische Ausstrahlung, die belebt und zerstört und könne die künstlerischen Energien des Kindes zu gestaltenden Kräften
zusammenführen. Das Kind, ein Künstler, kann, nach OTT,
die Ebene der modernen und durch das Unbewußte stärker
betonten Malerei erreichen bei angestrebter Autonomie
der Kinderkunst. Manche Kinderzeichnung sei genauso gut
wie ein Munch, Busianis, Nolde oder Bilder anderer moderner Maler.

Die reizvollen und z. T. tatsächliche Beziehungen zur
modernen Kunst andeutenden Kinderbilder wurden durch
OTT kunsthandwerklich weiterverarbeitet. Der Maler gab
den Blättern z. B. sorgfältig gearbeitete Passepartouts
in zitronengelben, zinnoberroten und anderen Farbtönen.
Kostbare Rahmen werteten sie zusätzlich auf. Das künstlerische Prinzip war absolut über das pädagogische zu
stellen. Das Kind hatte in der OTTschen "Schule der
Kunst", - das Wort (Kunst-) "Er-ziehung" war ihm ver-
haßt - nichts zu lernen. Es brauchte kein "Ziel" zu erreichen. Für den Lehrer gab es keinen Stoffplan. Gegen
Nützlichkeitsdenken eingestellt, legte OTT keinen Wert
darauf, dem Kind technische Fertigkeiten beizubringen.
Nur des Kindes gegenwärtiges Glück war der Sinn des Unterrichts. Er diente keinerlei Vorbereitung auf zukünftige Zwecke, mochten sie nun mit seinen Mitteln leicht erreichbar erscheinen oder nicht.

Daraus ergaben sich diverse schulreformerische Gedanken. So betonte OTT, daß die Schulen zuwenig Gebrauch machen von der Psychologie, daß aber andererseits die Psychologie bei ihrer Beurteilung auch die künstlerische Welt des Kindes mit einschließen müsse. Er verlangte von der Akademie eine Reform der Fachlehrer. Die Hochschulen der bildenden Künste würden nur zur Vermehrung der "Antagonisten der Kunst" beitragen. Für OTT bedeutete Kunst Offenbarung des Zeitlosen. Daß sie ihre Gegenstände der Zeit, in der sie entsteht, entnimmt, besage nichts dagegen. Die Erlebnisinhalte, die von der Kunst umschlossen würden, überschritten weit die Möglichkeiten der rationalistischen Kunstwissenschaft.

Wenn dann OTT den archaischen Menschen wieder entdeckt sehen wollte, so lag er damit nur bedingt auf der neoromantischen Welle der Kunsterziehungsbewegung. Er wollte vor allem den unbewußten Kräften zukommen lassen, was ihnen nicht versagt werden dürfe: Freiheit der uneingeschränkten Imagination.

EINE UNAUFHEBBARE SPANNUNG, DIE WEITERLEBEN WIRD

HANS HERRMANN wehrte sich gegen den Vorwurf des Rationalismus, indem er den Logos nicht so verkürzt gesehen haben wollte, wie er sich im "Schauglas der Vitalisten" auf das abstrakte, diskursive Denken beschränkte.

"Im Sinnenhaften selbst schon steckt Geist, und jedes Formgebilde der Musik oder bildenden Kunst, das unser Herz bewegt, ist vom Logos erfüllt."[5] Auf diese Weise bedeute der Schritt vom erscheinungsnachahmenden Zeichnen zum formvorstellenden Gestalten einen kunstunterrichtlichen Gewinn und Fortschritt. Die Formgestalt der Dinge vermag uns bei einem "herz- und geistbewegten" An-

schauen eine sublime Bescheidenheit zu geben, die nach
HERRMANN die verderbliche Hybris des hohlen Ich-Gefühls
nicht aufkommen lasse.

Braucht das Kind und der Jugendliche aber nicht, was ih-
nen so willkommen und adäquat ist, nämlich eine "breit-
spurige Erlebnismalerei", wie sie HERRMANN ablehnte?
Geht es ohne die kathartische Funktion des Zeichnens?
Malen als Mittlertum bedarf der Selbstäußerung, ohne die
Identität nicht gefunden werden kann.

Seit der Mitte der zwanziger Jahre boten sich vermittelnde Positionen an, insbesondere durch GUSTAV KOLB,
Stuttgart, oder an der Münchner Kunstakademie durch
ADOLF BRAIG, der bis zu seinem Tod im Frühjahr 1950
Fachreferent für die südbayerischen Mittleren und Höheren Schulen war. Man kann ihn wie HERRMANN im Gefolge
von G. KERSCHENSTEINER sehen, wandte sich BRAIG doch gegen die Überschätzung des Schöpferischen und befürwor-
tete das freie Vorstellungszeichnen. "Echt und unecht in
der Kinderzeichnung" sah er als entscheidende Kriterien
für die Entwicklung der sittlichen Person an, wobei er
der Erziehung zur Wahrhaftigkeit Vorrang gab. Das Studium der wirklichen Natur war ihm wichtiger als das Studium von Bildern.

Was soll überwiegen? Gesteuerter Gestaltungswille oder
vorgegebener Ausdrucksdrang? Kulturgenetische Entwicklung oder Freiheit für Phantasieeinfälle? Die Wahrheit
liegt nicht in der Mitte!

ANMERKUNGEN:

1 Britsch, Gustaf: Theorie der bildenden Kunst. Hrsg. von
  Egon Kornmann, 1926 (4. Aufl., Ratingen 1966)

2 Herrmann, Hans: Glanz des Wahren. Von Wesen, Wirkung und Lebensbedeutung der bildenden Kunst. Krailling 1940 (2. Aufl. 1942; 3. Aufl. 1953)

3 Kerschensteiner, Georg: Die Entwicklung der zeichnerischen Begabung. München 1905

4 Herrmann, Hans im Briefwechsel aus dem Jahre 1950 mit dem Verfasser

5 ebd.

LITERATURHINWEISE:

Britsch , Gustaf: Theorie der bildenden Kunst. Hrsg. von Egon Kornmann, 1926 (2. Aufl., München: F. Bruckmann AG. 1930; 4. Aufl., Ratingen 1966)
Hartlaub, G. F.: Der Genius im Kinde. Zeichnen und Malversuche begabter Kinder. Breslau 1922
Herrmann, Hans: Glanz des Wahren. Von Wesen, Wirkung und Lebensbedeutung der bildenden Kunst. Krailling 1940 (2. Aufl. 1942; 3. Aufl. 1953)
ders.: Neues Zeichnen im Volksschulalter. Ratingen 1949 (7. Aufl. 1963)
ders.: Zeichnen fürs Leben. Ratingen 1963
Kerschensteiner, Georg: Die Entwicklung der zeichnerischen Begabung. München 1905
Kolb, Gustav: Bildhaftes Gestalten als Aufgabe der Volkserziehung. Naturgemäßer Weg im Unterricht. (2. verb. und erw. Aufl. 1 -, Stuttgart: Holland und Jonsenhans 1927)
Kornmann, Egon: Grundprinzipien bildnerischer Gestaltung. Einführung in die Kunsttheorie von Gustaf Britsch. Ratingen: Henn Verlag 1962
ders.: Über die Gesetzmäßigkeiten und den Wert der Kinderzeichnung. 3. Aufl., Ratingen: Henn Verlag 1953 (5. Aufl. 1966)
Ott, Richard: Das amerikanische Tagebuch des Richard Ott. Frankfurt: Frankfurter Verlagsanstalt 1952
ders.: Urbild der Seele. Malereien von Kindern. Bergen 1949

Karolina Fahn

DIE BAYERISCHE GRUNDSCHULE IN DER ZEIT DES PÄDAGOGISCHEN AUSBAUS VON 1966 - 1970

Im Titel ist unausgesprochen etwas vorausgesetzt: der pädagogische Ausbau der Grundschule von 1966 - 1970 konnte sich auf einen vorausgegangenen Neuaufbau stützen.
Die existentielle Not vieler deutscher Familien, die Schulraum- und Schulmaterialnot, der Lehrermangel der Nachkriegsära waren durch entbehrungsreiche persönliche Einsätze in solidarischem Aufbauwillen weitgehend behoben. Nachdem der äußere Aufbau von Schulgebäuden und Fragen schulorganisatorischer Art zu einem möglichen Abschluß gekommen waren, wandte man sich der inneren Schulreform zu. Der 1950 vorgestellte Bildungsplan für die Bayerischen Volksschulen wurde den Lehrern zur Erprobung freigegeben - ein Novum in der jungen Demokratie - und bis 1966 mit Engagement und spürbarem Idealismus praktiziert. Er stand unter dem Leitprinzip: "Ziel der Bildung ist die religiös-sittliche, selbstverantwortliche, gemeinschaftsverbundene und lebenstüchtige Persönlichkeit"[1]. Der gesteigerte Erziehungsauftrag kennzeichnete die pädagogisch konzipierte Volksschulunterstufe. Da Schule eingebunden ist in die Gesamtentwicklung des geistigen, wirtschaftlich-gesellschaftlichen Lebens, kann es für sie kein längeres Verharren in bestehenden Formen geben.
Es würde den Rahmen dieses Beitrages sprengen, das epochalkulturelle Bedingungsfeld und die Ergebnisse der Bezugswissenschaften im Hinblick auf die Grundschulentwicklung zu erörtern. Jedoch sollen folgende Fakten erwähnt werden:

Die Zeiteinflüsse bis 1965 wirkten sich aus teils

als Impulse zur Veränderung	als stabilisierender Faktor
im Hinblick auf	
- *Auswahl grundschulspezifischer Inhalte*	- *das Selbstverständnis der Grundschule*
- *gehobeneres Anspruchsniveau der Inhalte*	- *Lebensstätte des Kindes*

- Beachtung der Sachlichkeit
  auf der Vermittlungsebene
  des Lehrstoffes ————➤
  Wissensflut, technischer
  Fortschritt!
- Zusammenarbeit von Eltern,
  Kindergärten und Lehrern
  ————➤ Demokratisierungs-
  tendenzen!
- organisatorische Umgestaltung und Ausbau von Kindergärten, Tagesstätten und
  Schulkindergärten ————➤
  Auswirkungen des wirt-
  schaftl. Aufschwungs der
  60-er Jahre: teilweise
  waren beide Elternteile
  berufstätig!
- Angliederung von Schulkindergärten an die Grundschule
  ————➤ bruchloser Übergang
  zur Schule!
- Einführung von Frühlese-
  programmen ————➤ Basis-
  förderung aller Kinder!

- keine Vorbereitungsstufe
  für höhere Schulen, Grundschule kein Ausleseinstru-
  ment ————➤ "Schulbereich
  der ruhig reifenden Kindheit"¹
- Festhalten am Heimatprin-
  zip mit Auswirkungen auf
  die Auswahlgesichtspunkte
  des Lehrgutes und die
  Strukturierungsaspekte
  ————➤ Gegenwirkung zu
  Entwurzelungs- und Ver-
  massungstendenzen!

- Rechtfertigung heimat- und
  volkskundlicher Inhalte
  ————➤ volkstümliche Bildung

- Betonung der Rolle des
  Lehrers als Erzieher
- Klassenlehrerprinzip:
  Wechsel des Lehrers erst
  nach 2 Jahren ————➤ Notwendigkeit erzieherischer
  Stetigkeit in einer rasch-
  lebigen Zeit mit plurali-
  stischen Auffassungen!

1. DAS SELBSTVERSTÄNDNIS DER GRUNDSCHULE VON 1966 - 1970

Am Auftrag der Grundschule hatte sich nichts geändert.
Die Präambel der Richtlinien von 1966 betont, daß "Schule
eine Stätte des Lehrens und Lernens, der Erziehung und
Lebenshilfe" sein soll und unterstreicht den Eigenwert
dieses Bildungsabschnittes: "...sie ist ein eigener Bereich kindlichen und jugendlichen Gemeinschaftslebens"³.
Die Pflege des Gemeinschaftslebens ist u. a. eine wichtige Dimension der pädagogischen Bemühungen innerhalb der
schulischen Erziehung. Im Vergleich mit der nachfolgen-
den Ära der Grundschulreform, die immer nur als Teil einer umfassenden Bildungsreform vom Kindergarten bis zur

Hochschule zu sehen ist, verstand sich die <u>Volksschule</u> <u>als eigenes, organisiertes Schulwesen im dreigliedrigen</u> <u>Bildungssystem</u>. Institutionell und organisatorisch waren die Jahrgänge 1 bis 9 zusammengefaßt und in Unterstufe (1 - 4) und Oberstufe (5 - 9) der Volksschule gegliedert. "Die Volksschule ist für einen großen Teil der Schüler die <u>wichtigste Bildungsstätte</u>, sie leistet damit einen <u>wesentlichen Beitrag für eine gemeinsame geistige und</u> <u>sittliche Grundlage des Volkes"</u>[4]. In diesem Artikel 1 des Volksschulgesetzes wird der bayerischen Volksschule und insbesondere der Grundschule ein spezieller Bildungsauftrag im Sinne einer breiten, grundlegenden Bildung zugewiesen, die "zu eigenem Denken, Werten und Handeln befähigt und zu Fertigkeiten, Kenntnissen und Einsichten" führt, "die für das Erlernen eines Berufes und für die Aufgaben in Gesellschaft und Familie notwendig sind"[5].

Die Grundbildung vollzieht sich zur damaligen Zeit in der konkreten und tätigen Auseinandersetzung mit der Welt. Erziehung und Unterricht sind aus dem Geist des Bekenntnisses zu gestalten, denn in Art. 8 VoSchG (1966) wird ausdrücklich vermerkt: "Die Volksschulen sind als Bekenntnisschulen zu errichten"[6]. Voraussetzung dazu bietet die konfessionelle Lehrerbildung an den Pädagogischen Hochschulen und die Annahme, daß sich der Berufsstand aus einsatzfreudigen, bekenntnisbereiten und zugleich toleranten, verantwortungsbewußten Personen zusammensetzt, die ihren Glauben ernst leben. "An allen Volksschulen sind beim Unterricht die religiösen Empfindungen aller zu achten"[7].

Aus dem Passus: "Der Lehrer trägt die unmittelbare pädagogische Verantwortung für den Unterricht und die Erziehung der Schüler"[8] wird deutlich, daß Unterricht und Erziehung gleichrangig einzustufen sind und daß dem Grundschullehrer eine bedeutende Rolle für den Bildungs- und

Erziehungsprozeß der Schüler zugemessen wird. Die gesetzlich verankerten Aufgaben des Lehrers sind auch im Zusammenhang mit dem Faktum - Volksschule ist Bekenntnisschule - zu sehen. Aus diesen Zeitdokumenten spricht sehr
viel pädagogischer Optimismus.

2. ZIELVORSTELLUNGEN FÜR DIE GRUNDSCHULE (1966 - 1970)

Im Verweis auf Art. 131 der Bayerischen Verfassung steht
die gesamte Grundschularbeit unter dem allgemeinen pädagogischen Leitziel der "Weckung und Festigung zu einer
selbstverantwortlichen, sozialen, sittlichen und religiösen Haltung"[10]. Hier zeigt sich die kontinuierliche Fort-
führung pädagogischen Grundanliegens, das bereits im
Bayerischen Bildungsplan von 1955 aufgegriffen wurde und
darin gipfelt, das Kind in seiner Gesamtheit zu erfassen,
als Einzel- und Gemeinschaftswesen, als leib-seelische
Einheit, eingebunden in soziale Bezüge, der Religion, der
Natur- und Kulturerhaltung verpflichtet.
Die Ziele Landschafts-, Natur- und Denkmalschutz, Heimatliebe und -pflege sind als übergeordnete pädagogische Intentionen zu verstehen. Sie sind eine neue Dimension in
den Bayerischen Richtlinien von 1966. In fortschrittli-
chem Geist wird die Forderung eingebracht, die steigen-
den Spannungen, die durch eine perfektionierte Wirt-
schafts- und Technikentwicklung, hohen Lebensstandard,
anspruchsvolle Verbrauchergesellschaft und durch zunehmende Umweltbelastung entstehen, durch die Erziehung zu
einem wachen Umweltbewußtsein und zum Handeln im Sinne
des Landschafts-, Natur- und Denkmalschutzes zu begegnen.

Im Einklang zu diesen Zielsetzungen stehen die Bildungsziele, die sich mehr an das Individuum Kind wenden: Entwicklung der Interessen des Kindes, seines Verständnisses
für die Wirklichkeit der heimatlichen Lebenswelt, Schär-
fen und Üben aller Sinne, Anregen und Pflegen der Phantasie, Entwicklung der Arbeitshaltung.

Soll man folgenden Hinweis aus den Richtlinien unter dem
Aspekt des pädagogischen Ausbaus der Grundschule betrachten oder ist er nicht eine längst fällige Notwendigkeit?
"Für die Unterrichtung und Erziehung der Mädchen und Knaben gelten grundsätzlich die gleichen Forderungen. Auch
bei Mädchen ist im Unterricht auf Selbständigkeit, sach-
lich-logische Durchdringung der Arbeitsgebiete, auf die
denkende Verarbeitung des Stoffes zu achten"[11]. Man darf
annehmen, daß bereits vor Einbringung dieses Erziehungs-
grundsatzes die herrschenden Mechanismen alternativ-
freier männlicher Bestimmungsmächte "lückenhaft" waren,
die Orientierung an überkommenen Mustern geschlechtsspe-
zifischer Bewertung zumindest beim Entwurf der Richtlinien in Frage gestellt wurde. Erschütterung von eingefah-
renen, selbstverständlichen Denkweisen eröffnet jedoch
den Weg zum Fortschreiten[12].
Pädagogische Zielsetzungen im Hinblick auf das mitmensch-
liche Zusammenleben im Klassenverband werden in den
Richtlinien für die Grundschule 1966 im Abschnitt "Schulleben" differenzierter ausgeführt als im Bildungsplan von
1955. Gestützt durch die Pädagogische Psychologie und Soziologie, begründet man die große Bedeutung eines harmo-
nischen, vertrauensvollen Zusammenlebens von Schülern und
Lehrern in einer Klasse und verweist auf die Erkenntnis,
daß "Leistung und Haltung des einzelnen Schülers und der
Geist der ganzen Klasse ... durch die mitmenschlichen Beziehungen und die Gruppierungen in einer Klasse beeinflußt (werden). Der Lehrer wird darum ein erziehlich
wertvolles kind- und jugendgemäßes Zusammenleben fördern"[13].
Neben der Schaffung positiver äußerer schulischer Gegebenheiten, wie z. B. "harmonische und freundliche Gestaltung des Schulraumes ... zu einem wohnlichen Arbeits-
raum"[14], legte man verstärkt Wert auf die Pflege guter
Umgangsformen und gegenseitiger Achtung, die in der

Grundschule eine Voraussetzung bilden, damit sich Klassengemeinschaft, Wir-Bewußtsein entwickeln können.

In den Ausführungsempfehlungen der Richtlinien 1966 kommt jedenfalls zum Ausdruck, daß Gemeinschaftserziehung, Schülermitverwaltung und Erziehung zur Selbstverantwortlichkeit in gleicher Weise im Schulalltag berücksichtigt werden müssen. Als pädagogische Formen der Gemeinschaftserziehung bieten sich kleine Feste und Feiern, die aus der Klassensituation erwachsen sowie kindgemäße Ausdrucksformen des Spiels an. Es genügt also keineswegs nur jene durch das Wort beeinflussende Erziehungsarbeit, sondern die Bedingungen für positive Gemeinschaftserlebnisse sollen im Sinne eines pädagogischen Ausbaus planmäßig im Schulalltag gepflegt werden. Die Erkenntnis um die Notwendigkeit, für Momente der Sammlung, der inneren Ruhe, der Stille, des schweigenden Nachdenkens und Nachempfindens zu sorgen, floß in den Schulalltag mit ein. "Im täglichen Gebet finden die Kinder zu innerer Sammlung und Besinnung"[15].

Der Vergleich der allgemeinen Unterrichtsziele im Bildungsplan von 1955 mit den Aussagen in den Richtlinien von 1966 führt zu folgendem Ergebnis: Drei Zielkomponenten - das Erfassen vielfältiger Beziehungen im kindlichen Lebens- und Erfahrungsbereich mit Ausweitung auf den heimatlichen Bezugsraum - die Pflege des kausalen Denkens - und der Erwerb sozialkundlicher und erdkundlicher Begriffe im grundlegenden Sachunterricht und im Heimatkundeunterricht sind als übergeordnete Leitlinien aufzufassen. Sie intendieren eine gezielte kognitive Förderung der Grundschulkinder und "allmählich eine zielstrebige Arbeitshaltung"[16]. Einerseits ist das eine Antwort auf die teilweise herbe Kritik am ganzheitlichen Erstunterricht und an der Heimatkunde, andererseits stellten die neu eingeführten allgemeinen Unterrichtsziele eine qualitativ positive Veränderung dar und waren Voraussetzung für spätere Grundschulentwicklungen.

3. DER SUBSTANTIELLE BEREICH IN DER GRUNDSCHULE (1966 - 1970)

In ausgewogener Weise werden die pädagogisch-didaktischen Intentionen, die die optimale Entfaltung aller kindlichen Kräfte und die Gemeinschaftserziehung anstreben, weitergeführt; mit einem differenzierten Lehrangebot und mit dem "Sachunterricht" soll Sachlichkeit angebahnt und fortlaufend entwickelt werden. Die Bezeichnung "Sachunterricht" ist neu. Sie versteht sich als Sammelbegriff, die den "grundlegenden Sachunterricht" und die "Heimatkunde" subsumiert. Der neue Terminus ist gewissermaßen eine Wegmarke, ein Richtungspfeil für den künftigen Grundschulunterricht.

Die Richtlinien 1966 verzichten auf die Auflistung eines obligatorischen Inhaltskataloges. "Der grundlegende Sachunterricht knüpft an die natürlichen Interessen der Kinder an. Ihre Erlebnisse und Umwelterfahrungen sind seine Inhalte"[17]. Der Grundschullehrer hatte großen Freiheitsspielraum. Die verpflichtende Erstellung heimatkundlicher Beispielpläne und Stoffsammlungen erteilt dem einzelnen Lehrer die volle Verantwortung für Auswahl, Anordnung und Gewichtung des Lehrangebots. Es gab erhebliche Unterschiede sowohl im Niveau als auch in der Quantität der inhaltlichen Thematik. Anhaltspunkt für die Themenauswahl war der Tages- und Jahresablauf. Inhalte werden situativ aufgegriffen und nach den Interessens-, Erlebnis- und Erfahrungsschwerpunkten der Grundschüler er- und verarbeitet. "Der Stoffplan des 2. Schuljahres übernimmt Themen aus dem Bereich der engeren Heimat, die Einblicke in menschliche und sachliche Gegebenheiten vermitteln und einfache Zusammenhänge aus dem Erfahrungsbereich des Kindes erschließen"[18]. Deutlich sichtbar wird der Bezug der heimatkundlichen Inhalte auf die Sachfächer der Volksschuloberstufe (propädeutische Funktion).

Traditionelle geisteswissenschaftliche Pädagogik und die Idee der "Volkstümlichen Bildung"[19] bildeten bei dieser Grundschulkonzeption noch die theoretische Basis, auf der Heimat als Orientierungsmodell sachunterrichtlicher Unterweisung fußen konnte. Heimat wird verstanden als ganzheitlich zu betrachtender Weltausschnitt, als Grundlage eines geschlossenen Vorstellungsgefüges (realer und ideeller Heimatbegriff). Heimatraum mit den Menschen der engeren und weiteren Umgebung, mit seinen erlebbaren Gegenständen und Beziehungen ist Grundlage und Konzentrationspunkt kindgemäßer Heimat"kunde"[20]. Andererseits wirkten zeitkritische Forderungen - unter dem Druck einer expansiven Wissensflut - insofern auf das Lehrangebot, als man sich um eine Vertiefung und Ausweitung der sachlichen Aspekte bemühte, unter denen Heimatkundeunterricht zu erteilen sei.

Als Zugeständnis an die Erfordernisse einer zunehmend technisierten Lebenswelt nehmen die Richtlinien 1966 Verkehrserziehung als integrativen Bestandteil neu in das Inhaltsangebot auf. Dieser Lernbereich soll ein bewußtes Auffassen, Verarbeiten der sich ständig erweiternden Umwelteinflüsse bei den Grundschülern ermöglichen, letztlich die Handlungsfähigkeit im Sinne kindlicher Lebensbewältigung erreichen.

Daß die Beibehaltung zeitgebundener Themen, Alltags- und Gelegenheitsthemen im Inhaltskatalog des 1./2. Schuljahres und die Beibehaltung der Heimatkunde (3./4.Schj.) - als selbständiges "Stammfach" allerdings mit fachspezifischen

Sichtweisen - in bester pädagogischer Absicht und pädagogischen Begründungsargumenten geschah, belegt der Passus: "In der Grundschule bilden die volkstümlichen Inhalte eine Vorstufe des sich im Heimatraum erschließenden Umweltverständnisses; sie sind Gegengewicht gegen Technisierung, Rationalisierung und bloße Anpassung an neue gesellschaftliche Zustände"[21].

4. DIE METHODISCHE GESTALTUNG DES GRUNDSCHULUNTERRICHTS

Der kontinuierliche innere Ausbau der ersten vier Schuljahre läßt sich am besten im "operativen Bereich" (R.MÜCKE) nachweisen: In einer optimalen methodischen Konzeption sollen Lerninhalte mit den übergeordneten Leitzielen und Erziehungsprinzipien verknüpft und in unterrichtliche Erfolge umgesetzt werden.

Der im Bildungsplan von 1955 wirksam gewordene Einfluß der philosophischen Ganzheitsidee und der ganzheitlichen Kinderpsychologie[22] schlug sich spürbar und in verbesserter Form in der methodischen Konzeption der Richtlinien 1966 nieder. "Der grundlegende Sachunterricht des 1. und 2. Schuljahres hat seinen Ort im Gesamtunterricht, dessen Kern er darstellt. Im 3. und 4. Schuljahr weitet sich der Sachunterricht zur Heimatkunde als Stammfach des gesamten Unterrichts"[23]. Der Gesamtunterricht war der für die Praxis des Unterrichts folgerichtig ausgewertete Ganzheitsgedanke; er ist ungefächerter, methodisch ganzheitlich organisierter grundlegender Sachunterricht. Die Umsetzung haben namhafte bayerische Pädagogen besorgt: HANS BRÜCKL, FERDINAND DENZEL, WILHELM REICHART, KARL RÜGER, FERDINAND KOPP u.a.[24]. Durch die gesamtunterrichtliche Aufbereitung der kind- und heimatbezogenen Inhalte sollen die Verstandes-, Gemüts-, Willens- und Schaukräfte entwickelt und gefördert werden, die seelisch-geistigen und körperlichen Fähigkeiten des Kindes gebildet sowie die Gesamtheit der Mitschüler und der

Lehrer zu einer Gemeinschaft verbunden werden. Ausgehend
von den Interessen, Erlebnissen und Erfahrungen der jeweiligen Schüler, also Unterricht "vom Kinde" aus, beachtet
die methodische Gestaltung die subjektive Konzentration.
Weil sich im besten Fall alle schulischen Tätigkeiten um
die Sach- und/oder Erlebniseinheit konzentrieren und die
erziehliche Dimension in jede Unterrichtseinheit eingebracht werden sollte, nannte man dies "objektive Konzentration". Die Geschlossenheit der Bildungswirkung sollte
dadurch erreicht werden.
Als weiteres Kennzeichen der gesamtunterrichtlichen Methode im grundlegenden Sachunterricht und in der Heimatkunde
geben die Richtlinien 1966 folgendes an: "Der moderne
Sachunterricht des 1. und 2. Schuljahres verbindet Erlebnis, Anschauung und Tun zu einer Einheit ... Im Laufe des
2. Schuljahres verlangt das allmähliche Abklingen der
ganzheitlich-gefühlsbestimmten Grundeinstellung eine wachsende Sachbezogenheit des Unterrichts"[25]. Unter Berücksichtigung kind- und entwicklungspsychologischer Gegebenheiten geschieht die gezielte sachliche Inanspruchnahme
vor allem durch die Erarbeitung elementarer Sachvorstel-
lungen und Grundbegriffe der Substanz, der Form, der Farbe, des Raumes und der Lage, der Zeit und des körperlichen
Zustandes. Die Objektbetrachtung ist ein fester Bestandteil des verbesserten Gesamtunterrichts. Kritikpunkte gegen den herkömmlichen Gesamtunterricht: die einseitige,
flache, gefühlsmäßige Behandlung der Themen und das vorwiegend verbal geführte Unterrichtsgeschehen sollten damit
ausgeräumt werden. In der Objektbetrachtung halten die
Schüler die Gegenstände in Händen, sie be"greifen" Form,
Lage etc. Durch Experimente wurden Einsichten gewonnen. In
langsamer Steigerung des Anspruchsniveaus erstrebte der
Gesamtunterricht zusätzlich "eine zielstrebige Arbeitshaltung" des Kindes[26]. Aus dem Spielkind ein Schulkind zu erziehen, d. h. Ausdauer, Leistungswillen und -beständig-

keit, die Fähigkeit sich kooperativ zu verhalten und in der Gemeinschaft lernen zu wollen, war ein wichtiges Ziel der Grundschularbeit.

Die methodische Konzeption läßt sich wie folgt skizzieren:

GRUNDLEGENDER SACHUNTERRICHT

als ungefächerter, methodisch ganzheitlich organisierter GESAMTUNTERRICHT betont die

GANZHEIT DES BILDUNGSZIELES UND **GANZHEIT DES BILDUNGSWEGES**

- durch subjektive *und*	- objektive Konzentration
- durch Erziehung u. Unterricht	- durch Stoff- u. Wertsynthese, Berücksichtigung der Prinzipien eines Wirklichkeitsunterrichts ⟶ wirklichkeitsnahe, heimatverbundene Themeneinheiten. U. knüpft am kindl. Erfahrungs-, Frage- u. Erlebnishorizont des Kindes an, reale Begegnung mit Sachen, Anschauen - Anschauung-veranschaulichen-Benennen-Begreifen usw.
- durch die aufgelockerte Führung des Unterrichts - Raum für Spontaneität und Freude	- durch Erlebnisunterricht: Auswahl der Sach- u. Erlebniseinheiten, zu denen das Kind eine gefühlsmäßige Beziehung hat, gemüthafte Durchdringung, verlebendigen u. personifizieren bestimmter Dinge, Schaffung optimaler Voraussetzungen für Einzel- u. Gemeinschaftserlebnisse, Förderung der Schaukräfte durch entsprechende Eindrücke u. Möglichkeiten des Ausdrucks in Spiel, Lied, Malen, Sprechen usw.
- durch die Bedeutsamkeit, die der Erzieherpersönlichkeit eingeräumt wird	
- durch Beachtung der Prinzipien der Individualisierung der Gemeinschaftsbezogenheit, der Ganzheit, Wertentscheidung u. Erfolgssicherung	- durch Arbeitsunterricht: Schüler planen Themen mit, Beachtung der selbstgewollten, freien geistigen u. manuellen Selbsttätigkeit des Kindes, Einführung in sach- u. fachgerechte Arbeitsweisen u. Denkstrukturen, in den sachgerechten Umgang mit Unterrichtshil-

fen (z.B. Kartenlesen, Wörter-
buch), überprüfen der Arbeits-
ergebnisse, Erstellung von Ge-
meinschaftsarbeiten zu einer
Sacheinheit usw.

- *durch Integration der vier*   - *Spiel, Arbeit, Lehrgang und*
  Grundformen schulischer   *Feier*
  Bildungsarbeit

"Ebenso gewinnen der Rechenunterricht und die einzelnen
Gebiete des Unterrichts in der deutschen Sprache mehr Ei-
genständigkeit"[27].

Heimatkunde als Stammfach im 3./4. Schj. war Grundlage des
gesamten, methodisch ganzheitlich gestalteten Unterrichts,
in dem Erziehungsziele wie: Erziehung zu Heimatliebe und
-verbundenheit, soziale Verantwortung für Mitmenschen, Erziehung zu Landschafts-, Natur- und Denkmalschutz mit ein-
geschlossen waren. Heimatkundliche Themen wurden nach verschiedenen fachlichen Betrachtungsweisen erschlossen oder
schwerpunktmäßig behandelt. In engem Zusammenhang mit den
heimatkundlichen Themen steht der musische Ausdruck.

In den Richtlinien 1966 erfolgt eine bessere Strukturie-
rung im Hinblick auf Stoff und Arbeitsweise. Die vielseitige Dimensionierung eines Unterrichtsthemas ist eine
stoffstrukturelle Kategorie. Sie wurde zum Strukturprin-
zip der ganzheitlichen Methode in Verbindung mit dem Prinzip der Kindgemäßheit und des Heimatbezugs. Mögliche methodische Schritte des ganzheitlich gestalteten Heimatkun-
deunterrichts lassen sich in folgendes Schema fassen. Die
Einzelschritte sind je nach Inhalt und Intention zu wählen, zu kombinieren:

METHODISCH GANZHEITLICH GESTALTETER HEIMATKUNDEUNTERRICHT

3./4. SCHULJAHR

beachtet

ERKENNTNISERARBEITUNG

- "Sorgfältig geplante Unterrichtsgänge, Museumsbesuche" BRL 1966, S. 108

- Gesamtauffassung durch unmittelbare Begegnung der räumlichen Wirklichkeit des Gegenstandes

- Erarbeiten des Gegenstandes durch anschauen, betrachten, beobachten, ordnen, nachforschen, nachsinnen, prüfen, überprüfen, Begriffe finden, erklären, vergleichen unterscheiden

- Zusammenhänge sehen, erfassen, einordnen

- Erkunden von Ausschnitten aus dem heimatlichen Lebenskreis

- Darbieten: Lehrer- und/oder Schülererzählung, Inschriften, Quellenschriften, Bilder

- Einordnen in bisherige Lernergebnisse usw.

ERLEBNISENTWICKLUNG

- Die Schüler sensibilisieren für gefühlsbezogene Inhalte, sich einfühlen lernen

- den Bedeutsamkeitscharakter der Sache erhellen

- "Zueigenmachen", "Hereinnehmen" in die Erlebnisoffenheit des Kindes

- Besinnen auf Wort- und Sinnzusammenhänge

- Hereinnahme von "Unsachlichem", z.B. Literarisches, Legenden, Sagen, Anekdoten, Rätsel, künstlerisch-musische Inhalte, z.B. Volkslied, Volkstanz, Spiellieder

- Gemeinschaftserlebnisse bewußt machen

- Lernfortschritte bewußt machen, Freude an der Arbeit zeigen lassen usw.

ERKENNTNISAUSDRUCK

- das Erarbeitete erproben durch benennen, formulieren von Merktexten, einzeln u. in Gemeinschaftsarbeit, Niederschreiben, Versprachlichen der Ergebnisse im Zusammenhang mit dem Deutschunterricht

- "Verarbeiten" in anderen Sachzusammenhängen

- Regeln, Einsichten gewinnen

- Anwenden, Ausarbeiten usw.

ERLEBNISAUSDRUCK

- Szenisches Nachgestalten, Rollenspiel

- Zeichnen, Malen, Formen

- Darstellen von Ergebnissen, einzeln oder in Gemeinschaftsarbeit

- Singen und Musizieren

- kleine Feste im Anschluß an eine Unterrichtseinheit

- Umsetzen von Eindrücken in bewegungsmäßige Betätigung usw.

- "Sinndurchsetzung mit den Gestaltungsmitteln der Schüler" BRL 1966, S. 108

Dem methodischen Verfahren liegt eine gewisse Zweistufig-
keit "Eindruck - Ausdruck" zugrunde ebenso wie die gleich-
rangige Berücksichtigung von rationalen und emotionalen
Kräften des Kindes und der gleichwertigen Beachtung von
Unterricht und Erziehung.

5. DIE EINSCHÄTZUNG DES LEHRERS UND DES SCHÜLERS IN DER GRUNDSCHULKONZEPTION (1966 - 1970)

Der pädagogische Ausbau der Grundschule in dieser Epoche
dokumentiert sich deutlich in der Einschätzung des Lehrers
und der Rolle des Schülers. Im Gesamttenor der Richtlinien
1966 wird die Funktion des Lehrers als Erzieher, als Anwalt des Kindes deutlich hervorgehoben. Bei der Realisierung des Prinzips der Schülerselbsttätigkeit hat er im
"werklichen und geistigen, musischen und sozialen, sittlichen und religiösen Bereich ... planmäßige Hilfe zu bieten"[28]. Ihm obliegt "die Förderung eines erziehlich wertvollen kind- und jugendgemäßen Zusammenlebens"[29]. Bei der
Verwirklichung der Sozialerziehung nimmt er Sport, Spiel,
Wanderungen, Feiern und kleine Feste sowie Gruppenarbeit
zum Anlaß, pädagogische Ziele zu realisieren. Die Empfehlung "Hinwendung zum Schüler" und Hinweise auf einen "Erziehungsstil, der abhängig von der Eigenart der 6- bis 10-
jährigen ist"[30], bestärken diese pädagogische Grundschulkonzeption: "Die Einzigartigkeit und Einmaligkeit des
Menschen als Person verlangen vom Lehrer, die individuellen Unterschiede der Schüler zu berücksichtigen, insbesondere die Eigenart der Begabungen, der Interessensrichtun-
gen, der Arbeitsweisen und der Geschlechter"[31].
Dem Schüler wird unter der Zielvorstellung "ganzheitliche
Förderung" ein relativ großer Entfaltungsspielraum zugemessen: Raum für innere und äußere Selbsttätigkeit, kein
Zeitdruck, eigene Fragestellung, eigene Wegsuche, Hilfestellung bei Überwindung von Schwierigkeiten, handelnder

Umgang mit den Dingen als Grundlage des Lernens, Raum zur
Entfaltung und Pflege kindlicher Grundkräfte wie Improvi-
sation und Imitation. Bei aller Förderung nimmt die schulische Erziehung Möglichkeiten zur Besinnung, Sammlung und
Verinnerlichung wahr.

ZUSAMMENFASSUNG:

Die Grundschulentwicklung von 1966 - 1970 kann insgesamt
als sehr positiv bezeichnet werden. Einerseits ging der
organisatorische Ausbau weiter, andererseits erhielt das
Selbstverständnis der Grundschule durch den als vorrangig
deklarierten pädagogischen Auftrag eine Aufwertung. Ver-
stärkend in diesem Sinne wirkte sich auch die organisatorische Einheit der Volksschule und der Status als Bekenntnisschule sowie die Akademisierung der Lehrerbildung aus.
Aus der Zuerkennung der Volksschule als wichtigste Bildungsstätte leitet sich der "wesentliche Beitrag für eine
gemeinsame geistige und sittliche Grundlage des Volkes
ab"[32]. Der Grundschule als erste Selektionsinstanz für höhere Schulen war kein Thema. Allgemeine Demokratisierungs-
tendenzen in der Öffentlichkeit schlugen sich auch im Ver-
waltungsbereich der Schule nieder. Die Dominanz des Schul-
leiters wurde durch das Mitsprache- und Mitverantwortungs-
recht des Lehrerkollegiums und der Eltern abgebaut. Der
Bekenntnischarakter der Schule und der Bezug auf die Verfassung des Freistaates sicherten einen Konsens bei pädagogischen Entscheidungen. Der Öffnung der Volksschule
insgesamt - damit auch der Grundschule - hin zur Gesellschaft wird Ausdruck verliehen durch die Hinweise, daß der
Lehrer zu außerschulischen "Erziehungsmächten" wie Elternhaus, Kirche, Stellen der Jugendpflege und -fürsorge Verbindung aufnehmen soll.

Die Bedeutung der Erzieherpersönlichkeit wird im Vergleich
zur Nachkriegsära, in der ein gedämpfter Optimismus
herrschte, und im Vergleich zur Epoche der Bildungsreform,
in der der Lehrer meist als "Organisator von Lernprozessen" bezeichnet wurde, sehr hoch eingeschätzt. Ihm wird
große Verantwortung und Freiheit für pädagogische Entscheidungen und für die Gestaltung des Unterrichts zugemessen. Man erwartete von ihm, "Gönner" und "Kenner" des
Kindes zu sein, "Kenner" und "Könner" des Verfahrens und
"Bekenner"in seiner Gesamtpersönlichkeit, im Glauben und
Leben, der Heimat und dem Volk gegenüber. Der Lehrerwech-
sel nach zwei Grundschuljahren unterstrich den hohen Stellenwert der Vorbildwirkung. Der autoritäre Erziehungsstil
wurde ausdrücklich abgelehnt[33]. Dem pädagogischen Imperativ zufolge wird das Grundschulkind in seiner Personalität
und Individualität ernstgenommen. Die Beachtung des Prinzips der Schülerselbsttätigkeit soll die Aktivierung aller
kindlichen Kräfte bewirken und ihm in einer wohlwollenden
Atmosphäre ruhiges Wachsen und harmonische allseitige
Entfaltung gewähren. Pflege des Gemeinschaftssinns geschieht durch das Schulleben. Insgesamt soll Schule für
das Kind eine "Stätte der Lebenshilfe" und der Ort allgemeiner Grundbildung sein.
Eindeutige Vorrangstellung haben pädagogische Leitziele,
die der Festigung einer selbstverantwortlichen, sozialen
sittlichen und religiösen Persönlichkeit dienen. In engem
Zusammenhang damit stehen die Unterrichtsziele. Die sollen
nicht nur grundlegenden Erkenntniswert besitzen oder eine
instrumentale Funktion erfüllen, Auswahl, Anordnung und
methodische Gestaltung haben auch die pädagogische Dimension des grundlegenden Sachunterrichts und der Heimatkunde
freizulegen und im Feld des Gegenständlichen eine Ordnung
von Sinnzusammenhängen zu finden. Die bereits im Bildungsplan formulierte pädagogische Konzeption ist in den Richt-

linien 1966 theoretisch begründet und detaillierter aufgeführt worden.

Als Kriterien für den Inhalt des grundlegenden Sachunterrichts und der Heimatkunde sind drei Aspekte maßgebend: die Auffassung von volkstümlicher Bildung, das Kind mit seinen Interessen, Erlebnissen und Erfahrungen und die kindliche Lebenswelt (Heimat) als Orientierungsmodell. Es besteht kein obligatorischer Stoffkatalog, sondern eine durch die vorgenannten Aspekte gelenkte Freiheit des Lehrangebots. Die Tendenz zur Versachlichung, zur Objektivierung der Inhalte kommt in den Richtlinien 1966 immer wieder zum Ausdruck.

Deutlich strukturierter ist die ganzheitlich gestaltete Methode des Grundschulunterrichts dieser Epoche. Der Begriff "Ganzheit" ist im Zusammenhang mit dem Strukturbegriff gesehen worden, die didaktisch-methodischen Konsequenzen zeitigten ein entwicklungs- und lernpsycholgisch sowie inhaltlich aspektreiches, durchdachtes Unterrichtsverfahren.

Die pädagogisch-didaktisch fruchtbaren Ansätze dieser letzten nicht curricularen Grundschulära lassen sich wie folgt zusammenfassen:

- Die Erkenntnis, daß verbundenes, ganzheitlich strukturiertes Wissen eine effektivere Bildungswirkung verspricht.
- Das Faktum, die nächste reale Um- und Mitwelt als Inhalte des grundlegenden Sachunterrichts und die Heimat als Grundlage der Heimatkunde gesetzlich verankert zu haben und damit emotionale und geistige Einbindung des Kindes in seine Heimat zu beabsichtigen.
- Die Forderung nach allseitiger Entfaltung kindlicher Kräfte.
- Die Pflege des Gemeinschaftsgedankens.
- Die Durchsetzung des Prinzips der geistigen und manuel-

len Selbsttätigkeit, der Anschauung, Kindgemäßheit und Erlebnisbezogenheit.
- Die Verbindung von Erziehung und Unterricht.
- Die Erziehung zu Heimatliebe, Natur- und Denkmalpflege/ -schutz, zur Mitverantwortung.
- Die Verbindung von Schulleben und Religion.
- Die Vermittlung von Sinn- und Wertdimensionen.
- Die aufgelockerte Unterrichtsführung.
- Gemütsbildung des Kindes.
- Großer Freiheitsspielraum des Lehrers sowohl bei der Thematisierung unterrichtlicher Inhalte als auch bei der zeitlichen und methodischen Planung.

Kritische Einwände:
- Einschränkung auf volkstümliche Bildung.
- Starre Bindung an Tradition (fortschritthemmend).
- Einengung auf den örtlichen Nahraum.
- Überschätzung des Prinzips der Ganzheit.
- Unzureichende Sach- und Fachorientierung.
- Sachunterrichtsfremde Inhalte.
- "Konkretistische Beschreibungsmanier".
- Kognitive Überforderung der Schüler.
- Mangel an präzisen Zielsetzungen.
- Emotionalisierung und Ideologisierung des Heimatbegriffs.

Der Vorbereitungscharakter dieser Grundschularbeit (1966 - 1970) im Hinblick auf sich vollziehende Inhalts- und Zielrevisionen durch die Bildungsreform 1970 zeigte sich u.a.:
- Im Ausbau bzw. in der pädagogisch fundierten gesamtunterrichtlichen Unterrichtspraxis (Ansätze fachlicher Sichtweisen im Heimatkundeunterricht).
- In der eigenständigen Bildung.
- In der Durchsetzung eines Demokratisierungsprozesses (Abbau der Lehrerdominanz, Einräumung von Mitspracherechten, Mitverantwortung der Schüler).

- In der Öffnung der Schule hin zur Gesellschaft.
- In der Tendenz zur Objektivierung des Lehrangebots.

ANMERKUNGEN:

1 Bildungsplan für die Bayer. Volksschulen. Bekanntmachung des Staatsministeriums für Unterricht und Kultus vom 22.8.1950 Nr. IV 57477 über den Bildungsplan für die Bayer. Volksschulen, S. 14

2 Empfehlungen und Gutachten des Dt. Ausschusses für das Erziehungs- und Bildungswesen. Folge 2: "Schulreife und Schulkindergarten" (1964); Folge 6: "Bemerkungen zur Arbeit in der Grundschule" (1966). Stuttgart

3 Kommentar zu den Richtlinien für die Bayer. Volksschulen - Unterstufe. Hrsg. von A. Kurzka und J. B. Winkler. Kronach 1966, S. 12

4 Bayer. Volksschulgesetz (VoSchG) vom 17.11.1966 (GVBl S. 404), abgedruckt in: Bayer. Volksschulgesetz, Lehrerbildung und Lehrerbesoldung. München 1967, S. 7

5 a. a. O., S. 7

6 a. a. O., S. 8. Im Schuljahr 1965/66 waren 74,9 % der bay. Volksschulen kath. Bekenntnisschulen, 20,8 % evang. Bekenntnisschulen, 0,4 % nicht getrennte kath.-evang. Bekenntnisschulen und 3,9 % Gemeinschaftsschulen. Die Bekenntnisschule ist Regel-, die Gemeinschaftsschule ist Antragsschule.

7 a. a. O., S. 7

8 a. a. O., S. 19

9 Proteste gegen "verkrüppelnde Wirkungen beruflichen Leistungsdrucks" (H. Lübbe) oder Klagen über pädagogische Überforderung, über Einengung persönlicher Freiräume, über Beschneidung der Selbstbestimmungsfähigkeit waren in der Tat kein Thema.

10 s. Anm. 3, S. 12

11 s. Anm. 3, S. 24

12 Daß die sog. "Emanzipation" im Sinne des Freisetzens von Kräften positive Wirkung hatte, dem Kind das Recht auf Kind-Sein-Dürfen einräumte, aber auch die traditionelle Selbstverständlichkeit der Normen geschwächt und ausgehöhlt hat, bezeugen heutige gesellschaftliche Gepflogenheiten.

13 s. Anm. 3, S. 36

14 s. Anm. 3, S. 38

15 s. Anm. 3, S. 40

16 s. Anm. 3, S. 102

17 s. Anm. 3, S. 102

18 s. Anm. 3, S. 104

19 Die "Idee der volkstümlichen Bildung" ist nach R. Seyfert
   (1862 - 1940) die grundlegende Form der Bildung, die die
   Volksschule zu vermitteln hat und ihr das spezifische
   Gepräge gibt. Von den Zielvorstellungen einer sog. wissenschaftlichen Bildung unterscheidet sich die volkstümliche Bildung in drei Punkten: im Umfang des Wissensangebotes (z. B. bewußter Verzicht auf Sprachen als Lehrangebot), ferner in der Art des Wissensangebotes. Die
   Volksschule findet ihre Inhalte nach C. Schietzel vorwiegend "im Raum des unmittelbaren Betroffenseins" und
   der lebenspraktischen Bezüge, und schließlich im Grad
   der Reflektiertheit des Wissens. Die Einordnung von Erkenntnissen in eine wissenschaftliche Systematik war
   deshalb nicht notwendig, Anschaulichkeit auf der Stufe
   der Erarbeitung und der sprachlichen Vermittlungsebene,
   konkrete Vergleiche usw. kennzeichneten den Grad der Reflektiertheit.
   Vgl.: W. Flitner: Die 4 Quellen des Volksschulgedankens.
   Stuttgart 1953 (3. Aufl.); R. Seyfert: Volkstümliche
   Bildung als Aufgabe der Volksschule. Dresden 1931; C.
   Schietzel: Das volkstümliche Denken und der sachkund-
   liche Unterricht in der Volksschule. Hamburg 1948

20 K. Fahn: Der Sachunterricht der Grundschule. Soziokultu-
   reller Lernbereich. München 1983, S. 17 ff.

21 s. Anm. 2

22 Vgl.: Die Idee der Ganzheit in Philosophie, Pädagogik
   und Didaktik. Mit Beiträgen von W. Asmus, H. Elschen-
   broich, G. Hausmann, A. Kern, W. Metzger und J. Rombach. Freiburg 1965, S. 11 ff. und S. 162 ff.

23 s. Anm. 3, S. 102 ff.

24 H. Brückl: Der Gesamtunterricht im 1. Schuljahr. München
   1964 (7. Aufl.); F. Denzel: Methodik des Erstunter-
   richts. München 1960 (2. Aufl.); W. Reichart: Im ersten
   Schuljahr. Unterrichtsbilder aus der Welt der Sechsjäh-
   rigen. Ansbach 1963 (2. Aufl.); K. Krüger: Der grundlegende Deutschunterricht. Sprachpflege in Sachkreisen.
   Ansbach 1962 (4. Aufl.); F. Kopp: Methodik des Heimat-
   kundeunterrichts. München 1964 (3. Aufl.)

25 s. Anm. 3, S. 102/103

26 s. Anm. 3, S. 102

27 s. Anm. 3, S. 102

28 s. Anm. 3, S. 34

29 s. Anm. 3, S. 36

30 s. Anm. 3, S. 42

31 s. Anm. 3, S. 34

32 s. Anm. 4, S. 7

33 s. Anm. 3, S. 42
   Vgl. L.-F. Katzenberger: Der Sachunterricht der Grundschule in Theorie und Praxis. 3 Bde. Ansbach 1976

Hans Glöckel

BRAUCHEN WIR EINE "INNERE SCHULREFORM"?

Kaum haben sich die hochgesteckten Erwartungen, die lei-
denschaftlichen Auseinandersetzungen, die vielfältigen
Initiativen, die einschneidenden Maßnahmen, die sich unter
dem Begriff der "Bildungsreform" sammeln, etwas beruhigt,
schon sprechen viele von der Notwendigkeit einer neuen,
diesmal einer "inneren" Schulreform. Daraus spricht die
berechtigte Sorge um mancherlei Fehlentwicklungen in unseren Schulen, und eine heilsame Unzufriedenheit mit dem Bestehenden steht dem Pädagogen gewiß gut an. Gleichwohl ist
der Ruf nach "innerer" Schulreform nicht ohne Probleme für
den engagierten Beobachter, dem der Begriff der "Reform"
wichtig und wertvoll ist. Das soll im folgenden unter systematischen, historischen und schulpraktischen Aspekten
bedacht werden.

1. Zum Begriff der "Reform"

"Reform" bedeutet laut Lexikon "evolutionäre, die Legali-
tät wahrende Umgestaltung überlebter und verbesserungsbe-
dürftiger Einrichtungen" in Bereichen des öffentlichen Lebens. So spricht man von Verfassungs-, Verwaltungs-, Kir-
chen-, Lebens-, Bildungs-, Schul- und anderen Reformen.

Reform ist nicht "Revolution", als (im engeren Sinn) "von
unten ausgehende, tiefgreifende, für einen gewissen Zeit-
abschnitt anhaltende, gewaltsame Änderung der gesamten gesellschaftlichen und politischen Struktur eines Staates",
wie z. B. die Französische, die Russische Revolution, bzw.
(im weiteren Sinn), "Prozeß des totalen Bruches mit kulturellen Wertsystemen, überkommenen Wissensbeständen und Organisationsstrukturen in Wirtschaft, Technik und Wissenschaft", wie z. B. das Kopernikanische Weltbild, die Indu-
strielle Revolution u. ä..

Reform ist nicht eine völlige Neuschöpfung; es muß schon etwas da sein, das "re-formiert", "wieder in Form" gebracht werden soll, weil es "aus der Form" geraten ist. Insofern enthält der Begriff ein konservatives Moment; es setzt voraus, daß eine Sache schon einmal besser gewesen sei, daß es jedenfalls Maßstäbe von überdauernder Geltung gebe, die wieder anzulegen seien.

Es genügt aber auch nicht die bloße Wiederherstellung des Alten; denn das wäre "Restauration". Es muß eine neue Form gefunden werden, die dennoch das Gültige bewahrt, es sogar besser zum Ausdruck bringt. Das ist das progressive Moment des Begriffes.

Reform ist anderes und mehr als "Innovation". Diese meint, exakt gebraucht, die erfahrungswissenschaftlich kontrollierte Einzelveränderung, als Modewort die punktuelle, nicht immer im Zusammenhang der komplexen Bedingungen und Folgen gesehene Veränderung, oft auch die bloße, maßstabslose Neuerung um der Neuheit willen. Ihr fehlt die einheitliche Zielvorstellung, der umfassende Erneuerungswille, die doch zu einer Reform gehören.

"Reform" meint immer eine relativ umfassende Bewegung, von der gemeinsamen Überzeugung sehr vieler Menschen und ihrem Willen zu solcher Umgestaltung getragen. Sie läßt sich daher nicht einfach verordnen. Wo der gemeinsame Geist fehlt, kommt sie nicht zustande.

Reformen sind nicht nur sachlich bedingt. Mehr oder weniger spricht aus ihnen auch das Bedürfnis einer neuen Generation, es auf jeden Fall anders zu machen als die Väter. Der positive Beiklang des Wortes "Reform" impliziert von vornherein eine negative Beurteilung des Bestehenden.

Wenn die Reform auch "evolutionär" im Gegensatz zur "Revolution" ist, so bedeutet sie doch einen "Schub", einen rascheren Prozeß der Veränderung gegenüber ruhigeren Zeiten, einen von Menschen gewollten und vollzogenen historischen Akt mit ausdrücklicher Zielsetzung. Gewiß geschieht auch in nicht reformbewußten oder -willigen Epochen viel Verbesserung, Wiederinstandsetzung, Veränderung; aber das ist "geschichtliche Entwicklung", allenfalls "Revision". Es kann in der Summe eine weit stärkere Umgestaltung bedeuten als manche mit Pathos verkündete Reform, trägt aber nicht diesen Namen.

Reformen werden oft in Umbruchszeiten begonnen, nach politischen Katastrophen, angesichts rapiden gesellschaftlichen oder geistesgeschichtlichen Wandels. Damit unterliegen sie auch Gefahren: Je stärker Überaktivität und Verplanung, Hektik und Ungeduld, Einseitigkeit und Überspitzung überhand nehmen, desto eher kommt es zu Planungsfehlern, Mißerfolgen, Reformmüdigkeit, desto heftiger schlägt das Pendel zurück, desto früher wird der Ruf nach "Wiederentdeckung der Grenze" laut[1]. Auf die Reform folgt die "Reaktion". Reformeifer garantiert nicht den Erfolg; Programm und Wirklichkeit decken sich häufig nicht. Reformen, die erfolgreich sein sollen, bedürfen sowohl des heißen Willens und der hochgesteckten Ziele als auch der nüchternen Einschätzung von Bedingungen und Möglichkeiten, des Maßes und des langen Atems.

Auch dann sind Reformen Phasen besonderer Anstrengung, der Konzentration aller Kräfte auf ein bestimmtes Anliegen, und sie verlangen daher nachfolgende Phasen der Ruhe bzw. der Zuwendung zu anderen Aufgaben. So ist in der Regel das Mittragen einer Reform genug für die aktive Lebenszeit eines Menschen. Die angemessene "Recheneinheit" für Reformen ist der Generationenabstand[2].

2. Zum Begriff der "Schulreform"

2.1. Herkunft und Bedeutung

Schulreform als Sache gibt es schon lange: Bei RATKE und COMENIUS, den Philanthropen, FELBIGER, PESTALOZZI und ZILLER ebenso wie in der staatlichen Schulgesetzgebung des vorigen Jahrhunderts. Der Begriff kam erst gegen die Jahrhundertwende in allgemeinen Gebrauch[3]. Er bezeichnete das Programm der großen "Schulreformbewegung" von ca. 1890 bis 1930 und wurde fast so etwas wie deren Eigenname, bis er - in nicht immer klarer Absetzung vom Begriff "Bildungsreform" - für die vielfältigen Reformansätze der Nachkriegszeit Verwendung fand.

Die inflationäre Verwendung des Begriffs förderte nicht seine Klarheit. Wenn es z. B. heißt, Schulreform sei nicht eine bestimmte Bewegung oder Epoche, sondern "allem Tun und Denken, der Theorie und Praxis, der wissenschaftlichen und empirischen Forschung immanent..."[4], so ist der Begriff sicherlich zu weit gefaßt, und wenn gefolgert wird, "jeder für die Bildung und Erziehung Verantwortliche denkt vielmehr auch reformpädagogisch"[5], so ist das historisch schlichtweg falsch. Angesichts der Realität hat das Wort "Reform" hier jeglichen Sinn verloren. Eher zutreffend, freilich noch weit und unspezifisch ist BECKMANNS Bestimmung, Schulreform umfasse "alle Bemühungen, die auf eine Verbesserung der Schule zielen, wobei die Zielkriterien divergieren"[6]. Dieser Bestimmung können wir uns anschließen. Sie enthält die Frage nach den Beweggründen von Schulreform.

2.2. Motive

Schulreform geschah und geschieht aus vielfältigen Motiven: religiöse und humanistische, psychologische und di-

daktische, soziale, ökonomische und rechtliche, gesell-
schafts-, kultur- und staatspolitische, standespolitische
und eigentlich pädagogische Beweggründe, staatsmännisches
Kalkül und persönlich-charismatisches Feuer, hohe Mensch-
heitsideale und handfeste Eigeninteressen finden sich in
bunter Mischung. Ihre Anteile werden nicht immer offen
dargelegt, ihre Verträglichkeit oft nicht reflektiert; in
ihre Bewertung gehen Standpunkte und Interessen ein. Es
ist schon manches als Schulreform verkündet worden, was
anderen als pure Reaktion erschien, und umgekehrt wird
gelegentlich Reformgeschrei erhoben, ehe der wirkliche Zustand, die angebliche Reformbedürftigkeit, ernsthaft ge-
prüft wurde.

Oft werden beim Ruf nach Schulreform, vor allem wenn er
von schulfremder Seite kommt, Bedeutung und Macht der
Schule überschätzt. Das zeigt sich insbesondere dann, wenn
ihre Reform anderen Interessen dienen soll, wenn z. B. die
Gesellschaft der Erwachsenen Probleme, die sie nicht mei-
stern kann oder will, mittels der Schule an die nächste
Generation weiterreichen und sich so ein Alibi für eigenes
Versagen schaffen möchte[7].

2.3 Initiatoren und Träger

Der Anstoß zur Schulreform kann von unterschiedlichen Personen und Gruppen ausgehen. Er kann, wie die Reformbewegung zu Jahrhundertbeginn, "von unten", von aktiven Ein-
zelpersönlichkeiten kommen, die doch nur Vorreiter eines
Aufbruchs zu neuen Ufern, Ausdruck eines veränderten Le-
bensgefühls sind, dem dann auch die politische Führung
mehr oder weniger entsprechen muß. Er kann, wie die Reform im Gefolge der Aufklärung oder des Neuhumanismus, die
österreichischen Schulgesetze von 1869 und 1962, das
englische "Education Act" von 1944, der deutsche Bildungsgesamtplan von 1973 "von oben", vom Gesetzgeber kommen,

der letztlich doch nur das vollzieht, wozu der Zeitgeist ihn treibt. Gleich woher der Anstoß kommt: Zur Reform wird er erst dann, wenn er "zündet", eine breite und tiefe Bewegung auslöst.

Träger einer Schulreform sind nicht allein die Lehrer. Sie sind aber die Hauptbeteiligten. Ihre Einstellung kann von Engagement und Begeisterung über abwartende Skepsis bis zur Ablehnung variieren. Eine - physikalisch gesprochen - "kritische Masse" von überzeugten und fähigen Lehrern muß allerdings vorhanden sein, wenn der Reformprozeß in Gang kommen und erfolgreich verlaufen soll. Ohne sie geht es nicht. In jedem Falle aber müssen die Lehrer das pädagogische Gewissen der Reform sein und dafür sorgen, daß über der Vielfalt der Motive und Interessen nicht das Recht des Kindes verloren geht, sein Recht, eine erfüllte Kindheit zu erleben und zur Mündigkeit des Erwachsenen geführt zu werden.

3. Zum Begriff der "inneren Schulreform"

3.1 Programmatischer Charakter

Von "innerer Schulreform" redet man in breiterer Verwendung erst in der Nachkriegszeit. Sie stand damals im Mittelpunkt des Interesses. E. SPRANGER warnte vor dem Denken in Organisationsformen statt in Bildungsgehalten, vor der Vermischung politischer und erzieherischer Ziele[8]. Sein Ruf nach einer an wertvollen Inhalten gewonnenen, sittlich vertieften Bildung fiel nach den Erfahrungen des Krieges auf fruchtbaren Boden, und so wurde "innere Schulreform" - jedenfalls in Westdeutschland - zum Leitbegriff der fünfziger Jahre. Pädagogen forderten sie, Behörden ordneten an, Lehrer gingen gern an die Arbeit. Konzentration der Inhalte, exemplarische Lehre, Vielseitigkeit der Methoden, Aktivierung, Individualisierung, Selbstbildung, Arbeits-

mittel, Gruppenunterricht, Schulleben waren zentrale Anliegen[9]. Man fühlte sich bestätigt durch DILTHEYS Wort:
"Wirkliche Reformen werden nur durch eine stetige, schwere
pädagogische Arbeit in den Schulstuben vollbracht. Regle-
ments können nur die Wege zu ihr ebnen. Und sie können
dann die Ergebnisse dieser in der Schulstube vollbrachten
Arbeit nutzbar machen. Mehr können sie nicht. Nie können
sie pädagogische Realitäten schaffen"[10]. Man erinnerte
sich an KERSCHENSTEINERS Mahnung, die einzige Reform der
Schule, die Wert habe, angestrebt zu werden, sei "die Um-
wandlung der Schule aus einer Stätte individuellen Ehr-
geizes in eine Stätte sozialer Hingabe, aus einer Stätte
theoretisch-intellektueller Einseitigkeit in eine Stätte
praktisch humaner Vielseitigkeit, aus einer Stätte des
rechten Erwerbs von Kenntnissen in eine Stätte des rechten
Gebrauchs"[11].

Es war dies freilich ein Satz der Altersweisheit; denn gerade KERSCHENSTEINER hatte in seinen besten Jahren außerordentlich viel für die äußere Reform des Münchner Schulwesens getan. Und auch DILTHEYS Wort ist in historischer
und systematischer Sicht leicht als Halbwahrheit zu erkennen, wie noch zu zeigen sein wird.

Eine Gefahr wurde damals sehr bald deutlich. Das Bemühen
um innere Reform lenkte von der immer dringlicheren Reform
der Organisationsstrukturen ab, und nach dem Willen mancher Kreise sollte es dies auch tun. Mit der Beschwörung
wertvoller "Innerlichkeit" gegenüber bloßen "Äußerlich-
keiten" konnte man bestehende Mängel beschönigen, über-
schüssige Kräfte binden, drängende Reformen des Schulsystems verhindern oder jedenfalls verzögern[12].

Es half nicht lange. Man verspürte immer deutlicher, daß
innere Verbesserungen durch äußere Strukturen gehemmt wurden. In den sechziger Jahren setzte sich der Wille zur
äußeren Reform mit Macht durch. Zwar war auch er begleitet

von "inneren" Anliegen wie Differenzierung, bestmögliche Förderung, Leistungssteigerung, Curriculum-Reform, Demokratisierung usw.. Aber er setzte entscheidend auf die Veränderung der Strukturen und den quantitativen Ausbau - zu sehr, wie wir heute wissen.

Inzwischen herrscht weltweite Unzufriedenheit mit den Ergebnissen der strukturellen und organisatorischen Reformen. Der ungeheure Aufwand hat nicht nur erwünschte Ergebnisse gebracht - und wieder erinnert man sich der "inneren" Aufgaben[13]. Man fühlt sich bestätigt durch Ergebnisse empirischer Forschungen, daß die wesentlichen Faktoren des Erziehungs- und Unterrichtserfolgs nicht die äußeren Verhältnisse, auch nicht die aufgewendeten Mittel sind, sondern daß die treue erziehliche und unterrichtliche Arbeit im Kleinen, das "Ethos" der Lehrerschaft den Ausschlag gibt[14].

Schon aber zeigt sich die neue Gefahr, daß die gegenwärtige Schule nur und schon wieder pauschal als reformbedürftig und damit als insgesamt schlecht abgestempelt wird, daß man das Gute an ihr nicht sehen will, das sie sowohl von früher weitergetragen als auch durch die Reformbemühungen neu gewonnen hat. (Vgl. BÄRMANNS großartiges "Plädoyer für eine Angeklagte"[15]). Die Tendenz zur Anklage steckt eben schon im Begriff der Reform, und mancher bedient sich seiner, dem es weniger um das Verbessern als um das Verurteilen geht.

Wir sehen: "Innere Schulreform" kann Aufforderung sein, das Begonnene weiterzuführen und zu vollenden, sie kann aber auch zum Alibi für Stagnation werden. Sie kann zur notwendigen Besinnung nach Phasen der Euphorie aufrufen, und sie kann Rückzug und Resignation ausdrücken. Sie kann gewissenhaft geprüfte Kritik, aber auch vorurteilshafte Verdammung beinhalten.

3.2 Aspektcharakter

Auch in seinem Umfang ist der Begriff nicht eindeutig bestimmbar. Üblicherweise meint man mit ihm die pädagogisch-didaktische Neugestaltung des Lebens und Lernens in der Schule, die vor allem von den Lehrern zu leisten ist. Der ihm korrespondierende Begriff der "äußeren Schulreform" bezeichnet dann die organisatorischen Veränderungen im Schulsystem wie auch in einzelnen Schularten, die letztlich vom Gesetzgeber bzw. der Schulverwaltung entschieden werden. Diese zunächst so plausibel erscheinende Unterscheidung wird aber um so schwieriger, je konkreter man die Frage stellt. Betrachten wir daraufhin eine Auswahl von Schlagworten zu Reformvorhaben der letzten Jahrzehnte:

Reform der Lehrerbildung - Mittelpunktschulen auf dem Lande - Durchsetzung der Jahrgangsklasse - 9. Hauptschuljahr - qualifizierender Hauptschulabschluß - Orientierungsstufe - Vorschule - Schulkindergarten - Übertrittsverfahren - Reform der Grundschule - Vermehrung der Gymnasialtypen - Gymnasiale Oberstufe - integrierte bzw. kooperative Gesamtschule - Fünftagewoche - Ganztagsschule - Schulzentren - Modell-, Alternativ-, Gegenschulen, Freie Schulen - Horizontale und vertikale Durchlässigkeit - Zweiter Bildungsweg - Berufliche Stufenausbildung - Berufsgrundbildungsjahr - Arbeitslehre, Betriebspraktikum, Polytechnische Bildung - Ausbau spezieller Sonderschulen für Behinderte - Integration Behinderter in Normalschulen - Integration der Ausländerkinder - Muttersprachklassen - Multikulturelle Erziehung - Äußere Differenzierung: Niveauklassen, Niveaukurse, Kern-Kurs-System, Neigungsdifferenzierung - Kompensatorische Erziehung, Förderung von Chancengleichheit - Schulberatung - Demokratisierung der Schulverwaltung - Verrechtlichung der Schule - Entbürokratisierung - Kollegialverfassung - Reform der Schulaufsicht - Demokratisierung des Schullebens - Schülermitverwaltung - Mitsprache der Eltern - Überwindung der Jahrgangsklasse - Innere Differenzierung - Gruppenunterricht - Team-Teaching (Verbundunterricht) - Individualisierendes Lernen - Lernprogramme - Audio-visuelle Medien - Sprachlabor - Epochenunterricht, Blockunterricht - Exemplarische Lehre - Überfachliche Bildungseinheiten - Curriculumrevision - Wissenschaftsorientierung - Englisch für alle - Mengenlehre - Informatik - Lebensnähe der Bildungsinhalte - Verkehrs-, Sexual-, Umwelt-, Medien-, Friedenserziehung - Leistungs-

steigerung - Effektivität - Objektivierung der Leistungsmessung - Abbau von Schulstreß - Humanisierung der Schule
- Schulleben - Schülerorientierung - Kindgerechte Pausen-
hofgestaltung - Schulhygiene - Entdeckendes Lernen - Pro-
jektunterricht - Überfachlicher Unterricht - Kreativitäts-
förderung - Freiräume - Offener Unterricht - Humane Konfliktbewältigung - Soziales Lernen - Erziehungsauftrag der
Schule.

Die Liste enthält nur ernst zu nehmende Programmpunkte;
sie ließe sich verlängern und enthielte auch dann noch
nicht die Absonderlichkeiten, zu denen wildgewordene Päd-
agogenhirne sich in unruhigen Jahren verleiten ließen. In
der Anordnung reicht sie auf den ersten Blick wohl von den
"äußeren" zu den "inneren" Maßnahmen. Schauen wir aber nur
einen einzelnen Punkt genauer an, durchdenken wir ihn auf
seine Begründungen, seine Bedingungen und seine Folgen, so
wird uns deutlich, daß Außen und Innen sich kaum trennen
lassen. Jede "äußere" Veränderung hat "innere" Motive und
Folgen, nahezu jede "innere" Maßnahme geschieht unter
"äußeren" Umständen, die sie ermöglichen, erleichtern, er-
schweren, verhindern. Innere und äußere Reform sind "siamesische Zwillinge"[16], eine nicht ohne die andere lebens-
fähig, wenn auch zeitweise die eine, dann wieder die andere besondere Beachtung findet[17].

Begriffslogisch ausgedrückt: Innere und äußere Schulreform
sind nicht Klassenbegriffe, nach denen sich unterschiedliche Sachverhalte reinlich trennen lassen; sie bezeichnen
Aspekte der Betrachtung eines sehr komplexen Sachverhalts.

3.3 Ergebnis

Die Rede von "Innerer Schulreform" erfolgt stets in einer
bestimmten historischen Situation; sie enthält Bewertung,
Tendenz, Stellungnahme. Sie sieht den komplexen Sachverhalt Schule unter einem bestimmten, wichtigen, allein aber
nicht zureichenden Aspekt. Sie drückt ein Programm aus,
das inhaltlich sehr vielfältig sein kann und erst noch ge-

nauer bezeichnet werden muß. Sie stellt die Forderung, bei
der Verbesserung der Schule von dem auszugehen, was in ihr
geschieht, und von hier aus weiter zu fragen nach Möglichkeiten und Bedingungen, die auch solche äußerer Art sein
können. Diese Forderung richtet sich vorrangig an die Lehrerschaft; denn sie ist es, die in der Schule arbeitet und
das Geschehen in ihr weitgehend bestimmt. Aber auch andere
Instanzen der Gesellschaft sind angesprochen: Sie müssen
der Lehrerschaft Bedingungen schaffen, unter denen diese
ihre Aufgabe meistern kann.

4. Aufgabe der Gegenwart

4.1 Allgemeines

Internationale Beobachtungen und Informationen bestätigen
es: die Tendenzen sprechen nicht schon wieder für eine
"Reform". Deren ist die Öffentlichkeit und sind auch die
Lehrer inzwischen müde, und das mit einem gewissen Recht.
Allein die obige Liste beweist es ja. Wir waren eine flei-
ßige Generation, wenn uns auch nicht alles gelungen ist.
In den meisten Ländern scheint nach einer Zeit großzügig
geplanter und rasch vollzogener, oft hektischer struktu-
reller und auch inhaltlicher Veränderungen eine Phase der
Besinnung und Sicherung begonnen zu haben[18]. Die Fülle der
Neuerungen zu sichten, Extremes auf das rechte Maß zu-
rechtzuschneiden, unerwünschte Nebenwirkungen aufzudecken
und zu entschärfen, Machbares von Utopischem zu scheiden
und in dauerhafte Praxis umzusetzen, mit viel Aufwand Er-
reichtes routinefähig zu machen und so erst zu sichern,
bewährtes Altes zu erhalten, ja sich seiner wieder zu erinnern - das dürfte die Aufgabe der Gegenwart sein.

Das bedeutet nicht "Ruhe", schon gar nicht ein Ausruhen
auf Lorbeeren; denn es gibt viel zu tun. Es ist aber doch
mehr eine Arbeit im Sinne der Revision oder stetigen Wei-

terentwicklung als eine echte Reform. Natürlich kann man
es so heißen, aber man entwertet damit nur den Namen. Man
wird ihn dereinst wieder brauchen und sollte ihn bis dort-
hin bewahren.

4.2 Besonderes

Was im einzelnen zu tun ist, ergibt sich erst aus gründ-
licher Prüfung der Situation. Dabei ist es nicht immer
leicht, die Dringlichkeit der Anliegen richtig zu bewerten, zu unterscheiden zwischen der lauten Aktualität dessen, was in der veröffentlichten Meinung hochgespielt
wird, und der stillen Aktualität der Dinge, die dringlich
sind, auch wenn und gerade weil keiner von ihnen spricht.
Mir scheinen die folgenden Anliegen vordringlich:

Im Bereich der Schulorganisation müßte man überschaubare
Schulkörper anstreben, auch durch Unterteilung allzu groß
geratener Schulen, um der Anonymität entgegenzuwirken,
persönliche Beziehungen und Verantwortlichkeit zu fördern,
und man müßte einfachere Formen innerer Organisation finden, die mehr Ruhe in die Schule bringen. In diese Richtung würde auch eine Verstärkung des Epochenunterrichts
anstelle der Kurzstundenhast und zerstückelten Stundenplä-
nen wirken. Teamarbeit der Lehrer, Freiräume für Entscheidungen auf Schulebene durch Abbau administrativer Einengungen würden das Engagement und die Verantwortlichkeit
herausfordern und mit Sicherheit auch bewirken.

Im Bereich der Inhalte käme es darauf an, daß Vielerlei
vordergründig-nützlicher Alltäglichkeiten, die von allen
Seiten in die Lehrpläne drängen, zu beschränken und sich
stärker auf eine sorgfältige Auswahl "erwiesener Gehalte"
von bleibender Bedeutung zu konzentrieren. Redlichkeit der
Lehrpläne im Hinblick auf Menge der Inhalte und Niveauhöhe
ihrer Behandlung, Ausgewogenheit von Sachanspruch und

Schülergemäßheit sind bleibende pädagogische Anliegen in einer Zeit, die von der Schule allzu viel erwartet und damit doch nicht viel, sondern nur ein Vielerlei erreicht.

Im Bereich der Unterrichtsverfahren und -formen ist es auch heute noch und wieder geboten, dem immer neuen Drang zur Dogmatisierung methodischer Einzelansätze entgegenzutreten, den beweglichen Einsatz eines breiten methodischen Repertoires anzustreben, der gekennzeichnet ist durch ein ausgewogenes Verhältnis von Frontalunterricht, Gruppenunterricht und Einzelarbeit, durch gezielte Anwendung dem jeweiligen Lehrziel entsprechender Unterrichtsverfahren. Innere Differenzierung und individuelle Lernhilfe ließen sich noch weiter ausbauen. Die zeitweise überzogene und überbewertete Leistungsmessung, -beurteilung und -benotung läßt sich im Rahmen des Gesamtsystems wohl kaum ganz abschaffen, aber doch ein gutes Stück zurückdrängen. Am wichtigsten aber ist das Bemühen um gegenstandsnahes, anschauliches Arbeiten in unmittelbarer Auseinandersetzung mit Sachverhalten statt bloßer Übernahme fertiger Ergebnisse in verbaler Form. Solide und gründliche, auf Qualität von Wissen und Können und nicht auf Qualität der Stofferledigung zielende Unterrichtsarbeit muß Leitmaß aller Bemühungen sein.

Im Bereich der erziehlichen Führung ist in den letzten Jahrzehnten insgesamt ein freundlicher, taktvoller Umgangston der Lehrer gegenüber den Schülern erreicht worden, und es gibt viel ehrliches Bemühen, die Schüler in ihren persönlichen Anliegen ernstzunehmen. Inzwischen gibt es Anlaß, darauf zu achten, daß auch die Schüler einen solchen Umgangston gegenüber ihren Lehrern und den Mitschülern pflegen. Es ist eine recht verstandene Disziplin, dies zu fordern, die sich äußert in der Hingabe an die Sache, der Rücksichtnahme auf die Mitmenschen, dem Anspruch an die eigene Person.

Im Bereich des Schullebens hat man sich nach einer kurzen Phase einseitiger Lernziel- und Leistungsbetonung längst wieder darauf besonnen, daß Schule mehr ist als eine Addition von Unterrichtsstunden, daß ihr die Gestaltung eines jugendgemäßen, vielseitig anregenden, menschlich fördernden Zusammenlebens aufgegeben ist, das die jungen Menschen allseitig in Anspruch nimmt und auf diese Weise auch fördert. Man kann noch mehr tun in der Übertragung echter Aufgaben an die Schüler, der Förderung ihrer Mitsprache und Mitverantwortung, insbesondere im Ausbau des bei uns immer noch stark vernachlässigten Helferwesens. Daß die Eltern heute stärker ihre Mitbeteiligung und Mitsprache im Rahmen der "Schulgemeinde" in Anspruch nehmen, ist insgesamt begrüßenswert, entspricht unserem Grundverständnis der Demokratie und läßt sich in mancher Hinsicht noch ausbauen. Insgesamt geht es um das rechte Verständnis einer Schule, die sowohl auf das Erwachsenenleben vorbereitet als auch erfüllte Gegenwart für die Kinder ist, um Schule gewiß nicht als eine "heile Welt", aber auch nicht als eine heillose, wirre und bedrohliche, sondern als verläßliche Welt, in der Konflikte und Interessengegensätze vernünftig und anständig ausgetragen werden, in der man Vertrauen schenken und empfangen und Lebenssinn unmittelbar erfahren darf.

5. Schluß: Mahnung zur Selbstbeschränkung

Das ist sicherlich nicht alles, was zur Verwirklichung drängt, und es ist doch schon zu viel, um auf einmal bewältigt zu werden. Man muß auch an die denken, die das alles leisten sollen: die Lehrer. Es läßt sich leicht eine "ideale" Schule konzipieren, die den Schülern in jeder Weise gerecht würde. Die Lehrer in ihr aber wären nach zehn Jahren ausgebrannt. Der Ruf nach einer "humanen", menschliche Maßstäbe berücksichtigenden Schule gilt auch für sie. Zufriedene und berufsfreudige, in ihrem Auftrag bestätigte und ihrer Menschwürde gesicherte Lehrer sind immer noch das Beste, was die Gesellschaft jungen Menschen geben kann.

Andererseits erwächst diese Berufsfreude aus dem Erlebnis des immer besseren Gelingens. So tun Lehrer auch für sich das Beste, wenn sie mithelfen, etwas voranzubringen. Je enger sie dabei zusammenarbeiten, desto mehr Erfolg werden sie erleben.

Da der Riesenapparat des öffentlichen Schulwesens in seiner Starrheit manches erschwert, sollten Modell- und Versuchsschulen mit speziellen Aufträgen und Freiräumen eingerichtet werden. Auch die freien Schulen liefern wertvolle Anregungen und heilsame Beunruhigung; sie sollten begrüßt und gefördert werden.

Vor allem aber sollte man nicht zu eng und nicht zu früh reglementieren, sondern die Vielfalt unterstützen und sich ihrer freuen, und man sollte sich bewußt sein, daß Erfolge nur langsam reifen, der Beharrlichkeit, der Geduld und des langen Atems bedürfen.

Dabei sollte die Schule nicht alles leisten wollen, sondern sich in ihren Selbstansprüchen bescheiden, sich auf die eigene Aufgabe im Ganzen besinnen und diese so gut wie möglich tun. Der Lehrer ist nicht verantwortlich für die Lösung aller Menschheits- und Gesellschaftsprobleme. Er ist verantwortlich für die Forderung jedes einzelnen Schülers, für das Verstehen und Anwenden des Gelernten, für die erziehliche Hilfe hier und jetzt. Wenn er das tut, leistet er den besten, seinen eigentlichen Beitrag zum Ganzen[19].

Pädagogisches Engagement sollte sich paaren mit Gelassenheit. Wir haben mit großem Einsatz unsere Reform begonnen und gehen nun daran, in mühseliger Kleinarbeit das Erreichte zu sichern, die Mängel zu beheben. Das ist genug für eine Generation. Unsere Begrenztheit und der Wandel der Zeit werden dafür sorgen, daß den Nachfolgern etwas zu tun bleibt, genug wohl auch für eine neue, eine echte Reform.

ANMERKUNGEN:

1 Vgl. Kurt Zeidler: Die Wiederentdeckung der Grenze. Jena 1926

2 Vgl. Manfred Sader: Psychologie der Gruppe. München 1979 (2. Aufl.), S. 210

3 Vgl. Ludwig Kerstiens: Stichwort "Schulreform". In: Lexikon der Pädagogik. Freiburg 1971

4 Dorothea Schulte-Repel: Schwerpunkte der Schulreform. Münster 1969, S. 11

5 ebd.

6 Hans-Karl Beckmann: Schulreform. In: J. Speck (Hrsg.): Problemgeschichte der neueren Pädagogik, Bd. 1. Stuttgart 1976, S. 11

7 Vgl. Hans Glöckel: Erziehungsauftrag oder Erziehungsaufträge? Von der Aufgabe der Schule in unserer Zeit. In: Handbuch Schule und Unterricht, Bd. 7. Hrsg.: W. Twellmann, Düsseldorf 1985

8 Vgl. Eduard Spranger: Innere Schulreform. In: Pädagogische Perspektiven. Heidelberg 1951

9 Vgl. K. Stöcker/J. Schwenk: Innere Schulreform. Frankfurt 1955

10 Wilhelm Dilthey: Schulreformen und Schulstuben. In: Schriften zur Pädagogik. Paderborn 1971, S. 121

11 Georg Kerschensteiner: Autorität und Freiheit als Bildungsgrundsätze. Leipzig 1924 (4. Aufl.)

12 Vgl. Georg Rückriem: Landschulpädagogik 67? Weinheim 1967; Carl-Ludwig Furck: Innere oder äußere Schulreform? In: P. Fürstenau u. a.: Zur Theorie der Schule. Weinheim 1963; Hans-G. Rolff: Innere oder äußere Schulreform. In: Schulmanagement 6/1980

13 Vgl. Wolfgang Klafki: Thesen zur inneren Schulreform - am Beispiel der Gesamtschule. In: Neue Studien zur Bildungstheorie und Didaktik. Weinheim 1985

14 Vgl. Michael Rutter u. a.: Fünfzehntausend Stunden. Weinheim 1980; Helmut Fend: Schulklima: Soziale Einflußprozesse in der Schule. Weinheim 1977; Helmut Fend: Gesamtschule im Vergleich. Weinheim 1982

15 Fritz Bärmann: Über die Schule, Plädoyer für eine Angeklagte. In: Die Deutsche Schule 1980

16 Rupert Vierlinger: Innere und äußere Schulreform als
   "siamesische Zwillinge". In: Die Deutsche Schule 1/1982

17 Vgl. Furck, a. a.O.; Kerstiens, a. a. O.; Rolff, a. a.
   O.; Jürgen Baumert: Schulkrise - Krise der staatlichen
   Regelschule? In: Zeitschrift für Pädagogik 4/1981

18 Vgl. Joachim Schmidt: Innere Schulreform in Schweden.
   In: Die Deutsche Schule 1/1976; Rolff, a. a. O.; Hasso
   v. Recum: Perspektiven des Bildungswesens in den acht-
   ziger Jahren. In: Die Deutsche Schule 1/1982; Klafki,
   a. a. O.; Andreas Flitner: Mißratener Fortschritt. München 1977

19 Vgl. Glöckel, a. a. O.

WEITERE LITERATURHINWEISE:

Jürgen Diederich/Karl Ch. Lingelbach (Hrsg.): Erfahrungen
   mit schulischen Reformen. Kronberg 1977
Wilhelm Flitner (Hrsg.): Die deutsche Reformpädagogik.
   Düsseldorf 1961
Hans Glöckel: Beiträge zu einer realistischen Schulpädago-
   gik. Donauwörth 1981
Hans-Georg Roth: 25 Jahre Bildungsreform in der Bundesre-
   publik. Bad Heilbrunn 1975

Helmut Heid

KRITISCHE ANMERKUNGEN ZUR PÄDAGOGISCHEN RECHTFERTIGUNG ONTOGENETISCH FRÜHER AUSLESE

Daß die Schule, wenn vielleicht auch nicht die erste, so aber doch eine sehr frühe und damit entscheidende zentrale soziale Dirigierungsstelle für die zukünftige soziale Sicherheit, für den künftigen sozialen Rang und für das Ausmaß künftiger Konsummöglichkeiten ist[1], gehört spätestens seit den 50er Jahren zum verbreiteten Allgemeinwissen über die gesellschaftliche Funktion der Schule.
"Diese Dirigierungsfunktion wird umso deutlicher, je mehr die Zuweisung Jugendlicher zu bestimmten Schularten bestimmte Aufstiegsmöglichkeiten endgültig ausschließt."[2]
"Der Lehrer oder das Kollegium oder gar ein besonderer Prüfungsausschuß, die die Zulassung oder Ablehnung von Schulzuteilungswünschen für Kinder vornehmen, üben in Wirklichkeit eine gesellschaftspolitische Schlüsselfunktion aus, die ... vom Elternhaus nicht nur, ja nicht einmal vorwiegend unter erzieherischen Gesichtspunkten gesehen werden k a n n. ... Schule ... tritt den Eltern heute (als) eine gesellschafts- und staatsplanerische Apparatur gegenüber, die über ihre ... Lebensansprüche de facto entscheidet, also die Rolle einer Art Zuteilungsamtes in einer Sozialchancen-Zwangswirtschaft spielt. ... Von der Schule aus gesehen bedeutet dies: ... die soziale Hauptfunktion der Schule (ist) gar nicht mehr die Auslese von Begabten für höhere Ausbildungen (und damit das Forträumen sozialer Hindernisse für Begabte ...), sondern mindestens ebenso wichtig, aber sozial aufdringlicher die Abweisung vieler als berechtigt empfundener sozialer An-

sprüche. Sie ... bietet nicht nur den begabten Jugendlichen Chancen, sondern sie verweigert heute vor allem nach
ihrem Begabungs- und Leistungsurteil soziale Chancen, auf
die die Elternhäuser für ihre Kinder und für sich Anspruch zu haben glauben."[3]

An dieser Stelle soll weder den Gründen dafür nachgegan-
gen werden, daß die Schule Lebenschancen (SCHELSKY) vor-
enthält, noch soll untersucht werden, wie die zahlreichen
Vorschläge zu beurteilen sind, die (oft ohne Rücksicht
auf entsprechende Ableitungsvoraussetzungen und -regeln)
aus dieser Feststellung gefolgert werden: angefangen beispielsweise von der Forderung nach Wiedergewinnung des
Erzieherischen[4], über die Empfehlung "innerschulischer
Reformen" bis hin zu den unterschiedlichsten Ratschlägen
zur Verwirklichung von Chanchengleichheit im (oder gar
durch das) Bildungssystem. Stattdessen soll das Hauptau-
genmerk auf nur einen Aspekt des Argumentationstenors gelegt werden, und zwar auf die Neigung zur naturalisti-
schen oder auch pädagogistischen Verbrämung des "recht-
zeitigen" Ausschlusses Lernender von weiterführender bzw.
höherer (Schul-) Bildung. Kennzeichnend dafür ist die
Rechtfertigung des Ausschlusses Heranwachsender von be-
vorzugten Lerngelegenheiten durch die übrigens schwer
evaluierbare Maxime, eine "Überforderung des Edukandus zu
vermeiden".

Einen Bericht über den kulturpolitischen Kongreß der CSU
im Januar 1983 entnehme ich die auch andernorts dokumen-
tierte These, der entscheidende Fehler der "Bildungsexplo-
sion" bestehe in dem Versuch, das Bildungssystem vom
"Leistungsrahmen der Wirtschaft abzukoppeln" sowie in einer "Überqualifizierung", die zu Unzufriedenheit und zu
Problemen auf dem Arbeitsmarkt führe. Das "sogenannte
Recht auf Bildung" müsse wieder an "unabdingbare Voraussetzungen" geknüpft werden, wie Anlage, Neigung und Lei-

stung[5]. Auffallend an der recht eindeutigen Zweckbestimmung bildungspolitischer Wertungen und Forderungen
ist der (als Hilfsargument fungierende?) Zusatz, das "sogenannte" Recht auf Bildung an die Voraussetzung u.a. der
Veranlagung zu knüpfen.

Wer Überqualifizierung kritisiert, zugleich aber - wie es
bei vielen Kritikern üblich ist - gott- oder naturgegebene Grenzen menschlicher Lernfähigkeit unterstellt, der
fordert die Begrenzung einer Ermöglichung von Bildung
diesseits einer von der Natur (oder von Gott) gesetzten
Grenze. Denn über das durch Gottes- oder Naturgaben im
Menschen gesetzte Maß hinaus kann der Mensch (dieser Auffassung zufolge) ohnehin nicht qualifiziert werden. Ein
"Über", ein "Zuviel" ist also nicht auf die Lernfähigkeit
des Individuums, sondern auf einen tatsächlichen oder be-
haupteten ökonomischen und gesellschaftichen Bedarf an
Qualifikation bzw. Minderqualifikation bezogen. In Hinsicht auf diesen Bedarf wird (zumindest implizite) gefordert, Lerngelegenheiten vorzuenthalten, für die individuelle Lernvoraussetzungen gegeben wären. Denn es wäre
absurd, etwas verhindern zu wollen, was überhaupt nicht
möglich ist, nämlich eine Qualifizierung über vermeintlich unbeeinflußbare, (weil) naturgegebene Begabungsgrenzen hinaus[6]. Der Hinweis auf Arbeitsmarktprobleme bestätigt, daß es bei der Bereitstellung von Lerngelegenheiten
(im hier thematisierten Kontext) weniger - soweit überhaupt - um den Lernenden, sondern daß es vor allem um die
Deckung des bereits erwähnten ökonomischen und gesellschaftlichen Bedarfs an (Qualifikations-) Ungleichheit
und damit eben auch um die Gewährleistung einer - an den
individuellen Lernvoraussetzungen gemessenen - Unter-
qualifikation geht.

Nun könnte man dem entgegenhalten, die Verwendung des
Qualifikationsbegriffs mache deutlich, daß hier allen-

falls derjenige Aspekt von Bildung angesprochen werde,
der nicht ohne Bezugnahme auf Qualifikationsbedarfe dis-
kutierbar sei; über Bildung "an sich" und entsprechend
über die Zulassung zu oder den Ausschluß von Bildung sei
damit noch gar nichts ausgesagt. Jedoch mit einem solchen
Einwand wird ein Anspruch auf begriffliche Differenzierung formuliert, der im bildungspolitischen und -prakti-
schen Diskussionsalltag gerade von den erwähnten Kritikern so generell selten und überdies oft bemerkenswert
selektiv eingelöst wird. So neigen beispielsweise manche
Kritiker der "Bildungsexpansion" dazu, die Bildungsfunktion beruflicher Ausbildung höher und die Bildungsquali-
tät des am Abitur orientierten gymnasialen Unterrichts
niedriger zu bewerten. Zu fragen wäre außerdem, ob die
Apostrophierung von Bildung in vor- oder nicht-gymnasia-
len Bildungsstufen und -gängen - früher sprach man in
diesem Zusammenhang auch von "Herzensbildung" oder von
jener "eigentlichen" Bildung, die übrig bleibe, wenn man
alles (nützliche) Wissen abziehe - nicht dazu benutzt
wird, den Ausschluß der "Herzens-zu-Bildenden" von weiterführenden Schulbesuchen pädagogisch zu verbrämen. Daß
weiterführende Schulbildung, also der Besuch von Gymnasium und Hochschule nicht umstandslos mit Bildung gleich-
gesetzt werden dürfe, behaupten häufig genau diejenigen,
denen der durch formale Schulbildung begründete oder ge-
rechtfertigte soziale Status wohl kaum weniger wichtig
ist als die (insofern heuchlerisch) reklamierte Bildung,
und auch jene, die in anderen (Legitimations-) Zusammenhängen, in denen es auf "Bildung" ankommt, sich bisweilen
gerade deshalb für gebildete halten, weil sie selbst weiterführende Schulen (beispielsweise humanistische Gymnasien) erfolgreich absolviert haben.
Damit ist die Bandbreite der Aktivitäten keineswegs erschöpft, die Verhinderung von "Überqualifikation" und der
damit verbundenen (höheren Schul-)Bildung zu verharmlo-

sen, zugleich zu effektivieren und in soziale Funktionszu-
sammenhänge zu integrieren:

Als "das kleinere Übel verglichen mit einer gleichen Anzahl von Personen ohne jegliche berufliche Qualifikation"
wird Überqualifikation nur unter der Bedingung gewürdigt,
daß daraus keine "unrealistische(n) Ansprüche auf hohe
Einkommen und gesellschaftliche Positionen" hergeleitet
werden[7]. Es gibt also eine Tendenz, die Öffnung bzw. Of-
fenhaltung des Zugangs zu weiterführenden Bildungsgängen
und -stufen auch für bisher "bildungsfernere" Bevölkerungsgruppen an die Bedingung des Verzichts zu knüpfen,
aus Bildungserfolgen, also aus "Leistungen" im Bildungs-
bereich (die für Inhaber gesellschaftlicher Führungspo-
sitionen durchaus selbstverständlichen) Ansprüche auf entsprechende soziale Plazierung und Honorierung abzuleiten.

Diesen Verzicht wird man sich umso eher leisten können,
je geringer das Risiko ist, mit oder auch ohne Erfolge im
weiterführenden Bildungssystem von gesellschaftlichen
und ökonomischen Privilegien ausgeschlossen zu werden.
Das heißt der (wahrscheinlich bezweckte) Abschreckungs-
effekt dieser Verzichtsforderung (noch verstärkt durch
die Dramatisierung des Risikos dereinstiger Akademiker-
-arbeitslosigkeit) wird umso größer sein, je ausschließ-
licher allein der Erfolg im weiterführenden Bildungssystem Zugangsvoraussetzung zu den höher bewerteten materiellen und kulturellen Gütern einer Gesellschaft ist.
Das kann zur Folge haben, daß gerade diejenigen die Möglichkeiten weiterführender Schul- und Hochschulbildung
nutzen, die zur Begründung ihrer sozialen Privilegien
vergleichsweise am wenigsten auf Erfolge im Bildungssystem angewiesen sind, während umgekehrt vor allem jene
das (proklamierte) Risiko langer, aufwendiger, aber er-
folgsunsicherer Bildungs-(um-)Wege scheuen, für die höhere Schulbildung die vielleicht einzige oder wichtigste

Voraussetzung wäre, hohe gesellschaftliche Positionen und Einkommen zu erreichen.

Keineswegs kontradiktorisch, sondern durchaus komplementär dazu steht die Feststellung, "daß mit zunehmender Universalisierung des Erfolgs im Bildungssystems die partikularen Bedingungen für den Erfolg in der Gesellschaft - z. B. Geburtszeitpunkt, Milieuvorteile - wieder an Bedeutung gewinnen"[8]. Das gleiche gilt für die folgende - geradezu als paradox anzusehende - Situation: Auf der einen Seite droht unter (verschärften) Konkurrenzbedingungen in eine aussichtslose Lage auf dem Arbeitsmarkt zu geraten, wer darauf verzichtet oder daran gehindert wird, weiterführende Bildungsgänge erfolgreich zu absolvieren und also gezwungen ist, ohne entsprechende Berechtigung in den Wettbewerb einzutreten. Andererseits werden solche Berechtigungen in dem Maße weniger wert, indem sich ihr Erwerb gesellschaftlich allgemein durchsetzt. Denn das Karrieremachen verliert seinen Sinn, wo alle Karriere machen. Wenn nun aber Bildungs-, Berufs- und gesellschaftliche Erfolge nur sinnvoll sind, wo nicht alle erfolgreich sind, gewinnt das individuelle Bemühen um Erfolg seine (moralische) Legitimation nur durch die grundsätzliche Bereitschaft, die Karriere anderer durch eigenes Scheitern allererst zu ermöglichen. Das sind die Spielregeln: Wer nicht verlieren kann oder will, der darf nicht zum Wettkampf antreten und wer nicht antritt, der hat schon verloren.

Bei den wie auch immer motivierten Bemühungen um Verhinderung von "Überqualifikation" spielt die Frage nach dem (ontogenetischen) Zeitpunkt der Aussonderung aus höherführender (Schul-) Bildung eine herausragende Rolle. Während einer bildungspolitischen Fernsehdiskussion brachte ein führender Bildungspolitiker der Bundesrepublik seine Zielvorstellung auf die Formel, man solle möglichst frühzeitig auslesen, weil es für den Menschen schlimmer sei, eine (durch das Abitur) erworbene Studienberechtigung (wegen fehlender Studienplätze) nicht wahrnehmen zu <u>dür-fen</u>, als überhaupt nicht erst studieren zu <u>können</u>[9].

Bei der Analyse und Beurteilung solcher Auffassungen fällt zunächst die Sorglosigkeit auf, mit der Beweise für die in der These enthaltene Behauptung suspendiert wer-den.

Auf folgende Fragen bleiben Aussagen dieses Typs die Ant-wort schuldig:

1. Welchen präzisen Informationsgehalt besitzt das Prädi-kat "schlimmer" oder (wie es im zitierten Text auch heißt:) "schädlich"? Und wie lautet das normative Krite-rium für die darin enthaltene Bewertung? Wer ist Subjekt dieser Wertung? Das sind nur Beispiele für Fragen, deren Beantwortung unentbehrliche Voraussetzung für die Mög-lichkeit ist, zu messen und zu vergleichen, was mit Bezug auf welche wie begründeten Kriterien für wen warum schlimmer oder weniger schlimm ist.

Zur beschriebenen und (voraussetzungslos) bewerteten Sa-che läßt sich (in diesem Zusammenhang nur sehr fragmen-tarisch und nur aus der zwar nicht unwichtigen, aber doch unzureichenden Sicht von Aussonderung Betroffener oder Bedrohter!) folgendes feststellen: Wer mit etwa 10 Jah-ren vom Eintritt in ein Gymnasium ausgeschlossen wird, dem werden nicht nur Lerngelegenheiten vorenthalten, de-nen auch im Kontext der kritischen Aussagen ein besonde-rer Rang zuerkannt wird, sondern dem wird auch die Mög-lichkeit vorenthalten, die für zahlreiche höhere Berufe, gesellschaftliche Positionen und Einkünfte unentbehrli-chen Qualifikationsvoraussetzungen zu erwerben. Zwar kann weiterführende Schulbildung - bis hinauf zum Hochschul-

abschluß - unter gegenwärtigen arbeitsmarktpolitischen
Bedingungen - keine Aussicht auf entsprechende berufliche
oder soziale Plazierung garantieren; aber der Verzicht
auf höhere Bildung kann das wohl noch viel weniger! Im
Bildungssystem zu scheitern oder ein im Bildungssystem
erworbenes "Anrecht" nicht wahrnehmen zu können, mag für
den einzelnen schlimm sein; wegen vorenthaltener bzw.
fehlender formaler Bildung von erstrebten Positionen und
Gütern (von vornherein) ausgeschlossen zu bleiben, ist
aber für Betroffene und bezogen auf den gleichen Wer-
tungskontext sicher nicht weniger schlimm!

Man mag auch geltend machen, daß der Ausschluß vom Übertritt in ein Gymnasium noch kein Ausschluß von weiterführender Bildung sei, darf dabei aber nicht übersehen, daß
ungleichartige Weiterbildung durchaus auch ungleichwerti-
ge Weiterbildung ist und daß die zur Rechtfertigung insbesondere von frühen Ausschlüssen immer wieder geltend ge-
machte "Durchlässigkeit" des Bildungssystems von den
Tatsachen ihrer Beanspruchung bzw. von Befunden entsprechender empirischer Forschung her infrage gestellt ist[10].
Ich komme darauf noch einmal zurück.

Nach bisher nicht widerlegten Ergebnissen relevanter
empirischer Untersuchungen[11] sind Menschen tendenziell umso mehr mit ihrem Bildungsstand "zufrieden", je geringer
er ist. Damit dürfte es zusammenhängen, daß bestehende
Weiterbildungsmöglichkeiten gerade von denjenigen am wenigsten genutzt werden, die - gemessen an Dauer und aner-
kannter Qualität ihrer allgemeinen schulischen Grundbildung, nicht aber auch gemessen am beruflich und gesellschaftlich notwendigen oder erwünschten Qualifikations-
bedarf - den größten Bedarf an Weiterbildung "hätten".
Expansiv ist Weiterbildung allenfalls als "Bestandteil
der Personal- und Firmenpolitik" von Unternehmen[12] und

als arbeitsplatzorientierte betriebliche Anpassungsfort-
bildung, die dem Verlust des besonders durch Rationalisierung bedrohten Arbeitsplatzes bzw. der einmal erreichten Beschäftigungsposition vorbeugen soll[13]. Zur Verbesserung arbeitsplatzunabhängiger oder außerbetrieblicher
Marktchancen der Weitergebildeten (Aufstiegsweiterbil-
dung) ist sie nicht ohne weiteres geeignet und damit
freilich auch nicht zur Einlösung des "Versprechens",
frühzeitiger Verzicht auf gesellschaftlich hoch bewertete
höhere Schulbildung könne später immer noch ausgeglichen
werden[14]. Über dieses soziale und berufliche Überlebens-
erfordernis hinausgehende Bildungsbedürfnisse sind - wie
schon erwähnt - eher eine Funktion vorausgegangener allgemeiner Grundbildung. So kann es nicht überraschen, daß
Kürzungen oder unterproportionale Zuwächse in betriebs-
unabhängigen Bildungsetats von der großen Mehrheit der
Bevölkerung mindestens gleichgültig zur Kenntnis genommen, weithin aber sogar mit (offener oder stillschwei-
gender) Zustimmung begleitet werden. Auch hier gilt, daß
die am stärksten von bildungspolitischen Restriktionen
Betroffenen diesen Restriktionen tendenziell am stärksten
zustimmen. (Mit einer Kritik an den viel zu vielen Gymnasiasten und Studenten, die auf Steuergelder der arbeitenden Bevölkerung studieren, kann man auf weiten Beifall
rechnen und Wahlen gewinnen.)

Um die Annahme informiert beurteilen zu können, eine frühe Auslese sei besser als eine späte, wären noch weitere
Voraussetzungen zu klären. Auf einen Forschungsbefund
will ich noch beispielhaft hinweisen: "Es läßt sich mit
einer Fülle von Beweisen zeigen, daß eine frühe organisatorische Differenzierung der Kinder dadurch, daß man sie
unterschiedlichen Schultypen zuweist, mit dem sozialen
Milieu eine hohe Korrelation aufweist; diese ist umso
höher, je früher die Zuweisung (oder die Auslese) stattfindet"[15].

2. Zurück zum Wortlaut des erwähnten bildungspolitischen
Votums. Außerordentlich bemerkenswert erscheint mir auch
die Plazierung der Vokabeln "dürfen" und "können" im kri-
tisierten Argument. Empfohlen wird ja nicht nur die Vor-
verlegung der Auslese auf ein möglichst frühes Lebensal-
ter. Und empfohlen wird auch nicht nur die Bezugnahme auf
personexogene Instanzen und Kriterien einer Regulierung
des Bildungsanspruchs, nämlich auf ökonomische und gesellschaftliche Bedarfe an Qualifikations- und Plazie-
rungs-Ungleichheit[16]. Angeraten wird auch die Verhinderung von durch Bildung begründbaren sozialen und ökonomischen Ansprüchen: Wer nicht studieren "darf", obwohl er
mit dem Abitur das Anrecht auf ein Studium erworben hat,
der kann immerhin nach Begründungen dafür fragen, warum
man ihm die Wahrnehmung dieses Rechtes versagt. Ein
"Nicht-Können" schließt solche Erwägungen, Erwartungen
und Ansprüche von vornherein aus. Demjenigen, der nicht
kann, bleibt am Ende nichts anderes übrig, als sich den
(scheinbar) harten, unbestechlichen, indiskutablen, quasi-
naturgegebenen "Fakten" zu beugen.

Der Legitimationszusammenhang ist denkbar einfach: Wer
in einer Leistungsgesellschaft nichts oder vergleichsweise wenig (Anerkanntes) leistet, der kann auch keine
oder nur geringe Ansprüche stellen. Und wer keine Gelegenheit erhält, seine Leistungsfähigkeit zu entfalten und
unter Beweis zu stellen, der kann natürlich auch nichts
Entsprechendes leisten[17].

Je ontogenetisch früher die Auslese im Bildungssystem und
in der Gesellschaft erfolgt - so kann man nach allem, was
darüber bekannt ist, vermuten - desto reibungsloser,
wirksamer und irreversibler wird die Zugangsbeschränkung
zu höher bewerteten kulturellen und materiellen Gütern
geradezu institutionalisiert, desto weniger ist damit

auch eine inflationäre Entwertung der durch Bildung begründbaren Ansprüche zu befürchten. "Rechtzeitige" Auslese ist also die beste Prophylaxe dagegen, daß eine (uner-
wünscht) hohe Anzahl Ausgelesener über nachgeholte
(Schul-) Bildungsabschlüsse und damit erworbene Berechtigungen später einmal Erwartungen rechtfertigt, die den
Nutznießern gesellschaftlicher und ökonomischer Privilegien unbequem werden könnten[18].

Prominenter Vorläufer heutiger Befürworter _früher_ Auslese
war vor mehr als 150 Jahren RUDOLPH VON BECKEDORFF mit
seiner kritischen Stellungnahme[19] zum Süvernschen Gesetz-
entwurf von 1819. VON BECKEDORFF äußerte darin die Be-
fürchtung, daß alle _natürlich_ Ungleichen (in Bezug auf
Geschlecht, Alter, Kräfte, Neigungen, Talente _und vor_
allen Dingen hinsichtlich des einmal ungleich ausgeteil-
ten Besitzes) durch Beschluß als _künstlich_ Gleiche angesehen und als solche dann zu denselben Ansprüchen und
Rechten sowie vor allem zum Wetteifer in der für alle ge-
öffneten Laufbahn berufen werden könnten. Er sah darin
nicht bloß eine Auflehnung gegen die _Ordnung der Natur_,
dadurch werde überdies nichts anderes als Neid, Eifer-
sucht, Feindschaft in die Gemeinschaft der Menschen eingeführt. Natürliche Ungleichheit sei keineswegs ein Nach-
teil für die Menschen, sondern vielmehr das weise Mittel,
dessen sich die _gütige Weltordnung_ bediene, um die Menschen desto fester miteinander zu verbinden. "Es gibt nun
einmal verschiedene Stände und Berufe in der menschlichen
Gesellschaft; sie sind rechtmäßig, sie sind unentbehr-
lich. Allen zugleich kann kein einzelner angehören, für
einen muß er sich entscheiden. Wann soll ... der Zeitpunkt eintreten, wo diese Entscheidung gefaßt und also
der besondere Bildungs- und Vorbereitungsweg betreten
wird? Irgendeinmal muß dies doch geschehen, und je später, desto schlimmer. Je länger der Jugend die Verschie-

denheit der menschlichen Verhältnisse verheimlicht wird,
als eine desto größere Last muß sie ihr hinterher erscheinen; ja eben dieser lange Traum und Wahn einer allgemeinen Gleichheit wird nicht bloß die nachfolgende Ungleichheit umso drückender machen, sondern auch die früher Gleichen und Vereinten umso schroffer trennen und umso feindseliger gegen einander stellen." VON BECKEDORFF
befürchtet, daß mit einer "allgemeinen Bildung" zugleich
eine Menge von gleichartigen Wünschen, Erwartungen und
Ansprüchen in den einzelnen aufgeregt werden müßten, die
unmöglich insgesamt sich befriedigen ließen und überall
zu Unzufriedenheit, Tadelsucht und Neuerungslust führen
würden. Auf diese Weise komme in ein Volk an die Stelle
treuer und ruhiger Genügsamkeit und einer rüstigen, för-
dersamen Berufstätigkeit nur ein wirriges, unstetes und
veränderungssüchtiges Treiben.

Bei VON BECKEDORFF ist übrigens auch schon die Rede von
zwar verschiedenen, aber gleich ehrenwerten Ständen. Die
ihnen Angehörenden sollten in "einer naturgemäßen Ungleichheit der Standeserziehung" (wie sie monarchischen
Intentionen entsprächen) "von Kindesbeinen an zu ihrer
Bestimmung vorbereitet werden", und zwar in Bauern-, Bür-
ger- und Gelehrtenschulen.

Die Schule müsse also "vor allem die Bildungsmöglichkeiten der 'niederen Stände' so beschränken, daß sie in ihrem angestammten Berufs- und Lebenshorizont fest verankert bleiben. Gesellschaftliche Stabilität durch standes-
gemäße Bildungsbeschränkung - so läßt sich das volkspäd-
agogische Programm RUDOLPH VON BECKEDORFFS formelhaft zusammenfassen"[20].

VON BECKEDORFF konnte zu seiner Zeit offen(er) ausspre-
chen, was zwar nicht mit den Normen, offensichtlich wohl
aber mit der Praxis einer bürgerlichen, auf Leistungs-

ideal und Chancengleichheitsprinzip verpflichteten Gesellschaft in Einklang zu bringen ist. Das Maß jedoch, in dem Substanz und Zweckbestimmung der "Argumentation", teilweise bis in einzelne Formulierungen hinein, über mehr als anderthalb Jahrhunderte hinweg gleich geblieben sind, ist dennoch verblüffend.

Die Vermutung, daß (insbesondere die frühe) Auslese etwas mit dem Zweck zu tun habe, den gesellschaftlichen und ökonomischen Bedarf an (vertikaler) Ungleichheit unter den Menschen zu decken, wurde und wird u. a. mit Hinweis auf unbeeinflußbare Begabungsdifferenzen zu kritisieren oder wenigstens zu relativieren versucht. Vor allem gelte es - so die in diesem Zusammenhang verbreitete These - natürliche Begabungsgrenzen zu respektieren, um eine Überforderung Lernender zu verhindern.

Wenn es stimmt, daß naturgegebene Grenzen menschlicher Lernfähigkeit schon aus logischen Gründen überhaupt nicht identifizierbar sind[21], wird jede Argumentation, die sich darauf stützt, hinfällig. Was als "Grenze (individueller) Lernfähigkeit" bezeichnet wird (nicht aber auch schon beweisbar ist), von dem läßt sich eines nur mit Sicherheit sagen: Mit jeweils bereitgestellten Lerngelegenheiten ist es nicht gelungen, Lehrerfolge zu erzielen, und zwar bezogen auf ein entscheidungsabhängiges, sozial durchgesetztes und nicht selten monopolisiertes Erfolgs-Kriterium. Und wer aus der Erfolgslosigkeit bisherigen Lehrens die Konsequenz zieht, Lernende durch Auslese von weiteren Lerngelegenheiten auszuschließen, der schließt damit (von bereits erwähnten logischen Problemen abgesehen) zugleich die einzige Möglichkeit aus, irgendetwas über die (Art und Qualität von) Bedingungen für Lernerfolg zu erfahren.

Nun schließt man Lernende in aller Regel nicht "völlig" von "weiteren" Lerngelegenheiten aus, sondern weist sie

anderen Lehrgängen zu, in denen dann auch andere Erfolgs-
kriterien zugelassen sind. Diese anderen Lehrgänge bzw.
Lerngelegenheiten sind durch Merkmale gekennzeichnet,
die zu der bemerkenswerten Beteuerung allen Anlaß geben,
sie seien zwar andersartig aber gleichwertig[22]. Wären sie
gleichwertig, bedürfte es nicht dieser Beteuerung. Andererseits ist die Beteuerung allein ungeeignet, das in
ihr Behauptete oder Geforderte (vielleicht nicht aber
auch mit ihr Bezweckte!) zu realisieren, weil sie an den
objektiven Gründen dafür, daß es dieser Beteuerung bedarf, kaum etwas ändert.

Weiteres Kennzeichen dieser Andersartigkeit ist die historisch begründete und systematisch erweisbare Bezogen-
heit dieser Lerngelegenheiten nicht vor allem auf die
Mannigfaltigkeit und Veränderlichkeit individueller Lernvoraussetzungen, sondern auf standardisierte Qualifizie-
rungs-Muster sozialer Plazierung und ökonomischer Verwertung. Hier werden nicht Lerngelegenheiten nach den Maßen individueller Werdebereitschaft arrangiert und entwickelt,
sondern Lernende an im vorhinein bestehende Unterrichts-
programme und Schullaufbahnen angepaßt - oder eben aus-
gesondert[23]. Wie tief verwurzelt diese Orientierung ist
und gegen alle konjunkturell-politisch jeweils opportunen
Beteuerungen sich durchhält und durchsetzt, zeigt ein
leicht zu überlesender Satz in den aufschlußreich formulierten und plazierten Empfehlungen zum Aufbau der Hauptschule: "An ... Entfaltung auch der einfachen Menschen
ist im technischen Zeitalter ebensoviel gelegen wie an
der Herausbildung einer Führungsschicht."[24]

ANMERKUNGEN:

1 H. Schelsky: Soziologische Bemerkungen zur Rolle der Schule in unserer Gesellschaft. In: Ders., Schule und Erziehung in der industriellen Gesellschaft. Würzburg 1959 (2. Aufl.), S. 17

2 Schelsky, a. a. O., S. 17 f.

3 Schelsky, a. a. O., S. 18 ff.

4 Vgl. dazu P. Helbig: Was heißt "Orientierung am Kind"? In: Die Deutsche Schule, 77, 1985, H. 4, S. 270 ff.

5 Reuter/AP - in: "Frankfurter Rundschau"vom 31.1.1983, S. 1

6 Vgl. hierzu K. J. Klauer: Intelligenztraining im Kindesalter. Weinheim/Basel 1975 (2. Aufl.), S. 15

7 Vgl. K.-D. Schmidt: Arbeitsmarkt und Bildungspolitik. Tübingen 1984, S. 120; Hervorhebung durch H. Heid

8 P. Drewek/K. Harney: Beteiligung und Ausschluß. Zur Sozialgeschichte von Bildungssystem und Karriere. In: H.-E. Tenorth (Hrsg.): Allgemeine Bildung. Weinheim/ München 1986, S. 138 ff.; S. 150

9 Vgl. hierzu auch: Wider die "inflationäre Vermehrung der Studienberechtigung". Bayerns Kultusminister Hans Maier fordert eine schärfere Auslese an den Schulen..., in: "Frankfurter Rundschau" vom 11.12.1982, S. 1

10 Vgl. dazu U. Undeutsch: Zum Problem der begabungsgerechten Auslese beim Eintritt in die Höhere Schule und während der Schulzeit. In: H. Roth (Hrsg.), Begabung und Lernen. Stuttgart 1969, S. 377ff.; S. 379, S. 381 f. und passim

11 Vgl. z. B. W. Strzelewicz/H.-D. Raapke/W. Schulenberg: Bildung und gesellschaftliches Bewußtsein. Stuttgart 1966; vgl. J. Eckstein: Weiterbildung - Chance für alle? Weinheim/Basel 1982

12 O. W. von Amerongen: Herausforderung Technologie - Neue Aufgaben für die berufliche Weiterbildung. In: Herausforderung Technologie. Neue Aufgaben für die berufliche Weiterbildung. Fachsymposium 1985 in Dortmund. Deutscher Industrie- und Handelstag, Bonn 1986, S. 7 ff.; S. 11

13 Vgl. K. A. Geißler: Strukturelle Verschiebungen in der beruflichen Weiterbildung - Vernachlässigte Aspekte zum Thema Technik - Folgen. In: I. Lisop (Hrsg.), Bildung und neue Technologien. Anstösse. Bd. 5, Frankfurt/M. 1986 (Gesellschaft zur Förderung arbeitsorientierter Forschung und Bildung)

14 Vgl. H. Heid: Die Propagierung von Weiterbildung – ein Element restriktiver Bildungspolitik? In: Wisschaftlicher Weiterbildung. Dokumente der AUE-Jahrestagung 1984 in Regensburg; Beiträge No. 19, Hannover 1985 b, S. 6 ff.

15 P. Husén: Strategien zur Bildungsgleichheit. In: OECD-Bericht: Bildung, Ungleichheit und Lebenschancen. Hrsg. v. K. Hüfner, Frankfurt/M. 1978, S. 133

16 So u. a. W. Brezinka: Vererbung, Chancengleichheit, Schulorganisation. In: Lehren und Lernen, 1976, H. 4, S. 6 f.

17 Vgl. dazu auch W. Heinz: Berufsstart und Arbeitsmarkt. In: Die Deutsche Schule, 74, 1982

18 Vgl. dazu auch Heid, a. a. O., 1985 b; Geißler, a. a. O., 1986

19 Vgl. L. Schweim (Hrsg.): Schulreform in Preußen 1809 – 1919. Weinheim 1966, S. 222 ff.; H.-G. Herrlitz/ W. Hopf/H. Titze: Deutsche Schulgeschichte von 1800 bis zur Gegenwart. Königstein/Ts. 1981, S. 46 ff.

20 Herrlitz u. a., a. a. O., S. 49

21 Vgl. H. Heid: Über die Entscheidbarkeit der Annahme erbbedingter Begabungsgrenzen. In: Die Deutsche Schule, 77, 1985 a, H. 2, S. 101 ff.

22 Vgl. dazu A. Krapp/S. Prell: Klassifikation pädagogisch-diagnostischer Aufgaben. In: Handbuch der Pädagogischen Diagnostik. Bd. 4, hrsg. v. K. J. Klauer, Düsseldorf 1978, S. 831 ff.; S. 835 ff.

23 Siehe dazu N. L. Gage/ D. C. Berliner: Pädagogische Psychologie. Bd. 1, München/Wien/Baltimore 1979 (2. Aufl.), S. 176 ff.

24 Empfehlungen zum Aufbau der Hauptschule. In: Empfehlungen und Gutachten des Deutschen Ausschusses für das Erziehungs- und Bildungswesen, Folge 7/8, Stuttgart 1964, S. 20

Heinz–Jürgen Ipfling

SCHULSTRUKTUR UND HAUPTSCHULPROFIL

1. Die Hauptschule innerhalb der Schulstruktur

1.1 Die Dreigliedrigkeit des Schulsystems und ihre Disfunktionalität

Die Misere, in der sich die Hauptschule befindet, kann als bekannt vorausgesetzt werden[1]. Zwanzig Jahre nachdem der Deutsche Ausschuß für das Erziehungs- und Bildungswesen die Volksschuloberstufe durch die Hauptschule abzulösen vorgeschlagen hat[2], wird dieser Schulart ernste Krankheit bescheinigt[3] oder gar geraten, dem siechen Patienten Sterbehilfe zu leisten[4]. Der Kern der Diagnose liegt darin, daß die Hauptschule mangels Attraktivität, genauer: aufgrund ihres geringen Prestiges und ihrer beschränkten Verleihung von Berechtigungen immer weniger von den Eltern 'angenommen' wird. Im Jahrbuch der Schulentwicklung stellen HANSEN/ROLFF fest, "daß der Anteilswert der Hauptschule seit 1952 geradezu dramatisch gefallen ist und die Anteilswerte von Realschule wie Gymnasium mehr oder weniger kontinuierlich gestiegen sind." Der Vergleich der Prozentwerte - bezogen auf den 7. Schülerjahrgang der Hauptschule - lautet: 1952 79,3 %, 1982 38,2 %[5]. Dieser grobe Durchschnittswert schwankt länderspezifisch[6] und hier wieder in regionaler Abhängigkeit. Minimalwerte liegen bereits um 15 %[7].
Diese Misere hat zwar in der Hauptschule ihr Zentrum, sie bleibt aber darauf nicht beschränkt; auch Gymnasium und Realschule haben durch die ungefähre Verdoppelung bzw.

Vervierfachung ihres Schüleranteils ihr Gesicht verändert[8], ein Phänomen, das nicht nur eine quantitative, sondern auch eine qualitative Dimension hat: Polemisch bezeichnen manche das Gymnasium als die Krypto-Gesamtschule[9].

Wir haben es also mit veränderten Schülerströmen im dreigliedrigen Schulsystem zu tun. Aus pädagogischer Sicht wäre dagegen kaum etwas einzuwenden, wenn mehr Eltern ihre Kinder in die 'bessere Schule' - wie man bezeichnenderweise sagte - schickten, anders: wenn insgesamt ein höherer Bildungsstatus angestrebt würde. Die beschriebene Entwicklung der Schülerströme hat jedoch bekanntlich große Probleme mit sich gebracht: Niveauverluste im Gymnasium, eine hohe Zahl von Rückläufern, ein 'Restschul-Syndrom' in der Hauptschule, den Verdrängungswettbewerb - um nur einige zu nennen[10]. Ein an sich erstrebenswertes Bemühen um Bildung geht also mit negativen Effekten einher. Sie sind im wesentlichen die Folge einer Koppelung der Bildungsbemühungen mit schulischen und beruflichen Berechtigungen[11] sowie mit gesellschaftlichen Prestigezuweisungen. Diese Koppelung realisiert sich in besonderer Schärfe in einem nach parallelen Schularten gegliederten, selektiven System. Je enger diese Koppelung ist, je mehr also Schule als Zuteilungsinstanz, als Einrichtung mit Allokationsfunktion figuriert, umso mehr besteht die Gefahr einer Mediatisierung der Bildung. Man benützt den Dienstleistungsbetrieb Schule für Zwecke, die außerhalb der Bildung liegen.

Es nützt freilich nicht viel, über diese Mediatisierungstendenzen zu wehklagen; wir müssen zur Kenntnis nehmen, daß Bildung nicht nur unter dem Gesichtspunkt individueller Selbstwerdung und Mündigkeit gesehen wird, sondern daß sie auch - und im Zeitverlauf zunehmend - Vehikel der sozialen Emanzipation war und ist, dies insbesondere seit sie sich in Schulen institutionalisiert.

Die historische Entwicklung unseres dreigliedrigen Schul-
systems spiegelt die ursprünglich ständische Struktur der
Gesellschaft wieder: Die führende geistliche und weltliche
Schicht artikulierte zuerst ihre Bildungs- und Ausbil-
dungsbedürfnisse; so entstand aus den Kloster-, Dom- und
Stiftsschulen das Gymnasium[12]. Pragmatische Bedürfnisse der
Kaufleute und der Handwerker führten zur Einrichtung der
Deutschen Schreib- und Rechenschulen; aufklärerische und
nationale Impulse entwickelten diese Ansätze weiter zur
Schule für das (einfache) Volk[13]. Für solche Schüler, die
'die Studia nicht kontinuieren" wollten, richtete FRANCKE
die mittlere Schule ein; HECKER konzentrierte ihr Konzept
um die Realien; und das aufstrebende Bürgertum erkor diese
Schule zum adäquaten Bildungsangebot[14].
Man muß sich diese historischen Fakten vergegenwärtigen,
wenn man die gesellschaftlichen Implikationen des in Schulen institutionalisierten Bildungsprozesses erkennen und
verstehen will. Diese Status- und Schichtbezogenheit des
dreigliedrigen Schulwesens hatte solange ihre relative Berechtigung wie die entsprechenden gesellschaftlichen
Strukturen bestanden; und solange 'funktionierte' es auch.
Schulbesuch war in dieser Struktur - von wenigen Ausnahmen
abgesehen - die Folge von Statuszugehörigkeit. Dieses
Schulsystem offenbart jedoch immer größere Disfunktionalität, je mehr sich Strukturmomente einer mobilen, dynami-
schen und demokratischen Gesellschaft durchzusetzen beginnen. Ständische Privilegien und schichtspezifische
'Selbstverständlichkeiten' treten als Kriterien für Sta-
tuszugehörigkeit zurück; die Leistung des einzelnen rückt
in den Vordergrund - auch dann, wenn individuelle Leistung ihrerseits nicht frei ist von gesellschaftlichen
Entfaltungsbedingungen. Die Schule erhält zunehmend die
Funktion, individuelle - allerdings zugleich verengte -
Leistungsentfaltung zu initiieren und zu ermöglichen;
Schule wird mehr und mehr zur Voraussetzung für Statuszu-

gehörigkeit. So sehr dieser Prozeß weg von Privilegien und hin zur individuellen Leistung zu begrüßen ist, so sehr trägt er zugleich die problematische 'Siebtrommelfunktion' in die Schule hinein. Meine These geht nun dahin, daß ein letztlich ständisch begründetes Schulsystem immer stärker seine Disfunktionalität erweist, je mehr sich die Gesellschaft einer mobilen, sozialen und demokratischen Struktur annähert. Wir befinden uns - so meine ich - in einem Zwischenstadium: im gesellschaftlichen Leben beginnen sich aufklärerische und humanitäre Gesichtspunkte zunehmend durchzusetzen, während die Schule in ihrer Struktur mit einer institutionell-bürokratisch und politisch bedingten Phasenverschiebung den gesellschaftlichen Entwicklungen hinterherläuft, jedenfalls sich nicht als deren Motor erweist. Politisch haben an diesem Nachhinken oder gar Gegensteuern jene ein Interesse, denen an Stabilisierung vorhandener oder Restauration ehemaliger gesellschaftlicher Konstitution liegt[15]. In diesen Phänomenen liegt für mich begründet, weshalb einerseits das dreigliedrige Schulsystem zunehmend disfunktional wird, weshalb andererseits eine stärkere Horizontalisierung der Schulstruktur, wie sie sich in fast allen anderen Industrienationen durchgesetzt hat[16], keine sonderlichen Chancen vorfindet.

1.2 Gliederungsalternativen: Gesamtschule; Zweigliedrigkeit

Die geschilderten Tendenzen sind nicht neu: spätestens seit der Jahrhundertwende läuft die Diskussion um eine horizontale Struktur des Schulwesens. Diese Diskussion kann und soll hier nicht referiert werden. Ich beschränke mich auf einige wenige Aspekte, die mit dem Problem der Profilierung von Schularten zu tun haben.

Die Gliederungsalternative einer Horizontalisierung hat
sich bei uns nur sehr zögernd entwickelt: Die gemeinsame
vierjährige Grundschule erreichte mittlerweile als einzige generelle Realisierung des horizontalen Strukturmo-
dus das Alter von 65; die gemeinsame Orientierungsstufe
ist nur teilweise realisiert, in manchen Ländern nach wie
vor umstrittenes Terrain[17]; die Gesamtschule in den Jahr-
gangsstufen sieben bis zehn fristet, wie gleich noch zu
zeigen sein wird, ein problematisches Dasein; und eine
Integration von allgemeiner und beruflicher Bildung in
der Sekundarstufe II wird nur in sehr wenigen Schulen
praktiziert[18].

Die eben erwähnte Problematik der Gesamtschule liegt
meines Erachtens u. a. darin, daß sie neben dem dreigliedrigen System existieren muß. Das eigentliche Reformziel der Gesamtschulbewegung war und ist jedoch die "Aufhebung des dreigliedrigen Schulsystems, nicht seine Er-
gänzung"[19]. Diese Aufhebung wird nicht nur inhaltlich
konzeptionell begründet, sondern erweist sich auch strukturell als ratsam. Existiert nämlich die Gesamtschule neben dem dreigliedrigen System und werden die vorhin geschilderten Prestige-Strukturen beibehalten, ergeben sich
zwei negative Effekte: Die Gesamtschule steht im perma-
nenten Vergleichszwang mit dem herkömmlichen Gymnasium,
das von vielen als ungefragte Vergleichsnorm statuiert
wird. Dies hat zur Folge, daß man sich auch dort tendenziell an den A-Kurs-Schülern orientiert und die Schwachen
in den C-Kursen eher vernachlässigt werden. Umgekehrt
fördert "eine zu starke Orientierung gerade an den lei-
stungsschwachen Schülern ... die zunehmende Abwanderung
leistungsstarker Schüler in traditionelle Schulen"[20].
Ferner - und das ist der zweite negative Effekt - führt
das viergliedrige Schulsystem zu einem verstärkten Schü-
lerrückgang in der Hauptschule[21]. Die Gesamtschule hätte
also wahrscheinlich nur eine Chance, wenn sie alleiniges

Angebot wäre[22], die äußere Differenzierung nicht zu weit
triebe und ein reichhaltiges Angebot an Wahlpflicht- und
Wahlkursen offerierte, d. h., wenn man sich an ihr ur-
sprüngliches Reformziel erinnerte[23].

Eine weitere Alternative stellt die Zweigliedrigkeit dar:
eine Integration von Haupt- und Realschule neben dem Gymnasium. Sie legitimiert sich üblicherweise aus der Akzeptanz eines tendenziell eher studienbezogenen und eines
tendenziell eher auf den Übertritt in den Beruf ausge-
richteten Bildungsweges. Zwar ist auch diese Zweiteilung
nicht unumstritten[24], sie wird jedoch in Ansätzen erfolgreich realisiert[25]. In den 60-er Jahren haben HELMUT
SCHELSKY und HEINRICH ROTH eine solche Verschmelzung er-
wogen[26]. Auch ALOIS ROTH plädiert 1966 für einen zwei-
gliedrigen Aufbau unseres Bildungswesens. Er sieht "für
den Ort einer künftigen Volksschuloberstufe als Hauptschule ... letztlich nur zwei Möglichkeiten": entweder
die "Hauptschule für den größten Teil unserer Jugend"
oder die "Restschule"[27].

In unserer Zeit haben sich BERNHARD LINKE und der Verband Bildung und Erziehung für dieses Modell ausgesprochen und Versuche damit gefordert[28]. Auch FRIEDRICH HOTT
stellt seine "praxis-, technik- und berufsbezogene Jugendschule" ausdrücklich der "tradiert gymnasial ausge-
richtete(n) Grundbildung" als Alternative gegenüber;
seine sogenannte Hauptschulstufe, die differenzierte
Schulzweige - nicht Schularten - umfaßt, steht als Schule
für die "überwiegende Mehrzahl aller 12- bis 16-Jährigen"
neben dem Gymnasium[29]. Schließlich kann sich auch KLAUS
WESTPHALEN eine differenzierte Sekundarstufe vorstellen,
in der Haupt- und Realschule integriert sind, da sie sich
curricular wie bildungstheoretisch recht nahe stehen[30].

1.3 Die Forderung nach Profilierung der Hauptschule

Unsere bisherigen Überlegungen sollten verdeutlicht haben, daß das dreigliedrige System einerseits Funktionsstörungen zeigt, daß andererseits aber Gliederungsalternativen in der Breite der Realität keineswegs gegriffen haben. Vielmehr ertönen im schulreformerischen Konzert - nach einer Phase von Horizontalisierungsansätzen - jene Stimmen lauter, die eine spezifische Profilierung der Hauptschule fordern und darin ihren Sanierungsansatz sehen. Profilierung meint dabei, daß die Hauptschule ihren eigenen Weg gehen solle, ohne den scheelen Blick auf die falsche "Analogie zur Gelehrtenschule" (W. FLITNER).

Diese Profilierungsforderung hat eine ehrwürdige Geschichte, die auf EDUARD SPRANGER und WILHELM FLITNER zurückgeht und die von KARL STÖCKER vor allem in Richtung einer volkstümlichen Bildungsarbeit weitergeführt wurde[31]. STÖCKER war es auch, der den bemerkenswerten Satz formulierte: "Sicher ist, daß der schlichte, einfache Mensch des Volkes fast ausschließlich in dieser Welt volkstümlicher Geistigkeit lebt, denkt und handelt, soweit sein Leben überhaupt geistige Strukturen aufweist"[32].

Dieser Spielart einer Profilierung war bereits zum Zeitpunkt ihrer Propagierung überholt[33]: der Deutsche Ausschuß legte bald darauf seine 'Empfehlungen zum Aufbau der Hauptschule' vor, die weit über das volkstümliche Bildungsdenken hinauswiesen[34]. Bekanntlich behielt er die Dreigliedrigkeit bei und wollte das Profil der Hauptschule vor allem durch die Arbeitslehre als didaktischem Zentrum bestimmt sehen. Mittlerweile wissen wir, daß diese Zielvorstellung bislang nicht erreicht ist[35]. Trotzdem wird die Forderung nach Profilierung der Hauptschule permanent von den verschiedensten Seiten vorgetragen. Lehrerverbände fordern sie, ohne genau zu sagen, was sie damit meinen; Kultusministerien sehen in ihr die Rettungsmöglichkeit für die Hauptschule, zeigen aber - was die Realisierung angeht - wenig Tatendrang und Phantasie; manche Politiker reservieren die Hauptschule für die praktisch Begabten, haben aber immer noch nicht wahrgenommen, daß keine Selektion für die Hauptschule stattfindet und schon gar keine nach diesem Kriterium[36]. So hat die Forderung nach Profilierung der Hauptschule bisher den Charakter einer Beschwörungsformel, der nur wenig an Konkretionen und Realisierungen folgte. Die Profilierungsforderung ist - wie ich meine - äußerst problematisch; sie soll im folgenden im Hinblick auf ihre Legitimation und mögliche Konkretisierung untersucht werden[37].

2. Mögliche Legitimationsansätze für eine Schulartenprofilierung

2.1 Gesellschaftliche sowie ökonomisch-funktionale Begründungsversuche

Gesellschaftliche sowie ökonomisch-funktionale Begründungen für eine Schulartenprofilierung gehören eng zusammen. Ich habe zu Beginn des Beitrags die gesellschaftsstrukturbedingte historische Entwicklung des dreigliedrigen Schulsystems dargestellt. Schulgliederung legitimierte sich hier durch deren Entsprechung mit bestimmten gesellschaftlichen Schichten. Die jeweiligen Schularten hatten auf die Existenz in den entsprechenden Schichten vorzubereiten und wohl auch deren Bestand zu sichern. Im Gefolge aufklärerischen Gedankenguts, zunehmender Industrialisierung und Technisierung und ferner im Zuge der Demokratisierung des politischen Lebens verlor das strenge Schichtenmodell an Bedeutung; an seine Stelle trat horizontale und vertikale Mobilität, gekoppelt an das Leistungsprinzip[38]. Wenngleich heute soziale Schichtung keineswegs aufgehoben und ein Zusammenhang von Schichtzugehörigkeit und Schulartenwahl durchaus noch festzustellen ist[39], so wagt es doch expressis verbis niemand mehr, das dreigliedrige Schulwesen mit dem Verweis auf ein entsprechendes gesellschaftliches Schichtenmodell zu legitimieren.

Sozialpolitisch unverdächtiger und deshalb auch eher 'salonfähig' ist eine ökonomisch-funktional hergeleitete Legitimierung der Dreigliedrigkeit. Man mag ihre geschichtlichen Wurzeln bis in die Antike zurückverfolgen; ihr moderner Vertreter ist HEINRICH WEINSTOCK. Bei ihm findet sich folgende Passage:

"Dreierlei Menschen braucht die Maschine: den, der sie bedient und in Gang hält; den, der sie repariert und verbessert; schließlich den, der sie erfindet und konstruiert. Hier ergibt sich: Die richtige Ordnung der modernen Arbeitswelt gliedert sich, im großen und ganzen und in typisierter Vereinfachung ... in drei Hauptschichten: die große Masse der Ausführenden, die kleine Gruppe der Entwerfenden und dazwischen die Schicht, die unter den beiden anderen vermittelt. D. h.: Die einen müssen anordnen und verordnen, die anderen müssen die Ordnungsgedanken ausführen; aber damit das ordentlich geschieht, muß eine dritte Gruppe den Übergang vom Gedanken zur Tat, von der Theorie zur Praxis vermitteln.

Was ergibt sich nun aus dieser Struktur unserer modernen Arbeitswelt für den Aufbau des Bildungswesens? Offenbar verlangt die Maschine eine dreigegliederte Schule: eine Bildungsstätte für die Ausführenden, also zuverlässig antwortenden Arbeiter, ein Schulgebilde für die verantwortlichen Vermittler und endlich ein solches für die Frager, die sogenannten theoretischen Begabungen"[40].

In neuester Zeit hat KLAUS HAEFNER darauf hingewiesen, "daß es zunehmend drei große Berufsgruppen gibt, deren Qualifikationen vom Bildungswesen zu vermitteln ... sind: 'Autonome', 'Substituierbare' und 'Unberechenbare'. Mit dieser Abgrenzung soll das Maß der Abhängigkeit des einzelnen von der Informationstechnik im professionellen Bereich beschrieben werden"[41].

Eine solche Trichotomie im Bereich des Beschäftigungssystems könnte als solche bereits angezweifelt werden: Lassen sich wirklich drei distinkte Typen ausmachen oder gibt es fließende Übergänge oder gar Berufsanforderungen, die nicht in das typisierende Schema passen?

Ich will diesen arbeitswissenschaftlichen Zweifel nicht weiterverfolgen, sondern _pädagogisch_ kritisch zurückfragen: Findet nicht eine äußerst bedenkliche Verkürzung der Bildungsaufgabe statt, wenn man nach zudem auch noch vagen Anforderungstypen des Beschäftigungssystems klassifiziert? Ist denn schulische Bildung ausschließlich oder primär relativ starre Vorsortierung für das selbst wesentlich mobilere Beschäftigungssystem?

Mögen die beruflichen Strukturen aussehen, wie sie wollen, solange die Schulen der Sekundarstufe I sich als _allgemeinbildende_ verstehen, kann die ökonomisch-funktionale Struktur nicht als das _entscheidende_ Profilierungskriterium gelten; allenfalls taugt sie zur Legitimierung einzelner Schwerpunktbildungen. _Jeder_ Beruf hat seine Anforderungen in Bezug auf Sachgerechtigkeit und Verantwortlichkeit; und der homo _faber_ ist nur ein _Ausschnitt_ des Menschentums: _jeder_ Mensch ist Konsument, Bürger und Wähler, Mitmensch in sozialen Gruppen usw.. Von daher legitimiert sich der durchgängige Allgemeinbildungsauftrag der Schulen der Sekundarstufe I[42]. Sicher werden die einzelnen Subjekte in ihrem Bemühen um Allgemeinbildung unterschiedlich weit kommen und unterschiedliche Schwerpunkte setzen; wer jedoch das Schulwesen so _vorstruktu-_

riert, daß es nach Vordenkern oder Anwendern unterscheidet, Autonome oder Substituierbare hervorbringt, der muß
sich die Frage gefallen lassen, ob ihm programmatisch an
der Erhaltung von gesellschaftlicher Ungleicheit gelegen
ist.

2.2. Bildungstheoretische respektive pädagogisch-psycho-
logische Begründungsversuche

Wenn man WESTPHALEN zustimmt, daß das Bild der Schule
"durch die dialektische Figur von Gesellschaft und Individuum in Spannung gehalten wird"[43], erhebt sich der Einwand, daß man Schule nicht als bloße Anpassungsinstitu-
tion an gesellschaftliche und berufliche Vorgegebenheiten
verstehen kann. Je mehr sie sich dieser Aufgabe ver-
schreibt, desto mehr gibt sie ihr Bemühen um den relativen Selbstand der Person, um deren Mündigkeit auf. Schulgliederung kann deshalb nicht allein und auch nicht primär Ausfluß gesellschaftlicher und politischer Strukturen
sein. Von daher ist es verständlich, wenn die Suche nach
schulischen Gliederungsmodalitäten nicht nur von gesellschaftlichen und beruflichen Bestimmungsmomenten ausgeht,
sondern auch von den Bedingungen des einzelnen Subjekts.

Diese Suche brachte unterschiedliche Begabungen, genauer:
Begabungstypen hervor. Allenthalben wird demnach unterschieden nach einem theoretischen, einem praktischen und
einem Misch-Typ. Auf diese erbbedingten Begabungstypen
habe das Schulsystem mit der Einrichtung bestimmter
Schularten zu antworten[44]. Diesem Ansatz folgte auch der
Deutsche Ausschuß[45]. Die bildungstheoretische Entsprechung findet sich in etwa in der Beschreibung eines humanistischen, eines realistischen und eines volkstümlichen
Bildungsideals, denen sich jeweilige Schularten ver-
schreiben[46].

Nun fällt auf, daß die pädagogisch-psychologisch firmie-
renden Aussagen aus den 50-er Jahren stammen und daß sie
in engem Konnex mit den vorhin dargestellten gesell-
schaftlich-ökonomischen Typisierungen stehen. So stellt
sich die Frage, ob sie nicht nur als Rechtfertigungs-
Theorien für entsprechende gesellschaftliche Interessen
zu verstehen sind[47].

Freilich wird man zugestehen müssen, daß die Frage ererb-
ter oder erworbener Begabungen (noch) nicht letztlich
wissenschaftlich beantwortet ist; ebensowenig wird man
sich jedoch den Ergebnissen der Begabungsforschung der
beiden letzten Jahrzehnte verschließen können[48]. Danach
erscheint eine vorstrukturierende Differenzierung der Begabungen nach Schularten äußerst fragwürdig. Zwar wird
jede Schulstruktur auf bestimmte Dispositionen und Interessen des Subjekts eingehen müssen; eine frühe Aufteilung
der Schüler nach Typen birgt jedoch die Gefahr in sich,
die Schüler spezifischen Sozialisationsprozessen auszu-
setzen und die Typen zu schaffen, auf die man (vorgeb-
lich) einzugehen behauptet[49]. Schule neigt dann zur
'Typenprägung' anstatt die Ermöglichungsbedingungen für
individuelle Bestimmung zu schaffen. STRUCK kommt deshalb
zu dem Schluß: "Die Frage nach einem eigenständischen
Konzept der Hauptschule kann heute nicht mehr im Rahmen
einer theoretischen Vorgabe von drei verschiedenen Begabungen, die mit der Gliederung unseres Schulwesens korre-
liert, beantwortet werden"[50].

2.3 Pragmatische Begründung

Von ganz anderer Qualität ist eine dritte Begründung der
Dreigliedrigkeit; sie geht nicht von gesellschaftlichen
oder anthropologischen Zusammenhängen aus, sondern erschöpft sich in der Aussage, daß sich diese Dreigliedrig-

keit "bewährt" habe. Worin im einzelnen die Bewährung
liege, wird nicht deutlich.

Von einer Bewährung kann ernsthaft auch nicht die Rede
sein; bereits zur Zeit, als diese Aussage getroffen wurde, war die Disfunktionalität zu erkennen. Sie lag und
liegt nicht so sehr in der bloßen quantitativen Abnahme
des Schüleranteils der Hauptschule - keine Schule hat
hier fixe Besitzansprüche -, sondern zum einen in deren
qualitativer Mutation zur Einrichtung für Gescheiterte[51],
zum anderen in der hohen Quote von Rückläufern und Ab-
brechern, die dieses System 'produziert'. Dies muß offensichtlich auch der Deutsche Ausschuß erkannt haben, wie
hätte er sonst im 'Rahmenplan' davon reden können, "daß
die Gesundung unseres Bildungswesens davon abhängt, ob es
gelingt, die Volksschule als die Haupt-Schule in ihrer
Wirksamkeit zu steigern, ihre Leistungen zu bessern und
ihr soziales Ansehen zu heben"[52].

Mag der Deutsche Ausschuß noch in der Hoffnung auf Gesundung gelebt haben; heute wissen wir es besser: das Konzept des Deutschen Ausschusses ist in entscheidenden
Punkten nicht realisiert[53]. Die Hauptschule ist das Opfer
des prestigebesetzten und auf Berechtigungen ausgerichte-
ten dreigliedrigen Systems geworden. Auch ein moderierter
Beurteiler der Lage, wie ALFONS OTTO SCHORB, kann nicht
umhin, festzustellen, "daß die Bevölkerung mit ihren Auf-
stiegstendenzen und Erfolgserwartungen für ihre Kinder
mehr und mehr die Entwicklung bestimmt und daß die Schule
mit ihrem Konzept der Kongruenz von Bildungsgang und Lei-
stungsvoraussetzungen in gewisser Weise zurücktritt, so
daß die pädagogischen Aspekte und die Bildungsziele durch
das Berechtigungswesen überwuchert werden. Auch die gegenwärtig empfindlichste Stelle des gegliederten Schulwesens, nämlich die Hauptschule, läßt hervortreten, daß
sie weithin zur Passivität verurteilt ist und von sich

aus nur noch wenig wirksame Impulse für ihre Zukunft entwickeln kann"[54].

Das 'Bewährungs'-Argument kann also heute wohl nicht mehr
zur Legitimierung der Dreigliedrigkeit herhalten. Es wäre
klarer und ehrlicher, zu sagen, man sei dieses System ge-
wöhnt und man wisse, woran man sei, man bringe den Mut zu
schrittweisen Reformen nicht auf; oder auch: man wünsche
ein Schulsystem, das einen Teil der Bevölkerung in gedanklicher Schlichtheit und Verfügbarkeit hält[55].

Das SCHORB-Zitat gibt die Überleitung zu dem abschließen-
den Kapitel: Kann die Hauptschule durch ihre Profilierung
von sich aus wirksame Impulse für ihre Zukunft innerhalb
der vorhandenen Schulstruktur entwickeln?

3. Profilierungsansätze und ihre Tauglichkeit für die
   Weiterentwicklung der Schulstruktur

3.1 Was heißt 'Profil einer Schulart'?

Eingangs muß die Frage gestellt werden, was unter 'Profil
einer Schulart' grundsätzlich verstanden werden soll.
KLAUS WESTPHALEN gibt die folgende 'Arbeitsdefinition':
"Unter dem Begriff 'Profil einer Schulart' soll eine Beschreibung aller für die betreffende Schulart charakteri-
stischen Merkmale verstanden werden - gleichgültig, ob
sie diese Merkmale allein aufweist oder mit einer oder
mehreren Schularten teilt." WESTPHALEN unterscheidet in
einer Kategorientafel für Schulartenprofile a) die historische Kategorie (Ideengeschichte, Sozialgeschichte), b)
die gesellschaftspolitische Kategorie (Außenbeziehungen
zur Gesamtgesellschaft, zum Beschäftigungssystem und zum
kulturellen System, sowie die Innenbeziehung zur Schülerpopulation und Lehrerschaft) und schließlich c) die
schulpädagogische Kategorie (Curriculum und Schulorgani-

sation)[56]. Dieses Kategorienraster ermöglicht sicher die Beschreibung von Schularten in ihrer aktuellen Verfassung und ihrer Genese; es verhält sich aber m. E. abstinent gegenüber der Frage nach der pädagogischen Rechtfertigungsmöglichkeit der beschriebenen Phänomene. Es fehlt gleichsam der Prüfstein, der es ermöglichte, angesichts vorhandener Profile (pädagogisch) zu urteilen.

Dieses pädagogische Urteilskriterium scheint mir darin zu liegen, inwieweit es ein Profil-System ermöglicht, daß (erstens) alle Subjekte der Universalität der Gegenstandsfelder begegnen können, sie also keinen vorgängigen, von außen bestimmten Beschränkungen unterworfen werden und daß (zweitens) alle Subjekte in der Totalität ihrer Möglichkeiten angesprochen, also nicht auf gesellschaftlich jeweils wünschbare Teilfunktionen beschnitten werden. Schulprofile allgemeinbildender Schulen müßten sich also derart legitimieren, daß sie es dem einzelnen Subjekt ermöglichen, sich in seiner gesamten Menschlichkeit zu entfalten und dem Ganzen der Geltungsgebiete - nicht allem! - prinzipiell zu begegnen[57]. Das Subjekt hätte demnach seine Profilwahlen begründet zu treffen, nicht jedoch hätte das Profil-System ihm - nach fragwürdigen Kriterien und Methoden - seinen Platz zuzuteilen.

Hier kulminiert das Problem: Sind Bildungsinstitutionen Zuteilungsinstanzen oder sind sie Angebote für die Entfaltung möglicher Mündigkeit? Dies ist die Kernfrage, an der sich die pädagogische Legitimität von Profilierungen ermessen läßt: Erlauben sie, daß das lernende Subjekt seine Allgemeinbildung entfaltet oder haben sie primär prestige- und statusbesetzte Allokationsfunktion? Auf dieser Basis stelle ich die Frage nach der Tauglichkeit dessen, was üblicherweise als sogenanntes Hauptschulprofil angeboten wird.

3.2 Profilierungsansätze für die Hauptschule; Inhalte,
    erzieherischer Aspekt, Methoden

Hier will ich zwischen den Inhalten, dem erzieherischen
Aspekt und den Methoden unterscheiden.
Was die Inhalte angeht, soll zunächst von der Fremdsprachigkeit die Rede sein. Die Volksschule war eine Mut-
tersprach-Schule. Der Deutsche Ausschuß hat zurecht mit
dieser Tradition gebrochen und damit eine Beschränkung
allgemeiner Bildung aufgehoben. Welche Fremdsprache angeboten wird, ist sekundär und unter Opportunitätsgesichts-
punkten zu entscheiden. Fremdsprachigkeit ist also heute
kein grundsätzliches Unterscheidungsmerkmal für Schulartprofile mehr[58].
Als ein inhaltliches Spezifikum der Hauptschule wird seit
dem Deutschen Ausschuß die Arbeitslehre genannt. Als Begründung hierfür werden der bevorstehende Übertritt in
die Arbeitswelt und die sogenannte praktische Begabung
des Hauptschülers angegeben. Eine besondere praktische
Begabung der Hauptschüler, die sie generell vor den Real-
schülern und Gymnasiasten ausweise, ist durch keinerlei
Begabungsforschung abgesichert. Ebensowenig ist erwiesen,
daß geringere kognitive Begabung zwangsläufig durch höhere praktische Fähigkeit kompensiert wird.
Was den Übertritt in die Arbeitswelt im Anschluß an die
Schulzeit anlangt, so unterscheidet sich der Hauptschüler
nicht generell vom Realschüler; in letzter Zeit wechseln
auch mehr Gymnasiasten als früher in den Beruf über.

Auch eine bildungstheoretische Begründung dafür, die Arbeitslehre als Reservat für die Hauptschule zu betrachten, läßt sich nicht finden: Was ließe es denn rechtfertigen, daß Realschüler und Gymnasiasten arbeits- und
wirtschaftswissenschaftlichen Inhalten nicht begegnen
sollen? Sind sie etwa keine künftigen Berufstätigen und
keine Wirtschaftsbürger? Die Realschule bestellt dieses

Feld ohnehin längst und das Gymnasium reklamiert es für sich immer mehr[59]. Wo bleibt also die spezifische Profilbildung?

Analoges gilt für die sogenannte Berufspropädeutik: Als allgemeine Lernaufgabe gilt es für alle, die einmal ins Berufsleben treten. Als bloße Brauchbarmachung für einen Teil der Jugendlichen ist sie angesichts des pädagogischen Urteilskriteriums illegitim. Bereits 1961 hat JAKOB MUTH vor einer Verengung gewarnt: "Vorberufliche Erziehung bereite in keiner Weise neuen Brauchbarkeitsnormen den Boden ..." Vielmehr: Vorberufliche Erziehung bereite den Menschen, jeden Menschen. "Sie legt ihn also nicht schon zu einer Zeit fest, in der eine Festlegung das Erreichen der Menschlichkeit verhinderte"[60].

Einer der ausgefallensten Vorschläge erklärt die Erziehungskunde zum profilbildenden Fach der Hauptschule. WALDEMAR NOWEY meint: "Diese 'Hinwendung zum Erzieherischen' hat schulartspezifische Aspekte. In der Hauptschule gehört die Erziehungskunde mit der Arbeitslehre und der Sozialkunde zur profilbildenden Fächergruppe"[61]. NOWEY bleibt eine tragfähige Begründung für diese Behauptung schuldig; sie wird auch nicht zu finden sein: Weshalb sollten Realschüler und Gymnasiasten hier ausgeschlossen sein? Steht ihnen denn nicht auch die Elternrolle bevor?

Gerade die beiden letzten Profilierungsvorschläge machen deutlich, daß zu ihrer Legitimation nicht die Fakten und Phänomene als solche schon ausreichen, gemäß der schlichten 'Logik': Weil es so ist, soll es so sein!

Mein Resümee: Inhaltliche Profile lassen sich zwar als Phänomene erklären, nicht aber generell bildungstheoretisch rechtfertigen. Differenzierungen im Inhaltlichen sind nur im Sinne individueller Schwerpunktsetzungen und vereinzelter Wahlkursentscheidungen sinnvoll; ferner ist die Festlegung spezifischer Anforderungsniveaus in den einzelnen Fächern im Zusammenhang der Einteilung von Schü-

lern nach jeweiliger Leistung eine pädagogisch notwendige
Form des Differenzierens.

Ich gehe zu einem zweiten - oft genannten Profilierungs-
bereich über: die Hauptschule sei die Erziehungsschule!
Gegenüber diesem 'Profilierungsversuch' ist äußerste Skepsis angebracht. Er ignoriert eine pädagogische Erkenntnis,
die spätestens seit HERBART unbestritten ist, die Tatsache nämlich, daß man keinen Begriff von Erziehung haben
kann ohne Unterricht, wie man umgekehrt keinen Unterricht
anerkennen kann, der nicht erzieht[62]. Zur pädagogischen Begründung dieses Postulats verweise ich u.a. auf A. PETZELT,
der in der Verwiesenheit von Wissen und Haltung das Konstituens von Bildung sieht[63]. Jede Schule ist Erziehungsschule, insofern sie die Frage der Haltungsrelevanz des
Gelernten stellt und die erzieherischen Anlässe aufgreift,
die das soziale Leben in der Institution Schule liefert.

Skepsis ist auch deshalb geraten, weil sich hinter dieser
Deklaration der Hauptschule zur Erziehungsschule ein weitgehend adaptiver Erziehungsbegriff (mehr oder weniger)
verbirgt und Erziehung in diesem Sinne an die Stelle kri-
tisch-rationaler Begegnung und Auseinandersetzung mit Wissen tritt. Das zugrundeliegende Motto lautet: Lieber brav
und nicht so gescheit[64]!
Unleugbar ist freilich die Tatsache, daß die Hauptschule
heute mit besonderen Erziehungsproblemen zu kämpfen hat.
Diese sind allerdings weitgehend die Folge von Selektions-
prozeduren[65] und nicht ein konzeptionelles Spezifikum, das
die Hauptschule von anderen Schularten abheben soll.

Bleibt zuletzt der Bereich der Methode, in dem man auf die
Suche nach Profilierungen gehen kann. 'Methode' bezeichnet
den Weg zum Lehrgut, zum Lehr- bzw. Lernziel. Diesen Weg
konstituieren zwei Momente: zum einen der zu lernende Gegenstand, das Objekt des Erkenntnisprozesses, zum anderen
das lernende Subjekt. Die jeweiligen Gegenstände haben

ihre Methoden, die es erlauben, ihre Struktur zu erschließen; diese gegenstandsspezifischen Methoden hat jeder Unterricht - gleich welcher Schulart - zu respektieren, wenn er nicht verfälschen will. Insofern besteht die
Forderung des 'Strukturplans' zurecht, daß alles Lernen
wissenschaftsbestimmt sein muß[66]. Das bedeutet fachwissen-
schaftliche Fundierung und Beachtung adäquater Erkenntnis-
methoden auch im Hauptschulunterricht; negativ formuliert:
man darf auch dem Hauptschüler nicht das Denken abnehmen
und ihm popularistisch ausgedünnte 'Kunden' anbieten.

Das zweite Konstitutivum von Methode ist der Schüler, seine Leistungsbereitschaft und -fähigkeit, sein Lebenskon-
text, seine Lerndispositionen. Prinzpiell hat dies wiederum jeglicher Unterricht zu beachten; faktisch können hier
Spezifizierungen in Rücksicht auf den einzelnen Schüler
notwendig werden: So verlangen zweifellos manche Schüler
nach mehr Anschaulichkeit und Konkretheit, nach Handlungs-
bezug, nach mehr Lernzeit, nach kürzeren Lernetappen, nach
mehr Lernhilfen, nach Maßnahmen gegen den Motivationsver-
schleiß, nach gezielten Förderungsmaßnahmen. Entsprechende, voneinander abweichende Methodenkonzeptionen sind also
im Sinne einer Respektierung unterschiedlicher Individual-
lagen von Schülern in jeweiligen Schularten oder Schul-
zweigen oder Kursen notwendig. Da die genannten methodischen Ansätze im allgemeinen zeitaufwendig sind, können
sich aus ihrer Anwendung auch Folgen für die Quantität der
zu lehrenden Inhalte ergeben - sofern man die Schulzeit
nicht ungebührlich ausdehnen will.

3.3 Hauptschulprofil und Schulstruktur

Was bleibt, so ist zusammenfassend zu fragen, an sogenannten Profilierungen übrig? Erstens: Wenn allgemeinbildende
Schulen ins Ganze einführen sollen, können inhaltliche

Spezifika einzelner Schularten nur akzessorischer Natur sein. Differieren kann - angesichts unterschiedlicher Lernzeiten - die Stoffquantität respektive der Detaillierungsgrad des Angebots; differieren wird - nach vorgängiger Einteilung der Schüler - das Anspruchsniveau der Bearbeitung. Sollen benachteiligende Unterschiede familiärer Anregungsumwelten ausgeglichen werden, sind entsprechende Kompensationsangebote notwendig. Individuelle Interessen müssen durch Wahlpflicht- und Wahlunterricht berücksichtigt werden.

Zweitens: Will man der Streubreite von Begabung und individueller Lerngeschichte gerecht werden, sind Maßnahmen methodischer Differenzierung gefordert. Individuelle Lerndefizite verlangen nach speziellen Förderkursen.

Differenzierungen, wie die eben beschriebenen, muß jedes Schulwesen bieten, wenn es das lernende Subjekt individuell ansprechen und seine persönliche Profilierung fördern will. Ein Teil der heute vorfindbaren institutionellen Profilierungen erweist sich jedoch nicht als genuin pädagogische Notwendigkeit, sondern als Folge-Problem vorausgegangener Selektion, die nicht primär pädagogisch begründbar ist; sie entspringt vielmehr der Kanalisierungs- und Zuweisungsfunktion von Schule. Schulreform sollte durch zu frühzeitige isolierende Spezifizierung und zugeordnete Berechtigungen nicht auch noch 'hausgemachte' Ungleichheit produzieren; sie muß zu einer "neuen Betonung der reinen Bildungsfunktion"[67] zurückfinden.

Eine spezifische Profilierung der Hauptschule ist bis heute nicht gefunden; innerhalb eines prestigebesetzten dreigliedrigen Schulsystems wird eine wie auch immer geartete Profilierung die Hauptschule voraussichtlich nicht aus der bekannten Misere führen. Die Disfunktionalität der Dreigliedrigkeit sollte durch konstruktive Kritik im Bereich der Schulstruktur gemildert oder beseitigt werden.

Eine erste Denkmöglichkeit liegt in der Einführung der Gesamtschule als differenzierter mittlerer Stufe der Allgemeinbildung[68]. Sofern man sich hierzu nicht entschließen
kann, erscheint - als zweite Möglichkeit - die Zweigliedrigkeit als denkbare Lösung[69]. Auf einer gemeinsamen sechs-
jährigen Grundstufe aufbauend, könnte eine vierjährige Mit-
telstufe zwei in einzelnen Aspekten inhaltlich und methodisch unterschiedlich konzipierte Schulen umfassen: eine
Mittelschule und ein Gymnasium. Angesichts abnehmender
horizontaler Durchlässigkeit als Folge zunehmender Profilierung in den Sekundarbereichen I und II muß der Tertiär-
bereich durchlässig sein.

Sollte auch diese Horizontalisierungsform nicht zu verwirklichen sein, sind die Chancen einer Gesundung des dreigliedrigen Systems gering, die Hauptschule wird wahrscheinlich als 'Pflegefall' weiterexistieren. KNOOP entschließt
sich angesichts geringer Horizontalisierungshoffnungen für
eine Hauptschule, die sich als dezidierte Alternative im
Sinne einer Projektschule versteht. Sein Konzept geht jedoch von der Fiktion aus, daß die Hauptschule "mit ihrer
negativ ausgelesenen Schülerpopulation bereits der Vergangenheit" angehört[70]. Wie aber soll Auslese in einem selektiven System Vergangenheit werden? Ein faszinierender Gedanke läßt sich freilich an KNOOPS Konzept anknüpfen, den
auch ERICH FRISTER - wenngleich in überzogener und vager
Weise - mit seinem Vorschlag einer Hauptschule als Gegenschule andeutete[71]; der Gedanke nämlich, die Hauptschule in
der Weise zu reformieren und zu 'profilieren', daß durch ihr
ausdrücklich pädagogisch bestimmtes Konzept apädagogische
Zerrbilder gegenwärtiger Schulrealität allen offenbar und
deutlich würden und die Hauptschule sich als Prototyp und
Motor der Schulreform erweise[72]. Eine offene Frage ist
freilich, ob unsere Gesellschaft bereit ist, den jetzigen
Auslesebetrieb und Zuteilungsladen gegen ein Bildungsin-
stitut einzutauschen.

ANMERKUNGEN:

1 Vgl. die umfangreiche Literatur, u. a.: J. G. Klink: Klasse H 7 e; Bad Heilbrunn 1974. U. Franz/M. Hoffmann (Hrsg.): Hauptschule. Erfahrungen - Prozesse - Bilanz; Kronberg 1975. Heft 12/75 von WPB mit dem Titel: Der 'Hauptschüler'. Leidtragender der Schulreform. K. G. Zenke: In der Hauptschule "für das Leben lernen"? Die Misere einer Schule im Urteil der Betroffenen; in: WPB 3/76,S. 119 ff. E. Frister: Schicksal Hauptschule. Argumente zugunsten einer sprachlosen Minderheit; Köln/ Frankfurt 1976. K. G. Wünsche: Die Wirklichkeit des Hauptschülers. Berichte von Kindern der Schweigenden Mehrheit; Köln 1977 (2. Aufl.). Bundesvereinigung der Deutschen Arbeitgeberverbände (Hrsg.): Die Wirtschaft zur Hauptschulkrise. Zur Gestaltung und Aufwertung der Hauptschule; Köln 1977. P. Struck: Die Hauptschule. Geschichte, Krise und Entwicklungsmöglichkeiten; Stuttgart 1979. Heft 2/82 von WPB mit dem Titel: Hauptschule Nebensache

2 Vgl. Deutscher Ausschuß... (Hrsg.): Rahmenplan zur Umgestaltung und Vereinheitlichung des allgemeinbildenden öffentlichen Schulwesens; Stuttgart 1959. Ders. (Hrsg.): Empfehlungen zum Aufbau der Hauptschule; Stuttgart 1964. Vgl. ferner A. Roth: Idee und Gestaltung der künftigen Hauptschule; Ratingen 1966

3 K. Westphalen: Wie krank ist die Hauptschule; Rezepte zu ihrer Sanierung; unveröffentlichtes Manuskript 1983

4 P. Struck: a. a. O., S. 124 f.: "In diesem Koma helfen der Hauptschule keine neuen Konzeptionen mehr; Sterbehilfe wäre angebrachter."

5 H. G. Rolff u. a. (Hrsg.): Jahrbuch der Schulentwicklung. Daten, Beispiele und Perspektiven; Bd. 3, Weinheim/Basel 1984, S. 146 f.

6 H. G. Rolff u. a. (Hrsg.): a. a. O., S. 150

7 Berlin und Hamburg

8 H. G. Rolff u. a. (Hrsg.): a. a. O., S. 147

9 E. Jancke: Alternative - Hauptschule? in: F. W. Babilon/ H.-J. Ipfling (Hrsg.): Hauptschule - pädagogische Ziele, politische Entscheidungen; Bochum 1978, S. 11

10 Diese und weitere Probleme erörtert A. Flitner: Mißratener Fortschritt. Pädagogische Anmerkungen zur Bildungspolitik; München 1977

11 Leschinsky spricht in schulgeschichtlicher Betrachtung von einem "Berechtigungsmonopol" des Gymnasiums. Vgl. seinen Artikel 'Geschichte des Schulwesens im Sekundarbereich I' in: Enzykl. Erz.wiss., Bd. 8, Stuttgart 1983,

S. 177. Die OECD kritisierte am Schulwesen der Bundesrepublik "die sklavische Bindung an papierene Qualifikationen", die mit dem "Laufbahnsystem" einhergeht. In:
OECD: Bildungswesen: mangelhaft; Frankfurt 1973, S. 116

12 Vgl. hierzu die Arbeiten von F. Paulsen, F. Blättner,
H. Scheuerl

13 Vgl. W. Flitner: Die vier Quellen des Volksschulgedank-
kens; Stuttgart 1958

14 Vgl. J. Derbolav, N. Maassen/W. Schöler

15 Vgl. W. Hopf: Bildung und Reproduktion der Sozialstruk-
tur; in: Enzykl. Erz.wiss., Bd. 5, Stuttgart 1984, S.
189 ff.

16 Vgl. die Antwort der Landesregierung NRW auf die Kleine Anfrage 'Entwicklung des Schulwesens in vergleichbaren Industrienationen', Drucksache 8/2907, Landtag
NRW, S. 2

17 Vgl. u. a. W. Royl: Die Orientierungsstufe; Stuttgart
1975. J. Ziegenspeck (Hrsg.): Bestandsaufnahme: Orientierungsstufe; Braunschweig 1975. H. Haenisch/J.Ziegen-
speck: Die Orientierungsstufe. Schule zwischen Differenzierung und Integration; Weinheim 1977. H. Neumann/
J. Ziegenspeck: Fördern und Verteilen oder: Was leistet
die Orientierungsstufe? Bad Heilbrunn 1979, bes. Vorwort.

18 Ein beachtenswertes Modell ist die Hibernia-Schule in
Herne; ferner die von H. Blankertz initiierten Versuche
in NRW.

19 M. Horstkemper u. a.: Konkurrenz als Feind des pädagogischen Geschäfts. Zum Verhältnis von Hauptschule und
Gesamtschulentwicklung; in WPB 2/82, S. 50. Ähnliches
gilt für die Jahrgangstufen 5/6; vgl. B. Weissbach: Ist
der Sekundarstufenschock vermeidbar? in: DDS, 4/85,
S. 293 ff.

20 M. Horstkemper u. a.: a. a. O., S. 55

21 M. Horstkemper u. a.: a. a. O., S. 54. Ähnliches wird
von Berlin berichtet.

22 Die Chancen hierfür sind allerdings sehr gering. Man
vgl. etwa die verfassungsrechtliche Garantie der Hauptschule in NRW, dargestellt in: Recht der Jugend und des
Bildungswesens, 4/85, S. 292 ff.

23 Vgl. H. G. Rolff u. a.: a. a. O., S. 175: "Die Gesamtschule kann ihr volles pädagogisches Potential nicht
entfalten, solange sie Teil eines 'viergliedrigen
Schulsystems' bleibt."

24 Vgl. den Grundsatzbeitrag von H. Heid: 'Bildung' vor
   den Ansprüchen des Beschäftigungssystems; in: Schule im
   Spannungsfeld von Ökonomie und Pädagogik, hrsg. v. d.
   Bundesarbeitsgemeinschaft Schule-Wirtschaft, Köln 1976,
   S. 69 ff.

25 Vgl. P. Struck: a. a. O., bes. S. 123: "Das Ergebnis
   dieser Teilintegration ist eine merkliche Motivations-
   steigerung der ursprünglich für die Hauptschule empfoh-
   lenen Schüler, ein erheblicher Rückgang der Disziplin-
   schwierigkeiten, eine Beseitigung der Rückläuferproble-
   matik zwischen Real- und Hauptschule sowie damit verbunden ein kontinuierlicherer Unterricht in stabilen
   Lerngruppen." Hamburg hat bereits 1924 Haupt- und Realschulen bzw. ihre Vorläufer räumlich zusammengelegt,
   seit 1976 sind die Stundentafeln identisch und die
   Lehrpläne in vielen Abschnitten gleichlautend.

26 H. Schelsky: Anpassung oder Widerstand? Soziologische
   Bedenken zur Schulreform; Heidelberg 1967 (4. Aufl.),
   S. 13: "Ich schließe mich der vom Ausschuß erwähnten,
   aber 'nach sorgsamer Erwägung des Für und Wider' abge-
   lehnten Ansicht an, 'daß eine voll ausgebaute Hauptschule mit obligatorischem 10. Schuljahr die jetzige
   Mittel- und Realschule entbehrlich machen würde: die
   industrialisierte Gesellschaft erfordere für alle Heranwachsenden ein Bildungsmaß, das dem der jetzigen Mittelschule entspricht'".Besonders aber auch S. 92 ff.:
   Dort spricht Schelsky vom "Schulsystem der zwei Bil-
   dungsformen", einem "berufsbezogenen" und einem "gymnasialen Bildungsweg", "die beide auf der gemeinsamen
   Grundschule aufbauen und sich in den Hochschulen wieder
   vereinigen". (S. 99) H. Roth: Die Zukunft der Volksschule; in: DDS, 11/63, S. 553 ff.

27 A. Roth: Idee und Gestalt der künftigen Hauptschule;
   Ratingen 1966, S. 85 und 91

28 B. Linke: Die Hauptschule im Rahmen der Sekundarstufe I;
   in: H. K. Beckmann u. a. (Hrsg.): Hauptschule in der
   Diskussion; Braunschweig 1977. Ders.: Die Hauptschule
   im Rahmen der Sekundarstufe I; in: W. S. Nicklis:
   Hauptschule; Bad Heilbrunn 1980, S. 234 ff. - H. J.
   Ipfling: Allgemeinbildung und Schulstruktur in der Se-
   kundarstufe I. Zum Modell einer integrierten Haupt-
   Real-Schule; in: R. W. Babilon/H.-J. Ipfling: Allgemein-
   bildung und Schulstruktur. Fragen zur Sekundarstufe I;
   Bochum 1980, S. 135 ff.

29 F. Hott: Kurskorrektur in Sachen Hauptschulstufe. Plädoyer für eine praxis-, technik- und berufsbezogene Jugendschule; Bad Heilbrunn 1984, bes. S. 59 f. und
   S. 88 f.

30 K. Westphalen: Gemeinsames und Trennendes im Curriculum der Schularten·auf der Sekundarstufe I; in: F. W. Babilon/H.-J. Ipfling (Hrsg.): Allgemeinbildung Schulstruktur. Fragen zur Sekundarstufe I; Bochum 1980, S. 68 ff. Auch Th. Ballauff sieht die 'Schule der Zukunft zweigliedrig. In: Schule der Zukunft; Bochum o. J., S. 75

31 E. Spranger: Vom Eigengeist der Volksschule; Heidelberg 1958 (3. Aufl.). W. Flitner: a. a. O.. K. Stöcker: Volksschuleigene Bildungsarbeit; Theorie und Praxis einer volkstümlichen Bildung; München 1957

32 K. Stöcker: a. a. O., S. 45

33 Vgl. H. Glöckel: Volkstümliche Bildung? Versuch einer Klärung. Ein Beitrag zum Selbstverständnis der Volksschule; Weinheim 1964

34 Vgl. 'Empfehlungen...' Stuttgart 1964: Schulzeitverlängerung, Jugendschule, Differenzierung, Einführung des Fremdsprachenunterrichts, Fachunterricht. S. 25

35 Vgl. J. G. Klink: Hauptschule und Realschule; a. a. O., S. 203 und 208

36 VBE-Entschließungen 1985 in: Forum E, 12/85, S. 16 f. E. Knauss in:Schulreport 6/83, S. 3. Kritisch B. Götz: Dirigismus-Pessimismus-Restauration. Zur Schulpolitik der 80-er Jahre; in: DDS 2/83, S. 98 ff. (Er setzt sich vor allem mit den bildungspolitischen Vorstellungen der CDU in Baden-Württemberg auseinander.)

37 Vgl. hierzu auch H.-J. Ipfling: Die Hauptschule - ein Versuch, ihren Standpunkt zu bestimmen; in: Lehrerjournal, 2 und 3/83, S. 92 ff. und 139 ff.

38 Vgl. P. R. Hofstätter: Einführung in die Sozialpsychologie; Stuttgart 1959. H. Schelsky: Schule und Erziehung in der industriellen Gesellschaft; Würzburg 1957. M. Heitger: Bildung und moderne Gesellschaft; München 1963

39 L. Trommer-Krug/L. Krappmann: Soziale Herkunft und Schulbesuch; in: Max-Planck-Institut f. Bildungsforschung. Projektgruppe Bildungsbericht (Hrsg.): Bildung in der Bundesrepublik Deutschland; Bd. 1, Reinbek 1980, S. 217 ff. W. Hopf: a. a. O., S. 189 ff.

40 H. Weinstock. Realer Humanismus; Heidelberg 1955, S. 121 f.

41 K. Haefner: Die neue Bildungskrise; Basel 1982, S. 172

42 Vgl. H.-J. Ipfling: Die Hauptschule - Chance für Allgemeinbildung oder Tor zum Beruf? in: F. W. Babilon/H.-J. Ipfling (Hrsg.): Hauptschule..., Bochum 1978, S. 40 ff.

43 K. Westphalen: Wissenschaftsmethodische und wissenschaftstheoretische Anmerkungen zum Projekt 'Das Problemfeld Hauptschule innerhalb einer multidimensionalen Schultheorie', unveröffentliches Manuskript, März 1985, S. 3

44 Vgl. W. Hartnacke: Geistige Begabung, Aufstieg und Sozialgefüge. Gegen eine Verstümmelung der Höheren Schule; Wolfenbüttel 1950. K. V. Müller: Die Begabung in der sozialen Wirklichkeit; Göttingen 1951. A. Huth: Was fordert die Wirtschaft von der Schule? in: Die Bayer. Schule 9/52. H. Weinstock: Menschenbildung in der Welt von heute; in: Deutscher Industrie- und Handelstag, Heft 57/1958. Man bedenke die höchst problematische Trennung von Theorie und Praxis, von Denken und Tun, deren Einheit Goethe geradezu als Konstituens von Bildung ansah.

45 Der 'Rahmenplan' hält "an drei Bildungszielen unseres Schulsystems" fest. A. a. O., S. 16

46 Diese Ideale setzten sich in der Wirklichkeit keinesfalls trennscharf durch: Man vgl. den Humanismus-Realismus-Streit, die verschiedenen Formen des Gymnasiums, die curriculare Nähe von Real-und Hauptschule.

47 Vgl. B. Götz: a. a. O.. Ferner H. Heid: Über die Entscheidbarkeit der Annahme erbbedingter Begabungsgrenzen; in: DDS, 2/85, S. 101 ff. (vor allem die Fragen in der Schlußbemerkung)

48 H. Roth (Hrsg.): Begabung und Lernen. Stuttgart 1969 (3. Aufl.)

49 Vgl. H. Fend: Sozialisationseffekte der Schule; Weinheim 1976. K. Haußer: Die Einteilung von Schülern. Theorie und Praxis schulischer Differenzierung; Weinheim 1980

50 P. Struck: a. a. O., S. 119

51 Aufschlußreiche Zahlen liefert die AFS-Umfrage: Die Schule im Spiegel der öffentlichen Meinung; in: H. G. Rolff u. a. (Hrsg.): a. a. O., S. 13 ff. Danach wünschen Schülereltern 1983 folgende Schulabschlüsse für ihr Kind: Hauptschulabschluß 13 %, Realschulabschluß 36 %, Abitur 51 % (S. 16). Auf die Frage 'Welcher Schulabschluß ist Ihrer Meinung nach die beste Voraussetzung, um später einen Arbeitsplatz zu bekommen?' nennen nur 7 % der Schülereltern den Hauptschulabschluß (S. 21). (Im gleichen Buch sind auch noch andere Beiträge für unser Thema relevant!)

52 Rahmenplan ..., S. 26 (Der Deutsche Ausschuß zitiert hier aus einem Gutachten der Unabhängigen Kommission für das Hamburger Schulwesen und stimmt mit ihr überein.)

53 Die Hauptschule ist nicht die Schule für mehr als die
   Hälfte der Schüler der entsprechenden Jahrgänge; die
   gemeinsame 5./6. Jahrgangsstufe ist nicht durchgängig
   realisiert; die Hauptschule ist nicht generell bis in
   die 10. Jahrgangsstufe ausgebaut; die Arbeitslehre ist
   nicht ihr didaktisches Zentrum geworden und liegt auch
   im Stundenanteil hinter dem beabsichtigten Drittel zurück; ihr Anspruchsniveau mußte aufgrund des höheren
   Auslesegrades wieder zurückgenommen werden; ihr soziales Ansehen hat abgenommen.

54 O. A. Schorb im Vorwort zu J. Bofinger: Wandel des
   Schullaufbahnverhaltens im gegliederten Schulwesen
   Bayerns; München 1982, S. V

55 Vgl. E. Frister: Schicksal Hauptschule; Köln 1976

56 K. Westphalen: Raster für Schulartprofile; unveröffentlichtes Manuskript. Zur 'Arbeitsdefinition': Von beson-
   derem Interesse sind - in unserem Zusammenhang - die
   unterscheidenden Merkmale.

57 Mit dem Ganzen meine ich folgende Geltungsbereiche:
   Sprache, Zahl, soziokulturelle, ökonomische und naturwissenschaftliche Realien, Musisches, Physis und Transzendenz. Man vgl. auch den Beitrag von W. Klafki: Kon-
   turen eines neuen Allgemeinbildungskonzepts; in ders.:
   Neue Studien zur Bildungstheorie und Didaktik; Weinheim 1985, S. 12 ff. - Th. Ballauff: a. a. O., bes.
   S. 74

58 Die alten Sprachen können durchaus 'Charakterfächer' des
   Gymnasiums bleiben. Englisch muß jedoch als Pflichtfach
   in der Hauptschule angeboten werden. Vgl. H.-J. Ipfling
   (Hrsg.): Englisch in der Hauptschule; Frankfurt 1984

59 Vgl. G. Kolb: Arbeit-Wirtschaft-Technik; München 1983

60 J. Muth: Die Aufgabe der Volksschule in der modernen
   Arbeitswelt; Essen 1961, S. 97

61 W. Nowey: Strukturmodelle zur allgemeinen und vorberuf-
   lichen Bildung; München 1978, S. 126

62 F. Herbart: Allgemeine Pädagogik; 1806, Einleitung,
   Ziffer 16

63 A. Petzelt: Wissen und Haltung; Freiburg 1955. Ferner
   H.-J. Ipfling: Die Schule als Erziehungsstätte; in: F.
   O. Schmaderer (Hrsg.): Werterziehung; München 1978, S.
   31 ff.

64 Ich frage mich, ob die "Erziehungsarbeit" in der Hauptschule "Vorrang" haben kann gegenüber "bloßer Vermitte-
   lung des Lehrstoffes". (Vgl. den Lehrplan für die bay.
   Hauptschule vom 10.09.85, KMBl. S. 521) Hat es die
   Schule nicht vorrangig mit 'Vermittlung' von Wissen zu

tun, das freilich unauflösbar im Zusammenhang mit Haltung steht? Es gibt auch zu denken, welche Qualifikationen Teile der Wirtschaft von den Hauptschülern erwarten und welche nicht. Vgl. U. Lorenz: Handwerk und Hauptschüler. Qualifikationen von Hauptschulabsolventen im Blick des Beschäftigungssystems; München 1980

65 M. Horstkemper u. a. (a. a. O., S. 55) distanzieren sich zurecht von der Ansicht, die Hauptschule in ihrer heutigen Situation könne geradezu den "Anfang der pädagogischen Arbeit" darstellen. (Vgl. Bartels/Freis/Heidorn: Das Ende der Hauptschule ist der Anfang pädagogischer Arbeit; in: WPB 9/81, S. 376 ff.)

66 Deutscher Bildungsrat: Strukturplan für das Bildungswesen; Stuttgart 1970, S. 33: "Das bedeutet nicht, daß der Unterricht auf wissenschaftliche Fähigkeit oder gar auf Forschung abzielen sollte; das bedeutet auch nicht, daß die Schule unmittelbar die Wissenschaft vermitteln sollte." Vgl. auch den Beitrag von H. Pfeiffer u. a.: Wissenschaftsorientierung in der Schulpraxis: Zur Verkürzung und Verkehrung eines Reformkonzepts; in: H. G. Rolff u. a.: a. a. O., S. 259 ff.

67 OECD: a. a. O., S. 148

68 Vgl. W. Klafki: a. a. O., S. 19

69 Vgl. die realistischen und kritischen Aussagen von W. L. Bühl: Schulreform. Daten - Fakten - Analysen. Eine soziologische Kritik zum 'Strukturplan' des Bildungsrates; München 1971, bes. 201

70 H. D. Knoop: Problemfall Hauptschule. Mut zur Reform einer Schule; Essen 1985. Zu einer Umorientierung der pädagogischen Tätigkeit an der Hauptschule im Sinne kooperativer Verhaltensmodifikation raten A. Redlich/ W. Schley: Hauptschulprobleme; München 1980

71 E. Frister: Elf Thesen für eine Gegenschule; in ders.: Schicksal Hauptschule; Köln 1976, S. 99 ff.

72 Vg. H.-J. Ipfling in: H. Gröschel/H.-J. Ipfling/ A. Kriegelstein: a. a. O., S. 14

Fritz März

"GOTT IST FÜR DIE MENSCHEN NUR DURCH DIE MENSCHEN DER GOTT DER MENSCHEN."

Zur religiösen Dimension der Erziehungsbedürftigkeit
bei Rousseau und Pestalozzi

I

Die Hilflosigkeit des Menschenkindes in ihrer Vielfalt
ist ein empirisch nachweisbares Faktum; und sofern sie
einen pädagogisch relevanten Sachverhalt darstellt, besteht sie nicht nur in der weitgehenden Unfertigkeit
des Menschen nach seiner Geburt, in seiner Instinktre-
duziertheit und den anderen Merkmalen seiner biologischen Sonderstellung. Mag auch seine Integration in die
Gemeinschaft und Gesellschaft gelingen, dazu sein Ein-
leben in die ihn umgebende Kultur und ihre Erfordernisse und schließlich seine sittliche Mündigkeit; all diese Kenntnisse, Fähigkeiten und Haltungen lassen eine
Dimension seiner Hilfsbedürftigkeit unberührt, die keineswegs erst im nachhinein und irgendwann in ihn hin-
einkonstruiert oder ihm gar anerzogen wurde, sondern
die sich bei allen Menschen jeglicher Kulturen und Epochen von früher Kindheit an nachweisen läßt. Sie empfinden diese Seite ihrer Hilfsbedürftigkeit noch ehe
sie imstande sind über sich nachzudenken, und dieses
Empfinden begleitet sie ihr ganzes Leben hindurch. Zudem können sie diese Weise menschlicher Bedürftigkeit
an anderen erfahren: an Kindern, an jungen und alten
Menschen.

Unter den zahlreichen Anthropina zählt jenes gewiß zu
den auffälligsten und merkwürdigsten, wonach der Mensch
- und zwar bereits als Kind - sich mit den vorfindbaren
Gegebenheiten seiner Umwelt nicht so ohne weiteres zu-
friedengibt. Er will deren Ursachen kennen, er verlangt
nach Erklärungen und Begründungen - er fragt nach dem
S i n n :   nach dem Warum und Weshalb, dem Wozu und
Wofür, dem Woher und Wohin. Dazu treibt ihn nicht nur
ein intellektuelles Interesse, bloße Neugier; sondern
jene Fragen   q u ä l e n   ihn oft genug - in Situationen tiefer Betroffenheit: in Momenten der Gefahr und
Bedrohung, der Sorge und Angst, der Not und des Leides,
des Versagens und der Schuld, der Hoffnungslosigkeit
und der Verzweiflung. Der Mensch als geschichtliches
Wesen sieht ja nicht nur in seine Vergangenheit zurück;
er vermag nicht nur das Jetzt bewußt zu erleben; er
denkt darüber hinaus auch fortwährend in seine Zukunft:
sehnt sich nach ... und ängstigt sich vor ..., erwartet
und hofft. Schon früh erlebt er neben Augenblicken der
Liebe und Geborgenheit, der Freude und des Wohlbefin-
dens solche der Einsamkeit und des Hasses, der Krankheit und der Schmerzen. Und kann auch ein Kind den Tod
- die unabweisbarste aller menschlichen Gegebenheiten -
in seiner vollen und schmerzlichen Tragweite noch nicht
begreifen, spätestens der Jugendliche erfährt ihn in
seiner ganzen Härte: in der Unwiederbringlichkeit eines
geliebten Menschen, im sinnlosen Unfall, im grausamen
Verbrechen ...
Niemandem bleiben solche Erfahrungen erspart und dazu
die zahllosen Situationen eigenen und fremden Versagens: Täuschung und Irrtum, Zweifel und Ratlosigkeit,
Skepsis und Zynismus, Unzufriedenheit und Friedlosig-
keit, Schwäche und Böswilligkeit, Versuchung und Fall,
Mißerfolg und gänzliches Scheitern. Oft genug steht er

vor unüberwindlichen Schranken, und immer wieder erfährt er seine Ohnmacht. Und so kann sich kein Mensch der Frage nach dem Zweck von alledem und letztlich der Frage nach dem Sinn seines Daseins überhaupt entziehen.

Nun ist es nicht Aufgabe der Erziehungswissenschaft, diese Frage zum zentralen Gegenstand ihrer Bemühungen zu machen. Gleichwohl hat diese Frage ihren pädagogischen Aspekt; und es gibt keinen hinreichenden Grund für den Erziehungswissenschaftler, diesen Aspekt auszuklammern oder gar zu unterschlagen. Angesichts dieser Fragestellung zeigt sich der Mensch als "heils-, verzeihungs- und gnadebedürftiges Wesen"[1] und sieht sich auf Antworten verwiesen, die nicht mehr wissenschaftlich exakt und intersubjektiv nachprüfbar ausfallen, sondern einzig und allein an der G l a u b w ü r d i g k e i t dessen gemessen werden müssen, von dem man sie bekommt.[2] Im Blick auf diesen Aspekt seiner Existenz erhellt auch, daß der Mensch einer Kraft bedarf, die ihm so wenig in fertigem Zustand angeboren ist wie die übrigen Fähigkeiten zur Lebensbewältigung; die zu entfalten er nur dann imstande ist, wenn ihm bei dieser Erweckung ein anderer behilflich ist: d i e K r a f t z u g l a u - b e n. "Glauben ist die Kraft, die noch Geborgenheit in der Verzweiflung geben kann, die es dem Menschen erlaubt, im eigenen Scheitern noch einen Sinn zu erfassen, das eigene Leiden noch anzunehmen, vor einer völlig verdunkelten Zukunft, in dem Wissen, daß die Welt morgen untergeht, heute noch 'einen Apfelbaum in seinem Garten' zu pflanzen."[3]

H. ROTH will die theologisch und religionspädagogisch so schwer beantwortbare Frage nach der Entstehung des Glaubens: allein durch die göttliche Gnade oder durch erzieherische Erweckung oder im bloßen unreflektierten Zusammenleben - ROTH will diese Frage ausschließlich

v o m K i n d h e r behandelt wissen, weil sie so
"um vieles konkreter und einfacher" zu stellen und zu
beantworten sei. Man müsse Kinder nur beobachten, wie
sie sich in schmerzlichen und traurigen Momenten, in Augenblicken der Angst und in unglücklichen Stimmungen
trösten und beruhigen lassen und wie sie sich selber zu
trösten versuchen. Oft genug treffe man dabei auf magi-
sche Verhaltensweisen, die für den Erzieher gewiß einen
Ansatzpunkt seiner Hilfe darstellen können, in denen er
jedoch das Kind keineswegs sich selbst und dem "Wildwuchs" überlassen dürfe. Und ROTH kommt - ausgehend von
der Erfahrung, daß dort, wo der G l a u b e fehlt,
der A b e r g l a u b e Platz greife - zu folgender
Erkenntnis: "Es gibt einen über die Geschichte der Religionen und ihrer Stifter nachweisbaren Weg von den Dä-
monenreligionen der Angst zu den Religionen der Liebe.
Diesen Weg muß das Kind noch einmal gehen. Diesen
Menschheitsweg ohne erzieherische Hilfe, ohne Lehre und
Unterricht aus sich selbst zu finden, ist unmöglich. Dazu bedarf es der Überlieferung, der Erziehung und der
Erweckung... Der Mensch ist, wie er ein erziehungsbe-
dürftiger und erziehungsfähiger Mensch ist, auch ein
heilungsbedürftiger und heilungsfähiger Mensch."[4]
Der Erzieher, der diese Dimension der Erweckungsbedürftigkeit gewahrt und respektiert, steht allerdings vor
der diffizilen Frage: w i e er diesem Sinn- und
Heilsbedürfnis des Edukanden gerecht werden kann. Aber
auch die Schwierigkeit dieses pädagogischen Komplexes
bedeutet keinen zureichenden Grund, die Erziehungsbedürftigkeit des Menschen als eines religiösen Wesens zu
ignorieren. Wer freilich aus mißverstandener Toleranz
oder anderen Bedenken meint, die damit zusammenhängenden
Aufgaben der Erziehung und ihre Bewältigung aussparen zu
dürfen, wer - einer Bewahrungspädagogik entsprechend -

seine Antworten auf die drängenden Sinnfragen junger
Menschen so lange aufschieben zu dürfen vermeint, bis
diese in der Lage sind, sich solche Fragen selber zu beantworten oder sie vielleicht zu vergessen, der übersieht, daß Kinder und Jugendliche h i e r   u n d
j e t z t   nach Antworten drängen und nur selten und
dann auch nur für sehr kurze Zeit bereit sind, ihre
diesbezüglichen Bedürfnisse aufzuschieben. Damit allerdings überläßt er sie jenen, die um so unbedenklicher
dieses Vakuum füllen und ohne Scheu den jungen Menschen
manipulieren.

II

Die Beurteilung J. J. ROUSSEAUS zeigt sich höchst kon-
trovers. Neben jenen, die ihn gleichsam heiligsprechen
und sein Naturevangelium der Erziehung immer wieder aufs
neue verkündigen, stehen andere, die im pädagogischen
Werk des französischen Kulturkritikers durchaus Positi-
ves und eine Reihe von Vorzügen erkennen, überwiegend
aber doch die Irrtümer dieses Mannes hervorheben. Und
hält man sich an deren Kritik, dann wird man zweifeln
dürfen, ob von ihm zu diesem Aspekt einer Pädagogischen
Anthropologie überhaupt ein Beitrag erwartet werden
kann.
Wer - wie ROUSSEAU - davon überzeugt ist, daß alles,
"wie es aus den Händen des Schöpfers kommt" - also auch
der Mensch - g u t   sei[5]; daß daher - sieht man einmal von der anfänglichen natürlichen Hilflosigkeit des
Kindes ab - von menschlicher Schwäche zu reden überflüssig sei; daß es deshalb ebenso überflüssig sei, den Menschen als ein   e r l ö s u n g s b e d ü r f t i g e s
Wesen zu bezeichnen, und daß somit auch auf eine sich
auf übernatürliche Offenbarung berufende Religion - wie

etwa die christliche - gut und gern verzichtet werden
könne; wer, wie ROUSSEAU, diesen Voraussetzungen und
Überzeugungen entsprechend die sittliche und religiöse
Erziehung "allzusehr verzögert" und "dem Kinde viel zu
spät Ideale und Vorbilder" zeigt, "nach denen es sein
Leben ausrichten soll"[6], für den kann es doch so etwas
wie eine Erziehungsbedürftigkeit des Menschen als eines
metaphysischen und religiösen Wesens kaum geben.
Besieht man sich allerdings ROUSSEAUS Lehre im Original,
dann wird man diese Kritik wegen ihrer pauschalen Verur-
teilung zurückweisen müssen. - Zunächst bleibt festzuhalten, daß auch für ROUSSEAU der Mensch ein anfälliges
und verkehrtes oder - wie er sich ausdrückt - ein "ent-
artetes" Wesen ist. Denn der erste Satz seines Erziehungsromans "Emil" aus dem Jahre 1762 lautet - vollstän-
dig zitiert: "Alles ist gut, wie es aus den Händen des
Schöpfers kommt; alles entartet unter den Händen des
Menschen": auch der Mensch selbst! Nur begründet ROUS-
SEAU im Vergleich zur christlichen Tradition - an die
sich beispielsweise COMENIUS noch fraglos hält - menschliche Verderbtheit und die daraus resultierende Erziehungsbedürftigkeit nicht mehr   t h e o l o g i s c h ,
sondern - einer neuzeitlichen Tendenz folgend -   g e -
n e t i s c h ,   also über eine Betrachtungsweise, "die
die Ursprünge der wirklichen Verkehrtheit im menschlichen Verhalten selbst sucht" und dafür nicht mehr Gott
oder das Schicksal, sondern den Menschen verantwortlich
macht. Die für Erziehung daraus resultierende Aufgabe
bedeutet für die neuzeitlichen Pädagogen nicht so sehr
und großenteils überhaupt nicht mehr Verkündigung der
Erlösungsbotschaft, sondern "Erziehung besteht dann geradezu darin, diese Verantwortlichkeit jeden Menschen
erfahren zu lassen, ihn aber zugleich zu ermächtigen,
aus eigener Einsicht und Entscheidung die Verkehrung
rückgängig zu machen."[7]

Darüber hinaus bleibt im Blick auf ROUSSEAUS Lehre festzuhalten, daß, falls der Mensch erst später entartet,
ursprünglich aber gut ist, seiner Erziehungsbedürftigkeit keineswegs dadurch entsprochen wird, daß man ihm
über religiöse Unterweisung v o n   a u ß e n   h e r
bestimmte Heilslehren einer sich irgendwann und irgend-
wie offenbarenden übernatürlichen Instanz einpflanzt,
sondern ausschließlich dadurch, daß man ihn lehrt, sich
nur auf die S t i m m e   s e i n e s   H e r -
z e n s ,   s e i n e s   G e w i s s e n s zu verlassen: "... was Gott will, daß der Mensch tun soll, das
läßt er ihm nicht durch einen anderen Menschen sagen: er
sagt es ihm selber; er schreibt es ihm ins Herz"[8]. Of-
fenbarungswahrheiten sind überflüssig; und was die
menschliche Vernunft anlangt, so ist auf sie schon gar
kein Verlaß: "Ich brauche mich nur selbst zu befragen,
was ich machen will. Alles, was ich als gut empfinde,
ist gut; alles, was ich als schlecht empfinde, ist
schlecht. Der beste Anwalt ist das Gewissen. Nur wenn
man mit dem Gewissen feilschen will, nimmt man zu Spitz-
findigkeiten seine Zuflucht... Zu oft täuscht uns die
Vernunft; wir sind nur allzu berechtigt, sie abzulehnen.
Das Gewissen aber täuscht nie. Es ist der wahre Führer
des Menschen: es verhält sich zur Seele wie der Instinkt
zum Leib. Wer ihm folgt, gehorcht der Natur und braucht
nicht zu fürchten, in die Irre zu gehen."[9] So einfach
ist das!?
Hierin irrt ROUSSEAU ohne Zweifel, indem er Instinkt und
Gewissen letztlich gleichsetzt und die Instinktreduktion
des Menschen sowie die daraus resultierende Offenheit,
Lernbedürftigkeit und Entscheidungsnotwendigkeit schlecht-
weg ignoriert.
Aber schließlich gilt es auch festzuhalten, daß ROUSSEAU
weder hinsichtlich seines Gesamtwerkes noch innerhalb

seines Erziehungsromans konsequent und widerspruchsfrei
bleibt; wobei über alle teilweise fatalen anthropologischen und pädagogischen Irrtümer dieses Mannes hinweg
der - wohl auch für ihn persönlich - schmerzlichste Widerspruch darin gesehen werden muß, daß der Verfasser
des ersten pädagogischen Bestsellers und 'Entdecker des
Kindes' seine eigenen Kinder jeweils gleich nach der Geburt dem Findelhaus überließ. Sofern man aber diese Widersprüchlichkeit beachtet, wird es unzulässig, eine
These gegen eine andere auszuspielen und in der Kritik
das zu unterschlagen, was eben diese Kritik wieder entkräften könnte.
Behält man ROUSSEAUS Erziehungsroman insgesamt im Blick,
dann bestätigt das, was er über das Verhältnis   K i n d
u n d   R e l i g i o n   und was er über die religiöse
Erziehung schreibt, sehr wohl das Faktum der Erziehungsbedürftigkeit des Menschen   a u c h   u n d   g e r a -
d e   a l s   e i n e s   r e l i g i ö s e n   W e -
s e n s.
Wogegen ROUSSEAU ankämpft, ist zuvörderst der rationa-
listische religiöse Erziehungsbetrieb seiner Tage. Welchen Sinn soll es haben, Kinder mit theologischen Ge-
heimnissen und Begriffen wie "Schöpfung, Vernichtung,
Allgegenwart, Ewigkeit, Allmacht"[10] zu traktieren, wenn
damit doch die meisten Erwachsenen überfordert bleiben?
"Ich sehe voraus, wie viele Leser erstaunt sein werden,
daß ich das erste Alter meines Schülers habe verstrei-
chen lassen, ohne mit ihm über die Religion zu sprechen.
Mit fünfzehn Jahren wußte er noch nicht, ob er eine Seele habe und vielleicht ist es mit achtzehn noch zu früh,
daß er es erfährt. Denn wenn er es früher als nötig erfährt, läuft er Gefahr, es niemals zu wissen."[11]
Wogegen ROUSSEAU also polemisiert, dies ist der unsinni-
ge Katechismusunterricht des 18. Jahrhunderts, dessen
Verfechter den Anschein erwecken, Heilsgeheimnisse könn-

ten begreifbar gemacht werden. Der Franzose leugnet
nicht den Glauben und die Notwendigkeit der Erlösung:
"Gewiß dürfen wir keinen Augenblick verlieren, um die
ewige Seligkeit zu verdienen"; aber er stellt die Notwendigkeit in Frage, "gewisse Wörter nachzusprechen",
um erlöst und selig werden zu können. Und er bezweifelt
den Wert eines Glaubens, der an die Geographie gebunden
bleibt: der in Rom Geborene werde Christ, und der in
Mekka das Licht der Welt erblickt, sei zum Mohammedaner
prädestiniert. Erlösung und ewige Seligkeit werden aber
auch jenen zuteil, die nie ein Wort von Gott gehört hätten und ihn nie "begreifen" würden - was übrigens die
katholische Lehre von den getauften Kindern bezeuge. Auch
Wilde und geistig Behinderte seien des Himmelreiches gewiß. ROUSSEAU will sich davor hüten, jenen die Wahrheit
zu verkünden, die nicht oder noch nicht imstande sind,
sie zu begreifen; würde dies doch bedeuten, die Wahrheit
in Irrtum zu verfälschen. Seinen Emil weiß er davor bewahrt, "denn er beachtet nichts, was seine Fassungskraft
übersteigt... Wenn er beginnt, sich wegen dieser großen
Fragen zu beunruhigen, dann nicht darum, weil er davon
gehört hat, sondern weil seine fortschreitenden Einsichten sein Suchen in diese Richtung lenken".[14]
Hier bringt ROUSSEAU die religiöse Dimension der Erziehungsbedürftigkeit deutlich zur Sprache. Mag er im Vergleich mit älteren christlichen Erziehungstheoretikern
- mit AUGUSTINUS und THOMAS VON AQUIN beispielsweise
oder mit LUTHER und COMENIUS - auch andere Vorstellungen
darüber haben, wie diesem Aspekt der Erziehungsbedürftigkeit zu entsprechen sei, so weiß er nur zu gut um
"das traurige Los der Sterblichen..., die auf diesem
Meer der menschlichen Meinungen dahintreiben, ohne Steu-
er, ohne Kompaß",[15] in der ständigen Sehnsucht nach
Wahrheit.

Zur Frage, in welcher Religion Emil zu erziehen sei, schreibt er: "Die Antwort scheint mir sehr einfach zu sein. Wir führen ihn weder in die eine noch in die andere ein, aber wir setzen ihn instand, die zu wählen, zu der ihn der richtige Gebrauch seiner Vernunft führen muß." Wie sehr dabei - bei aller Kritik am Offenbarungsglauben, trotz aller Bevorzugung der "natürlichen Religion"[17] und bei aller Berufung auf "das innere Licht":[18] auf das innere gute oder schlechte Empfinden wie es uns das Gewissen vermittelt - wie sehr dabei dennoch die "Lehre Jesu Christi"[19] als Religion der Liebe dominiert, kann ROUSSEAU nicht verbergen; und offenkundig will er dies auch gar nicht. In erster Linie geht es ihm um die Neufassung des Katechismus - um eine an der Eigenart des Kindes orientierte Aufbereitung der Heilswahrheit.

Im fünften Buch des "Emil" entwirft er ein Muster dieses neuen Katechismus; und eben an diesem Muster wird offenkundig, wie sehr sich ROUSSEAU der religiösen Dimension der Erziehungsbedürftigkeit bewußt ist. Dieses Muster ist in Form eines Gespräches zwischen der kleinen Sophie und ihrem Kinderfräulein konzipiert; und das zentrale Thema dieses Gespräches heißt Tod:

"Das Kinderfräulein: Was wird also aus den alten Leuten?

Die Kleine: Sie sterben.

Das Kinderfräulein: Und wenn du alt wirst, was wirst...

Die Kleine, sie unterbrechend: Mein Fräulein, ich möchte nicht sterben.

Das Kinderfräulein: Mein Kind, niemand will sterben, aber trotzdem sterben alle.

238

Die Kleine: Wie! Muß Mama auch sterben? ..."[20]

ROUSSEAU weiß um die Dringlichkeit derartiger Fragen, die
auch Kinder schon quälen; und es trifft keineswegs zu, er
wolle den Fragen der sittlichen und religiösen Erziehung
im Kindesalter ausweichen und den Edukanden auf diesem
Feld gänzlich dem Wildwuchs überlassen sowie Freiräumen
das Wort reden, die sich der jugendliche und erwachsene
Mensch später selber füllen sollten. Auch für den Franzosen hat das Kind ein Recht, auf alle e c h t e n Fragen, das heißt: auf alle Fragen, die ihm nicht durch Erwachsene von außen her in den Mund gelegt wurden, zutref-
fende Antworten zu bekommen. Würde man die Fragen des
Kindes nach Gott, nach dem Zweck des Lebens und nach dem
Sinn des Leidens gänzlich unbeantwortet lassen und dies-
bezüglich mit "Geheimnistuerei"[21] agieren, dann stünde zu
befürchten, daß seine Phantasie merkwürdige Blüten treibt
"und ihm dadurch den Kopf verdreht und schließlich einen
Fanatiker aus ihm macht anstatt eines Gläubigen".[22]

III

Zwischen 1774 und 1779 betreut J. H. PESTALOZZI auf seinem Gut "Neuhof" verarmte und verwahrloste Kinder; und
während dieser Zeit tritt ihm das Phänomen E r z i e -
h u n g s b e d ü r f t i g k e i t immer klarer vor
Augen. 1779 muß er seine Bemühungen wirtschaftlicher
Schwierigkeiten wegen abbrechen. In der ungewollten Ruhe
und gerade noch ein Dach über dem Kopf findet er nunmehr
Gelegenheit, seine anthropologischen und pädagogischen
Erfahrungen zu überdenken. Die Frucht dieser Besinnung
ist seine erste bedeutende Schrift: "D i e A b e n d -
s t u n d e e i n e s E i n s i e d l e r s" von
1779/80. Er versteht und konzipiert sie gleichsam als

Vorrede zu allen seinen geplanten Werken. In zahlreichen
Abschnitten dieser Schrift macht sich der Schweizer Gedanken über das Anthropinon E r z i e h u n g s b e -
d ü r f t i g k e i t , und wiederum einen großen Teil
dieser Ausführungen widmet er ihrem religiösen Aspekt.
Im Nachdenken über die Dürftigkeit und Bedürftigkeit
menschlicher Existenz, über die Anstrengungen der Menschheit, sie zu überwinden, über die dabei erlittenen Rück-
schläge und die ständige Erfahrung, "daß die Vollendung
ihrer Laufbahn sie nicht gesättiget habe";[23] und ausgehend von dem Bedürfnis und von der Sehnsucht nach Wahrheit, "die mein Heil ist und mich zu Vervollkommung meiner Natur empor hebt",[24] und von der Sorge über "die ir-
rende Menschheit"[25] - im Nachdenken über all dies stößt
PESTALOZZI auf die G o t t e s f r a g e . In Gott erkennt er "die näheste Beziehung der Menschheit".[26] Ohne
Gott fehlt dem Menschen die Kraft, die Unglücksfälle und
Grenzsituationen seines Lebens zu ertragen und zu bewältigen; allein im Glauben an Gott erfährt er "Ruhe und
Kraft und Weisheit, die keine Gewalt, kein Grab in dir
erschüttert".[27]
PESTALOZZI weiß diesen Glauben "als Grundlage der Menschenbildung"[28] tief im Menschen verwurzelt - so tief
"wie der Sinn vom Guten und Bösen, wie das unauslösch-
liche Gefühl von Recht und Unrecht";[29] und er ist ebenso
wie die Väter der abendländischen Gotteslehre - AUGUSTI-
NUS beispielsweise und THOMAS VON AQUIN - davon überzeugt, daß der Gottesglaube, der Glaube an Erlösung und
Heil "nicht Folge und Resultat gebildeter Weisheit"[30]
ist, die man in den Menschen von außen her hineinlegen
könnte. Der beweisbare Gott der Philosophen, "die Lehr-
säze von überwiegendem Guten"[31) - dies wohl ein Seiten-
hieb auf den Optimisten und Rationalisten LEIBNIZ - und
das "Gerede der Weisen"[32] vermitteln keinen Trost, schon

gar nicht jenem, dem "Flammen des Jammers"[33] über dem
Kopf brennen.

PESTALOZZI weiß aber auch, daß der Glaube d e s A n -
s t o ß e s u n d d e r E r w e c k u n g bedarf;
daß er keinesfalls das Ergebnis obskurer Entwicklungsten-
denzen ist, sondern daß dieser Erweckungsbedürftigkeit
des Menschen als eines religiösen Wesens m e n s c h -
l i c h e H i l f e entgegenkommen muß. Und er weiß
darüber hinaus, daß Glaube und die ihm verwandten Haltungen wie Kindersinn und Gehorsam "nicht Resultat und
späte Folge einer vollendeten Erziehung",[34] sondern als
"frühe und erste Grundlagen der Menschenbildung"[35] zu begreifen sind. Und deshalb müssen diese Erweckungshilfe
bereits die ersten und engsten Bezugspersonen des Kindes
leisten - Mutter und Vater: "Glauben an meinen Vater, der
Gottes Kind ist, ist Bildung meines Glaubens an Gott."[36]

Der Schweizer bringt diese grundlegende anthropologische
und pädagogische Thematik mehrfach zur Sprache, besonders
vertieft und unter starker Hervorhebung der Bedeutung der
M u t t e r für den Aufbau der kindlichen Gottesvorstellung in seiner 1801 veröffentlichten Schrift "W i e
G e r t r u d i h r e K i n d e r l e h r t ,
e i n V e r s u c h d e n M ü t t e r n A n -
l e i t u n g z u g e b e n , i h r e K i n d e r
s e l b s t z u u n t e r r i c h t e n , i n
B r i e f e n " - vor allem im d r e i z e h n t e n
und v i e r z e h n t e n B r i e f .

Er geht dabei von folgenden Fragen aus: "Wie entkeimt der
Begrif von Gott in meiner Seele? Wie kommt es, daß ich an
einen Gott glaube, daß ich mich in seine Arme werfe, und
mich selig fühle, wenn ich ihn liebe, wenn ich ihm ver-
traue, wenn ich ihm danke, wenn ich ihm folge?"[37] - Seine
Antwort lautet: "Ich muß Menschen lieben, ich muß Menschen
trauen, ich muß Menschen danken, ich muß Menschen gehor-

samen, ehe ich mich dahin erheben kann, Gott zu lieben,
Gott zu danken, Gott zu vertrauen und Gott zu gehorsamen:
'denn wer seinen Bruder nicht liebt, den er sieht, wie
will der seinen Vater im Himmel lieben, den er nicht
sieht?'"[38]
Alle diese Haltungen haben ihren Ursprung im Verhältnis
"z w i s c h e n   d e m   u n m ü n d i g e n   K i n d e
u n d   s e i n e r   M u t t e r".[39] Indem die Mutter -
"von der Kraft eines ganz sinnlichen Instinktes dazu
g e n ö t h i g e t"[40] - das Kind versorgt und seine
leiblichen und emotionalen Bedürfnisse stillt und so seiner Unbehelflichkeit zu Hülfe"[41] kommt, entfalten sich im
Kind   d i e   K e i m e   d e r   L i e b e ,   d e s
V e r t r a u e n s ,   d e s   D a n k e s   u n d
d e s   G e h o r s a m s. Aber ihre Bildung "ruhet auf
K u n s t"   und "ist nicht eine einfache Folge der Natur-
triebe".[42]
In engem Zusammenhang mit der Erweckung dieser Haltungen
entfalten sich auch der erste   G e w i s s e n s k e i m
und der Keim "derjenigen Gemüthsstimmung, welche der
menschlichen Anhänglichkeit an den Urheber unsrer Natur
eigen ist; das heißt, der Keim aller Gefühle der Anhänglichkeit an Gott, durch den Glauben, ist in seinem Wesen
der nemliche Keim, welcher die Anhänglichkeit des Unmündi-
gen an seine Mutter erzeugte".[43]
Ist diese grundlegende Erweckung und Entfaltung des kindlichen Glaubens an Gott erfolgt und beginnt sich das Kind
mit zunehmendem Alter aus der engen Bindung an die Mutter
allmählich zu lösen, muß sich auch die Form dieser menschlichen Hilfestellung ändern; und was anfänglich das Resultat einer innigen Gefühlsverbundenheit zwischen Kind und
Mutter war, wird jetzt "eine hohe   m e n s c h l i c h e
K u n s t"[44] - eine Kunst freilich, die   "d i e   A n -
f a n g s p u n k t e"   zu keinem Zeitpunkt aus den Augen verlieren darf. In   e i n e m   Sachverhalt gleichen

sich beide Weisen menschlicher Entfaltungs- und Erwek-
kungshilfe allerdings - und hierin unterscheiden sich
PESTALOZZI und ROUSSEAU einigermaßen: was die Erziehungsbedürftigkeit des Menschenkindes als eines   s i t t -
l i c h e n   u n d   r e l i g i ö s e n   Wesens anlangt, so befindet es sich von Geburt an an einem Punkt,
an dem der Erzieher es   "d a s   e r s t e   Mal,
n i c h t   d e r   N a t u r   a n v e r t r a u e n"[45]
darf, sondern a l l e s   d a r a n s e t z e n   m u ß ,
"die Leitung desselben ihrer Blindheit   a u s   d e r
H a n d   z u   r e i s s e n ,   und in die Hand von Maß-
regeln und Kräften zu legen, die die Erfahrung von Jahrtausenden angegeben hat".[46]

Unermüdlich unterstreicht PESTALOZZI die Bedeutung der
M u t t e r   als der wichtigsten Bezugsperson vor allem
dann, wenn es darum geht, dem Bedürfnis des Kindes nach
Antworten auf die Fragen nach dem Sinn des Lebens und nach
Gott zu entsprechen: "ich bin ein Kind Gottes; ich
g l a u b t e   an meine Mutter, ihr Herz   z e i g t e
mir Gott; Gott ist der Gott   m e i n e r   M u t t e r ,
er ist der Gott   m e i n e s   H e r z e n s ,   er ist
der Gott   i h r e s   H e r z e n s ;   ich kenne keinen anderen Gott, der Gott meines   H i r n s ,   i s t   e i n
H i r n g e s p i n s t".[47]
Nun wird es dem Schweizer kaum entgangen sein, daß Kinder
sich gar nicht so selten ohne ihre leibliche Mutter im
Leben zurechtfinden müssen. Aber unabhängig davon, wer mit
einem Kind zusammenlebt und wer immer auch bereitsteht, ihm
bei der Entfaltung seines Glaubens an Gott "Handbiethung
zu leisten":[48] jedes Kind bleibt auf   m e n s c h l i -
c h e   Hilfe angewiesen.
Und so kann PESTALOZZI die in diesem Zusammenhang fundamentale anthropologische These folgendermaßen formulieren:
"Gott ist für die Menschen nur durch die Menschen der

Gott der Menschen. Der Mensch kennt Gott nur, insofern er den Menschen, das ist, sich selber kennet. - Und ehret Gott nur, insofern er sich selber ehret, das ist, insofern er an sich selber und an seinem Nebenmenschen nach den reinsten und besten Trieben, die in ihm liegen, handelt.

Daher soll auch ein Mensch den andern nicht durch Bilder und Worte, sondern durch sein Thun zur Religionslehre emporheben.

Denn es ist umsonst, daß du dem Armen sagest: es ist ein Gott, und dem Wayslein, du hast einen Vater im Himmel; mit Bildern und Worten lehrt kein Mensch den andern Gott kennen.

Aber wenn du dem Armen hilfst, daß er wie ein Mensch leben kann, so zeigst du ihm Gott; und wenn du das Wayslein erziehest, das ist, wie wenn es einen Vater hätte, so lehrst du ihns den Vater im Himmel kennen, der dein Herz also gebildet, daß du ihns erziehen mußtest."[49]

H. ROTH zitiert den ersten Satz dieses Abschnitts aus dem d r i t t e n   T e i l   von   "L i e n h a r d   u n d   G e r t r u d"   von 1785 in seiner   "P ä d a g o g i - s c h e n   A n t h r o p o l o g i e";   und er fügt ihm hinzu: mehr könne diese Wissenschaft kaum aussagen; dies allerdings   m ü s s e   gesagt werden.[50]

ANMERKUNGEN:

1 Heinrich Roth: Pädagogische Anthropologie. Band I. Bildsamkeit und Bestimmung. Schroedel, Hannover/Berlin/Darmstadt/Dortmund 1966, S. 142

2 Vgl. dazu: Fritz März: Studien zur personorientierten Pädagogik. Henn, Wuppertal/Ratingen/Kastellaun 1971, S. 11 ff.: Erste Studie: Das Phänomen des Glaubens im zwischenmenschlichen Bereich als Fundament der Bildung

3 Heinrich Roth: Pädagogische Anthropologie, Band I,
a. a. O., S. 142

4 a. a. O., S. 143 f.

5 Jean-Jacques Rousseau: Emile oder Über die Erziehung.
Vollständige Ausgabe in neuer deutscher Fassung besorgt von Ludwig Schmidts. Schöningh, Paderborn 1975
(3. Aufl.), S. 9

6 Johannes von den Driesch und Josef Esterhues: Geschichte der Erziehung und Bildung. Band I, Von den
Griechen bis zum Ausgang des Zeitalters der Aufklärung. Schöningh, Paderborn 1960 (5. Aufl.), S. 349 f.

7 Theodor Ballauff und Klaus Schaller: Pädagogik. Eine
Geschichte der Bildung und Erziehung. Band II, Vom
16. bis zum 19. Jahrhundert. Alber, Freiburg/München
1970, S. 167 f.

8 Jean-Jacques Rousseau: Emile oder Über die Erziehung.
a. a. O., S. 211

9 a. a. O., S. 300 f.

10 a. a. O., S. 266

11 a. a. O., S. 266 f.

12 a. a. O., S. 267

13 ebd.

14 a. a. O., S. 269

15 a. a. O., S. 276

16 a. a. O., S. 270

17 a. a. O., S. 312

18 a. a. O., S. 278

19 a. a. O., S. 410

20 a. a. O., S. 412

21 a. a. O., S. 269

22 ebd.

23 Johann Heinrich Pestalozzi: Sämtliche Werke. Hrsg. v.
   A. Buchenau/E. Spranger/ H. Stettbacher. 1. Band.
   Schriften aus der Zeit von 1766 bis 1780. Bearbeitet
   unter Mitwirkung von A. Bachmann, A. Corrodi-Sulzer
   und W. Clauss, von Walter Feilchenfeld. De Gruyter &
   Co., Berlin und Leipzig 1927: Die Abendstunde eines
   Einsiedlers (1779/80), S. 265

24 a. a. O., S. 269

25 a. a. O., S. 272

26 a. a. O., S. 273

27 ebd.

28 ebd.

29 ebd.

30 ebd.

31 a. a. O., S. 274

32 ebd.

33 ebd.

34 a. a. O., S. 273

35 ebd.

36 a. a. O., S. 275

37 Johann Heinrich Pestalozzi: Sämtliche Werke. Hrsg. v.
   A. Buchenau/E. Spranger/H. Stettbacher. 13. Band.
   Schriften aus der Zeit von 1799 bis 1801. Bearbeitet
   von Herbert Schönebaum und Kurt Schreinert. De Gruyter & Co., Berlin und Leipzig 1932: Wie Gertrud ihre
   Kinder lehrt, ein Versuch den Müttern Anleitung zu
   geben, ihre Kinder selbst zu unterrichten, in Briefen
   (1801), S. 341

38 ebd.

39 ebd.

40 ebd.

41 a. a. O., S. 342

42 ebd.

43 a. a. O., S. 343 f.

44 a. a. O., S. 345

45 a. a. O., S. 346

46 ebd.

47 a. a. O., S. 353

48 a. a. O., S. 197

49 Johann Heinrich Pestalozzi: Sämtliche Werke. Hrsg. v.
   A. Buchenau/E. Spranger/H. Stettbacher. 3. Band.
   Bearbeitet von Gotthilf Stecher. De Gruyter & Co.,
   Berlin und Leipzig 1928: Lienhard und Gertrud.
   3. Teil 1785. 4. Teil 1787, S. 232

50 Heinrich Roth: Pädagogische Anthropologie. Band I,
   a. a. O., S. 144; vgl. zum Ganzen auch: Fritz März:
   Problemgeschichte der Pädagogik. Band I. Die Lern-
   und Erziehungsbedürftigkeit des Menschen. Pädagogische Anthropologie - Erster Teil. Klinkhardt, Bad
   Heilbrunn/Obb. 1978, S. 132 ff.

Joachim-Christian Horn

WOZU FICHTE BEFREITE...

Es wird heute in Ost und West, aber auch in der dritten
Welt so viel von Freiheit gesprochen, daß es jenseits von
den vielfältigen Emanzipationswünschen und den ganz selte-
nen Individuationsbestrebungen angebracht erscheint, dies
Lebensprinzip unserer Welt "vom bloßen Verdacht des Falschen" (VICO) zu reinigen. Denn wenn die reinen Empiristen
unter den Pädagogen meinen, daß es sich bei diesem Erziehungsziel um eine "Leerformel" handle, so haben sie von
ihrem reduktionistischen Standpunkt aus zwar recht. Nur
ist die Sache leider so, daß eben diese wissenschaftlich
separatistische Einstellung für die wirkliche Erziehung
tödlich ist. Die Erziehungsziele bleiben nämlich von den
Methoden, sie zu begreifen und sie zu erreichen nicht unberührt[1].

Den heutigen Lehrern mag es wie ein Märchen vorkommen,
aber es bleibt doch eine geschichtliche Tatsache, daß in
der zweiten Revolution der Denkungsart, die Europa und die
Welt bestimmt haben, nämlich derjenigen KANTS, Freiheit als
ein "regulatives Prinzip" ausgewiesen wurde, welches allen
ungekonnten Versuchen und allen Fehlschlägen in Erziehung, Staat und Gesellschaft eine Regelanweisung zur Er-
gänzung und Verbesserung des einvernehmlichen Zusammenlebens der Menschen in die Hand gab und weiterhin gibt[2].

Es war dies eine Vernunftidee, welche in Übereinstimmung
mit der Evolution der Menschheit steht, dennoch aber von
der restriktiven analytischen Wissenschaft weder bewiesen
noch widerlegt werden konnte. Es handelt sich hier um eine

Notwendigkeit höherer Art, die zu begreifen wir vorerst offenbar noch nicht hinreichend gelernt haben. Dennoch war diese Notwendigkeit in der französischen Revolution für das Individuum, und in der amerikanischen Revolution für Verfassungen und Institutionen vorbuchstabiert worden. Damit erhalten wir einen Hinweis aus der Geschichte, auf die res gestae der Völker und Menschen, die nun aber wiederum von ihren Einstellungen, Prinzipien und Kategorien abhängen, die sich in unvordenklich langen Zeiten, bei den einen so, bei den anderen anders, ergeben haben.

Es war also der ungeheure Eindruck realer Geschichte, der den 32jährigen JOHANN GOTTLIEB FICHTE 1794 dazu trieb, die KANT'sche Tat der Befreiung der Vernunft von ledernen Autoritäten in einer Weise fortzusetzen, die bei dem alternden KANT nur Grausen auslöste. Aber hatte KANT sich nicht selbst Gedanken darüber gemacht, was es heißt einen Lehrer besser zu verstehen als er sich selbst verstanden...? So geht es halt mit den Generationen. Und ein Lehrer, der sich nicht freut, wenn ihn sein Schüler aus dem Sattel hebt, taugt nichts.

Die Fortsetzung der KANT'schen Vernunftkritik, die wesentlich eine solche des Verstandes war, führte FICHTE folgerichtig zu einer neuen "Wissenschaftslehre", welche die tatsächlichen(!) Voraussetzungen jedweder Vernunfttätigkeit ans Licht brachte. In jeder Wissenschaft wird ein Subjekt, genannt Ich, vorausgesetzt und von einem Nicht-Ich, genannt Objekt, getrennt. Wie nun aber, wenn es Beziehungen gäbe zwischen dem Ich und dem Nicht-Ich, zwischen dem Subjekt und dem Objekt? Beziehungen, die notwendig und sogar absolut genannt werden dürfen? Dann wäre doch immerhin von dem Kopfprinzip des logisch-setzenden Verstandes ein roter Faden entdeckt, nämlich zum "Ist" von Welt und Geschichte. Und wenn weiter erweisbar wäre, daß es einen solchen roten Faden gibt (!), dann würde nichts hindern, diesen in sich

konkreten und widerständigen Faden mit der Struktur von
Leben gleichzusetzen. Und eben dies war FICHTES Entdeckung
von 1794.

Sie ist als Ferment in die jugendlichen Ansätze von HEGEL,
HÖLDERLIN und SCHELLING eingegangen, nicht weniger aber
auch in die Universitätsreform von SCHLEIERMACHER und W. v.
HUMBOLDT. Die Entdeckung der transzendentalen Voraussetzungsproblematik, die "Genetisierung von Ich", wie wir sie
mit FICHTE selbst nennen wollen, ist auch nicht gescheitert, wie man unter dem Eindruck des fortschreitenden 19.
und 20. Jahrhunderts gerne glauben machen möchte. Im Gegenteil, FICHTES Bemühungen um die in sich gegensätzliche, um
die dialektischen Formelemente der stets inhaltlich erfüllten Wirklichkeit erlangten bei HEGEL Weltruhm, und sie gelangten - in Gestalt der MARX'schen Restriktionen als ideologische Verkürzungen - zur Weltmacht. Nur hat eben diese
auf KANT in kurzem Abstand folgende dritte Revolution der
Denkungsart, diejenige HEGELS, vor allem im Ursprungsland
Deutschland, das Schicksal gehabt, nicht rezipiert sondern
denunziert zu werden.

Aber auch Irrtümer sind nicht zeitlos. Und so erleben wir
in unseren Tagen eine Neuorientierung, - nicht auf den Wegen
einer antiquierten Geisteswissenschaft und Hermeneutik,
sondern auf den Bahnen der Naturwissenschaft. Denn der wichtigste Begründer der Geisteswissenschaft, DILTHEY, konnte
zwar eine einfühlsame "Jugendgeschichte Hegels" (1906)
schreiben, die für jeden Pädagogen zu lesen noch heute
Pflicht sein sollte, - aber er konnte nicht die neue Metaphysik und Ontologie des reifen HEGEL begreifen; er hatte
die dritte Revolution der Denkungsart nicht begriffen. Hier
war ein neuer Begriff von Wirklichkeit, nämlich als Entwicklung erfahren und gedacht. Ohne diesen neuen Begriff
von Wirklichkeit ist aber ein Begreifen oder auch nur Ver-

ständnis des modernen gegenwärtigen Menschen unmöglich. Die vielen Klagen über die Jugend sind nur die Folgen. Hierzu paßt vortrefflich, daß eben dieser moderne gegenwärtige Mensch in Gestalt des Naturwissenschaftlers unserer Tage auf dem Wege über exakt zu beschreibende Phänomene bei eben dieser "mentalen" Wirklichkeit angekommen ist, welche die einseitigen und restriktiven Analytiker ebenso wie die idealistischen und hermeneutischen Philosophen ignorieren und verleugnen.

Hierbei handelt es sich um nicht mehr und um nicht weniger als den vollen Gehalt dessen, was bereits bei KANT mit dem Begriff eines transzendentalen Faktors ausgesprochen und in die Rationalität eingebracht worden war. Anders gesagt, es handelt sich um das Kernproblem des Bewußtseins selbst, das bekanntlich in allen Wissenschaften die größten Schwierigkeiten bereitet. Schon KANT hatte richtungsweisend für die Überwindung der "zwei Kulturen"[3] darauf hingewiesen, daß es sich hierbei um kein raumzeitliches Phänomen handle. Und eben dies wird von der gegenwärtigen naturwissenschaftlichen Forschung bestätigt. Als Beispiel für viele wie auch für die größere Wirklichkeitsnähe der Naturforscher und Ärzte im Vergleich zu den analytischen Philosophen nenne ich den Hirnforscher und Medizin-Nobelpreisträger von 1981 ROGER SPERRY. Er weist in seinem Buch "Science and Moral Priority" auf "mentale Entitäten" hin, welche als "emergente Eigenschaften im Gehirn Kausalwirkung besitzen - genau wie anderswo im Universum auch". Aber: "Wir haben diese zentralen Vorgänge im Gehirn, mit denen das Bewußtsein vermeintlich verbunden ist, einfach noch nicht verstanden". Entscheidend ist, daß mit den "entscheidenden Details des Erregungsmusters einer bewußten Erfahrung" die Naturwissenschaft "die psychische Kraft oder Eigenschaft selbst beschreiben"[4] kann. Hierbei ist zweierlei bedeutsam. Einmal der richtige Gebrauch des Begriffs der Kausalität als einer

Denkkategorie und nicht als einer ontischen Funktion und zweitens, damit verbunden, die philosophische Einsicht in die Denknotwendigkeit von "mentalen Entitäten", die nicht auf raumzeitliche Phänomene zurückzuführen sind, dennoch aber Wirkungen kausal entfalten, die raumzeitliche Strukturen allererst bedingen. Genau das hatte KANT vom Bewußtsein behauptet.

Man sieht also, das Gerede von der Folgenlosigkeit spekulativen Denkens ist sehr geeignet, die Dummheit zu verbreitern. Denn Denken geschieht ja nicht nur mit dem Stirnhirn; das Zwischenhirn sowie das Stammhirn sind immer beteiligt. Und es ist die synchrone Zusammenarbeit solcher entwicklungsgeschichtlich unvorstellbar weit auseinanderliegender Entwicklungs- und Erfahrungsbereiche, welche das motivationale wie das handlungsorientierte Zusammenspiel von Apriori und Aposteriori ermöglichen. Hierbei sehe ich ab von den schier unglaublichen Entwicklungsmöglichkeiten, welche die beiden sowohl unterschiedlichen wie einheitlichen Hemisphären des menschlichen Gehirns für die anthropologische Entwicklung noch fernerhin enthalten und vorgeben mögen[5].

Damit komme ich zur speziell pädagogischen Entdeckung FICHTES, die mit seiner allgemeinen Entdeckung von der antinomisch oder dialektisch zu begreifenden genetischen Vorgeschichte vom Ich zusammengedacht werden muß. Dies ist freilich noch eine Zukunftsaufgabe künftiger Forschung zur Voraussetzungsproblematik der Pädagogik. Ich beschränke mich daher auf das, was bei FICHTE in seinen beiden Vorlesungen "Grundzüge des gegenwärtigen Zeitalters", vorgetragen im WS 1804/05 in Berlin, sowie in den "Reden an die deutsche Nation", vorgetragen im WS 1807/08, ebenfalls in Berlin, tatsächlich vorliegt. Beide Vorlesungen enthalten eine Neubegründung der Pädagogik in historischer und

systematischer Absicht, wobei der Begriff der Geschichte
selbst die Doppelthematik von Prinzipiengeschichte und
Faktengeschichte enthält. D. h. FICHTE nimmt eine Einteilung der geschichtlichen Zeit in bestimmte Zeitalter
oder Epochen vor, wie wir dies allgemein aus der Antike,
dann im 18. Jahrhundert bei G. VICO und im sonstigen 19.
Jahrhundert bei A. COMTE kennen. Nun aber so, daß wir nach
einer Bemerkung RUDOLPH VON IHERINGS (1852 "Geist des
Römischen Rechts") nicht nur das "Zifferblatt" der Geschichte, sondern ihr "Uhrwerk" begreifen. Und wir können
das, indem jedes Zeitalter auf den ihm zugrundeliegenden
Gedanken, auf seine Grundidee zurückgeführt wird. Jedes
Zeitalter besitzt hiernach einen bestimmten Gehalt, einen
intelligiblen Bewußtseinsinhalt, so daß es weniger das Ich
ist, welches solches Bewußtsein habe, sondern mehr umgekehrt das solcherart kollektive Bewußtsein des Zeitalter
es ist, welches das Ich habe. Erst aus solcher epochalen
Grundbestimmung heraus ist das Bewußtsein überhaupt in der
Lage, sich geschichtlich und konkret zu entwickeln. Man
kann nicht sagen, daß dieser für die Bildung der Menschheit (!) bedeutsame Entwurf schon ins allgemeine Bewußtsein unseres Jahrhunderts gelangt wäre, weder methodisch
noch didaktisch. DILTHEY hat ihn noch nach 100 Jahren
ignoriert. Er übernahm überhaupt nur die Vorstellung des
Individuums, nicht den Gedanken. Dabei ist es geblieben.
180 Jahre sind für den Fortschritt der Bildung offenbar
keine Zeit. Eine an sich beruhigende Erkenntnis, wenn
nicht die hochfrequente allgemeine Halbbildung soviel Bla-
sen machte, die nun keineswegs als Winde abzutun sind.

Wir haben also - im Bilde IHERINGS zu sprechen - zwei
"Uhrwerke" und zwei "Ziffernblätter" miteinander in Einklang zu bringen, wenn wir den Fortschritt der pädagogischen Anthropologie bei FICHTE verstehen wollen. Das eine
ist die Voraussetzung aller Vernunftstätigkeit, die dia-

lektisch genetische Vorgeschichte vom Ich, - oder einfacher, die _ewig_ antinomische _Struktur_ vom Ich und Welt. Das andere wäre die nicht minder gegensätzliche _Strukturbeziehung_ der vorfindlichen geschichtlichen _Weltinhalte_ zum aktiv _zeitlichen_ Handeln des Bewußtseins. Nur im Zusammenwirken beider kommt _Autonomie_ zustande. Freiheit ist also einerseits an die Kategorie von Geschichtlichkeit andererseits an die Bedingungen und Kategorien des wirklichen Bewußtseins gebunden. Die Ziffernblätter zu beschreiben wäre dann Aufgabe der positiven Geschichte und Biographie. Und sofern ein Historiker oder ein Biograph sich aus der allgemeinen Positivität erhebt, dann nur darum, weil ihm ein Blick in das eine oder das andere "Uhrwerk" gelang.

In den "Grundzügen des gegenwärtigen Zeitalters" unternimmt es FICHTE, das "Mannigfaltige der Erfahrung" der Geschichte "auf die Einheit des einen gemeinschaftlichen Prinzips" zurückzuführen. Es gelte daher, einen "Begriff des Zeitalters" aufzusuchen, "der als Begriff in gar keiner Erfahrung vorkommen kann"[6]. Schon das ist KANT gegenüber neu, denn er unterstellt doch immerhin, daß es Begriffe geben könnte(!), die in der Erfahrung vorkommen. Hier bemerken wir schon den Bruch von der KANT'schen Erkenntnistheorie zur nachkantischen Ontologie. Aber lassen wir die Weiterentwicklung zu HEGEL unberücksichtigt, dann gilt doch, aus diesem Prinzip des Zeitalters müsse "jedes Mannigfaltige erschöpfend erklärt und abgeleitet"[7] werden können. Durch diese gegenläufige Bewegung des Denkens vom Mannigfaltigen der Erfahrung zum Einen Begriff oder Prinzip und von dort wieder zum Begreifen der vielfältigen Erfahrungen. Durch diese synchrone Doppelbewegung des Denkens unterscheidet sich der Philosoph vom Empiriker. Aber auch im Alltagsbewußtsein sagen wir ja, das paßt nicht in meinen Begriff, will heißen, das gehört nicht zu meinem Bewußtsein.

Vermittelt über den in der Wissenschaftslehre abgehandel-
ten "Einheitsbegriff des gesamten menschlichen Erdenlebens"[8] kommt FICHTE zur Konzeption eines "Weltplans",
nach welchem der Begriff jeder Epoche durch die vorher-
gehende bedingt sei. Um dies heutigen Ohren verständlicher zu machen, darf daran erinnert werden, daß die Rede
vom Weltsinn und Weltplan in anderen Kulturen durchaus
den Begriff der Vernichtung einer Welt oder Kultur einschließt. Für uns möge der Hinweis auf den Sinnzusammen-
hang der geschichtlichen Zeit genügen, der durch negative Ereignisse und Erfahrungen allerdings eher verstärkt als annulliert werden kann, vorausgesetzt das jeweils zur Verarbeitung der Geschichte aufgerufene Bewußtsein hat sich der Kategorien von Geschichtlichkeit nicht
völlig entäußert. Hiernach kommt FICHTE zu einem Ziel der
Menschheitserziehung, welches das bloß emanzipatorische
der französischen Aufklärung noch überschreitet: "der
Zweck des Erdenlebens der Menschheit ist der, daß sie in
demselben alle ihre Verhältnisse mit Freiheit nach der
Vernunft einrichte"[9]. Ging die französische Aufklärung
auf die Emanzipation von absoluter Fürstenherrschaft einerseits, zwanghafter Gottesvorstellung andererseits, so
lag der neue Ton der deutschen Aufklärung bei FICHTE in
der Erkenntnis, daß das Absolute sich in der wirklichen
Zeit manifestiere und daß dies nur konkret begriffen werden könne, sofern das Subjekt solchen Begreifens seine
"Selbständigkeit" betätige. Schon KANT hatte ja die Ideale der "Freiheit, Gleichheit, Brüderlichkeit" dahin
korrigiert, daß er die Gleichheit auf den Anspruch der
Mündigkeit und die Brüderlichkeit durch "Selbständigkeit"
ersetzte, da die Brüderlichkeit sich nach christlicher
wie nach anderen Religionen von selbst verstehe[10].

Bevor FICHTE nun seine kategoriale Abbreviatur der Evolu-
tionsgeschichte in "fünf Grundepochen des Erdenlebens"

gibt, unterscheidet er zwei Hauptepochen: einmal eine
solche, in welcher die menschliche Gattung lebt "ohne
noch mit Freiheit ihre Verhältnisse nach der Vernunft
eingerichtet zu haben"[11]; und zum anderen die, wo sie
"i h r e   V e r h ä l t n i s s e   m i t   F r e i -
h e i t   n a c h   d e r   V e r n u n f t   e i n -
r i c h t e"[12]. Damit wird - grob gesprochen - zwischen
der geschichtslosen Zeit und der geschichtlichen unterschieden, ohne daß mit solcher Einteilung etwa die Vernunft selbst getroffen wäre. Denn: "Die Vernunft ist (!)
das Grundgesetz des Lebens einer Menschheit, so wie alles
geistigen Lebens"[13], also nicht nur das des Zwecke setzenden menschlichen Verstandes, wie in der französischen
Aufklärung. Das schließt die Erfahrung der Frühromantik
ein, nach welcher das Gefühl als durchaus vernünftig zu
gelten hat, nämlich im Sinne eines über die Verstandes-
aufklärung hinaus erweiterten Vernunft- und Rationali-
tätsbegriffs. Bei FICHTE meint Gefühl daher ein "Bewußtsein, nur ohne Einsicht der Gründe"[14], also nicht das
analytisch-reflexive Bewußtsein.

Um die nun folgenden 5 Epochen des Erdenlebens der
Menschheit auch in ihrer Namensgebung zu verstehen, ist
es notwendig, kurz auf das Ergebnis der KANT'schen Aufklärung in ihrem Bezug zur Theologie einzugehen. KANT hatte im zweiten nicht-analytischen Teil seiner Kritik der
reinen Vernunft erkannt, daß so etwas wie Gott unmöglich
eine Vorstellung sein könne, sofern damit nicht ein totes
Prinzip verbunden gedacht werden solle. Anders gesagt,
ein absolutes Wesen kann kein Objekt, kann kein äußeres
Ding sein. Nehmen wir also die Ereignisse der Profange-
schichte, die Reformation LUTHERS, die französische Revolution und die deutsche nachkantische Aufklärung über
die Aufklärung zusammen, dann gilt die Einsicht, daß das
Absolute - unbeschadet seiner dem Bewußtsein transzen-

denten Enthobenheit - sich nur in der wirklichen Zeit von
Leben und Geschichte, die nicht die Zeit der Physik ist,
manifestieren kann. Solche Identität von Geist und Natur
entsprach der Lebenserfahrung von HÖLDERLIN, HEGEL und
SCHELLING zu Beginn des Jahrhunderts. Und sie steht in
Übereinstimmung mit der christlichen Offenbarung, so daß
die Ignorierung dieses Prinzips als "Sünde" bzw. als Ab-
fall von dem neuen Einheitsprinzip empfunden und gedacht
werden mußte. So werden die Titelgedanken der folgenden
5 Epochen verständlicher:

Die 1. **Epoche** wird als "Stand der Unschuld des Menschen-
geschlechts" bezeichnet. Sie wird näher als "die Epoche
der unbedingten Herrschaft der Vernunft durch den Instinkt"[15] angegeben. Wenn damit nicht die vorgeschicht-
liche Zeit gemeint sein soll, dann kann damit nur die
Antike gemeint sein. Denn hier von den Vorsokratikern
über SOPHOKLES, SOKRATES, PLATON und ARISTOTELES bis hin
zu VERGIL und auch wieder zu PLOTIN waren es geniale
Ideen und Intuitionen, die - auf Mensch und Welt zugleich
bezogen - die Architektonik der Vernunft wie in einem
Traum aufspannten.

Die 2. **Epoche** heißt "der Stand der anhebenden Sünde"; das
ist die Zeit "da der Vernunftinstinkt in eine äußerlich
zwingende Autorität verwandelt ist: das Zeitalter positiver Lehr- und Lebenssysteme, die nirgends zurückgehen
bis auf die letzten Gründe, und deswegen nicht zu überzeugen vermögen, dagegen aber zu zwingen begehren, und
blinden Glauben und unbedingten Gehorsam fordern"[16]. Damit ist das Mittelalter gemeint, das noch oder schon von
G. VICO, der ein gründliches Verständnis von der Antike
wie von der christlichen Offenbarung besaß, als "Zeit der
wiederkehrenden Barbarei" bezeichnet wurde.

Die **3. Epoche** wird der "Stand der vollendeten Sündhaftig-
keit" und zugleich die "Epoche der Befreiung" genannt. Es
ist die Zeit, die mit KANT anhebt und bei ihm in einem
populären und vulgären Sinne stehen bleibt. Denn KANT
brachte einmal die Befreiung "von der gebietenden Autorität" und "mittelbar (die) von der Botmäßigkeit des Ver-
nunftinstinkts und der Vernunft überhaupt in jeglicher Gestalt". Daher nennt FICHTE diese Epoche auch "das Zeitalter der absoluten Gleichgültigkeit gegen alle Wahrheit,
und (das) der völligen Ungebundenheit ohne einigen Leit-
faden"[17]. Und es trifft ja zu, daß die Menschheit sich
auch heute noch weitgehend auf der Stufe der KANT'schen
analytischen Erkenntnistheorie eingehaust wähnt. Wir können
im praktischen Verstande daher auch sagen, es ist die
Epoche der Emanzipation, welche an den Namen des "Alles-
zermalmers", wie man KANT nannte, geknüpft ist.

Die **4. Epoche** meint dann die spekulative Philosophie, die
nachkantische Metaphysik des Werdens. FICHTE nennt sie die
"Epoche der Vernunftwissenschaft"[18], weil hier die Vernunft in die also erweiterte wissenschaftliche Rationalität eingebracht worden ist. Er sagt, es ist "das Zeitalter, wo die Wahrheit als das Höchste anerkannt und am
höchsten geliebt wird"[19], weil hier erst Glauben und Wissen in einer Weise versöhnt werden, die mit der Entwicklung und dem Fortschritt der Rationalität selbst zusammen-
fällt. FICHTE nennt diese Epoche daher auch den "Stand der
anhebenden Rechtfertigung"[20].

Es versteht sich, daß FICHTE hier aus der Überzeugung eines Prinzips spricht, welches später die 3. Revolution der
Denkungsart nach PLATON und nach KANT genannt wurde. Und
es ist wissenschaftsgeschichtlich und wissenschaftstheo-
retisch kaum bekannt geworden, daß FICHTE mit seiner Wissenschaftslehre von 1794 die entscheidenden Prinzipien für

einen neuen Welt- und Wissenschaftsbegriff gefunden hat,
der in der Tat die gesamte Neuzeit auf den Kopf stellte,
indem nun nämlich die umwälzenden Entdeckungen der modernen Wissenschaft unseres Jahrhunderts hier ihre begriffliche Einheit finden konnten und können. Auch dann, wenn
das Selbstverständnis der modernen Wissenschaft den Namen
dieses Begriffs nicht kennt oder nicht mag, so hat sie ihn
in der gegenläufigen und kompensatorischen Sache der
Phänomene dennoch am Wickel.

Der Epoche der Vernunftwissenschaft geht es also um die
Dialektik und Antinomik der Vernunft im Doppelaspekt der
Wirklichkeit - des Subjektiven und des Objektiven. Beide
Bereiche sind in sich widersprüchlich vermittelt und ver-
mittelbar; beide sind darum konkret, wirklich und vernünftig. Der Verstand hingegen sieht immer nur die eine Seite
und versucht, sie in unwandelbarer Identität festzuhalten.
Es ist aber die Zeit, wo die Entwicklung und der Wandel
selbst begriffen werden können. Darum heißt die Epoche
nicht die der Verstandeswissenschaft, sondern die der Vernunftwissenschaft. Die Vernunftwissenschaft gestattet also
im Leben selbst, in der Geschichte und im Bewußtwerden des
Bewußtseins, die Gegensätze einsichtig zu vermitteln. Und
diese Epoche ist es auch, die eine neue Anthropologie und
eine neue Erziehung bedingt, welche beide daher und seitdem, d. h . vom Prinzip her, notwendig sind. Daher die
vielen Probleme, welche unbekannt, meist auch unbemerkt
die pädagogische Anthropologie und die Erziehungswissen-
schaften in unserer Zeit behindern.

Es ist die Zeit, wo die Emanzipation zur Individuation
übergeht, die Zeit, in welcher die Menschen, Völker und
Kulturen wie im Traume aufeinanderprallen, obgleich sie es
gar nicht mehr nötig haben; - sich miteinander und mit der
Natur zu versöhnen, sie von der welt- und geistesge-

schichtlichen Stunde vielmehr aufgerufen sind. Und sie
können es - wir alle können es -, weil das Prinzip von Natur und Geschichte ein- und dasselbe Prinzip ist und
meint; welches Prinzip nach dem wenig beachteten Vorange-
hen LEIBNIZ' sich nun in seiner absoluten Gültigkeit
zeigt,so, daß seitdem ein wiedergefundenes Wissen vom Absoluten existiert, welches erfahren werden muß und erfahren werden wird, auch dann, wenn es nicht respektiert
wird. Die Realisierung der Freiheit ist damit an die
Struktur von Realität und Wirklichkeit in gleicher Weise
gebunden. Wahrheit und Geschehen meint dasselbe. Verum et
factum convertuntur, das war der neue Ton, der mit LEIBNIZ
und VICO in Europa zuerst erklang, der die Transzendenta-
lien des Mittelalters, des Unum-verum-bonum- im Hinblick
auf einen neuen Wert, der von Entwicklung und Geschichte
korrigiert und der von FICHTE, SCHELLING und HEGEL dann
auf einen neuen Begriff gebracht wurde, welcher die Entwicklung selbst bestimmte und sie daher auch konkret -
allgemein und individuell - zu begreifen empfahl. Die sogenannten Geisteswissenschaften sind dieser Empfehlung nicht
gefolgt und die Naturwissenschaften wurden - entgegen
ihrem Selbstverständnis - gerade durch die Konsequenz
ihres Weges darauf gestoßen.

Im Hinblick auf diesen Gang der Dinge ist es nun aufschlußreich, zu sehen, wie FICHTE mit einer weiteren, der
5. Epoche, das Rezeptionsschicksal der neuen Weltepoche
vorwegnahm. An sich befand er sich mit der Erkenntnis der
4. Epoche in derselben Situation wie HEGEL in Berlin, der
die Vollendung der Philosophie und das Ende der Kunst
feststellte. Was das letztere anlangte, so konnte es sich
naturgemäß nur um das Ende der bisherigen, der gegenständlichen Kunst handeln. Und die Philosophie muß seit HEGELS
Entdeckung der absoluten Form, welche vom Inhalt nicht zu
trennen ist, schon als im Prinzip vollendet angesehen wer-

den. Aber wie das von PLATON gefundene Prinzip 2000 Jahre
in Kraft blieb und weiter wirkt, so ist auch nicht absehbar, wie es mit dem HEGEL'schen anders gehen sollte. Ein
Prinzip gibt die Richtung des Begreifens an, aber die Ausführung des wirklichen Begreifens der stets neu aufkommenden Inhalte verlangt ein Zeitalter. Tatsächlich stehen wir
erst am Beginn der Nachneuzeit. Und wie allgemein die Erfahrung und Anschauung dem Begriff vorhergeht, so nennt
FICHTE das 5. Zeitalter "die Epoche der Vernunftkunst".
Gerade weil die Möglichkeiten der 4. Epoche der Vernunftwissenschaft von FICHTE nur dem Prinzip nach erkannt,
nicht von ihm, sondern erst von HEGEL ausgeführt wurden,
gleitet sein Entwurf hier von seinem intellektuellen
Niveau ab. Vernunft ist wesentlich negativ, sofern sie die
vorhandenen Positionen ablöst, auch insofern muß sie als
absolut gelten. Und wie die Wissenschaft sich nach KANT in
den Neukantianismus aufspaltete, so die Kunst und Literatur in eine solche der Rechtfertigung mit durchaus religiösen Anspruch und Pathos. Das endet nicht mit NIETZSCHE
oder GEORGE, sondern geht wieter zu JEAN GENET, den ein
Existenzphilosoph, SARTRE, nicht ansteht, einen Heiligen
zu nennen. Aber auch die Architektur der himmelstürmenden
Hochhäuser ebenso wie die stille und absolute Malerei der
monochromen Bilder stellen die Rechtfertigung, Aufhebung
und damit die Sanktionierung der Materie dar. Die Künstler
der Gegenwart überbieten sich in der Rechtfertigung von
allem und jedem. Hier überall wird das Ende eines Zeitalters sichtbar. Und FICHTE bezeichnet die 5. **Epoche** daher
sach- und zeitgerecht als den "Stand der vollendeten
Rechtfertigung und Heiligung", - als "das Zeitalter, da
die Menschheit mit sicherer und unfehlbarer Hand sich selber zum getroffenen Abdrucke der Vernunft aufbauet"[21].
Ich breche hier ab mit dem Hinweis, daß FICHTE seine Epochen zwar als, dem Prinzip nach, auf einander folgende ansah, der Sache nach aber durchaus ein "Nebeneinander"

und "sich scheinbares Durchkreuzen" einräumte, indem sich ja stets noch die Mehrheit der Individuen nicht auf der Höhe der Zeit befindet.

Wir haben also streng genommen nur 4 Epochen, und unsere Gegenwart steht faktisch noch in der 3., der Epoche der Befreiung, die mit KANT begann. Es ist der Weg der Reflexion des Kopfes, des reinen Verstandesbewußtseins, welches Freiheit möglich, aber noch nicht wirklich macht. Und es liegt daher in der Sache dieser "Befreiung", daß sie sich zunächst im "sinnlichen Eigennutz" erschöpft. Der Leib dieses Kopfes - vermittelt über An-Trieb und Bedürfnis - kommt erst mit der Epoche der Vernunftwissenschaft zum Zuge. Das geschieht aber nur dann, wenn der Einzelne, das vielgeschmähte und verkannte Individuum, die Erfahrungen der Geschichte mit seiner eigenen Geschichte und Biographie so zu verbinden weiß, daß sich Überzeugungen bilden, welche dem intelligiblen Niveau der geschichtlichen Zeit entsprechen. Auf diesem Wege ist SOKRATES, die erste paradigmatische Gestalt, - nicht des Bewußtseins, sondern des Selbstbewußtseins -, vorangegangen und FICHTE hat mit dem Abweg eines 5. Zeitalters erkannt, daß diesen Weg "vom Bewußtsein zum Selbstbewußtsein" (HEGEL) zuerst die Künstler gehen, indem hier der "sensus communis" als "Urteil ohne Reflektion" (VICO) zur Gestaltung dringt.

Erst mit dem Vollzug der nachkantischen Wende wurde das Selbstbewußtsein ein methodisch lösbares Problem. Wir müssen also die Prinzipiengeschichte von der Faktengeschichte unterscheiden. In der Philosophie geht es primär ums Prinzip und um die Prinzipenabfolge, in den empirischen und positiven Wissenschaften geht es mehr und speziell um die Fakten. Im Vollbegriff von Geschichtlichkeit aber kommt beides zusammen, und zwar genau so wie in der Axiomatik des Individuums, welches einerseits geschichtlich und biographisch bestimmt, andererseits aber - aus seiner Gegenwart heraus - selbst bestimmend existiert. Das geht aber nur, wenn die Füße derer, die uns getragen haben, zu "eigenen Füßen" (FICHTE) werden. Für die Prinzipiengeschichte gilt formal daher, das Zeitalter ist apriorisch, und das heißt seit Ende des 18. Jahrhunderts für Europa und die Welt inhaltlich, es ist auf Freiheit und Vernunft hin ausgelegt, steht aber faktisch noch "in der Mitte" zwischen dem dunklen Zwang des Eigennutzes und einzelnen hell aufleuchtenden Befreiungstaten.

Das Beispiel der Frankfurter Schule in unserer Zeit machte deutlich: man kann nicht die große Philosophie demontieren, ohne selbst der Demontage zu verfallen und man kann nicht im Abseits zum Staat stehen, wenn es sich um einen fortschrittlichen Rechtsstaat handelt. Es war die Größe KANTS, daß er die Konsequenz der Kritik der reinen Vernunft für die Ethik und Praxis des Lebens nur so durchführte, daß er sie nicht durchführte. Nur so wird verständlich, warum er das Sittengesetz mit dem Titel "Kategorie" - kategorisch auszeichnete. Denn es ist die sittliche Substanz des Menschen, welche allen Zweck-Kategorien ein Nein für sich entgegenstellen kann.

Die doppelte Tatsache dessen, was Geschichte heißt, führt uns zur Neubegründung der Erziehung, die FICHTE in den "Reden an die deutsche Nation" entworfen hat. Geschichte meint einmal reale Faktengeschichte und zum anderen Bewußtseinsgeschichte, Prinzipiengeschichte. Für die Neubegründung der Erziehung ist nun nicht nur Geschichte schlechthin, sondern, mit den Prinzipien von Freiheit und Vernunft unlösbar verbunden, Hermeneutik erforderlich. Das wird spätestens mit der Deutschen Historischen Schule klar. Die leitenden Punkte der Hermeneutik liefert aber die Prinzipiengeschichte, ohne welche niemand die Ereignisse der Zeit zureichend verstehen kann. Daß es hieran fehlt, macht ja den ganzen Kladderadatsch der Gegenwart aus. Es ist daher kein Zufall, daß FICHTE zwischen Vorrede und 1. Rede an die deutsche Nation das Fragment aus einer Abhandlung über "Machiavelli als Schriftsteller" hat einrücken lassen. Denn was verbindet den realistischen Politologen mit dem genetischen Transzendentalphilosophen? Es ist die Doppelstruktur der Geschichte, wenn MACHIAVELLI lehrt: so ist die Realität der Welt, und wenn wir zur Wahrheit gelangen wollen, dann dürfen wir aus moralischen Gründen diese Realität nicht verleugnen, ignorieren oder vertuschen. Nur über den "Lauf der Welt" mit ihrer positiven Negativität und Niedertracht gelangen wir zu Sinnfragen, zu Fragen nach der Zukunft und nach der "Vorsehung", - zur Frage, wie es denn gemeint sei und wie es dann geschehen konnte, - aber auch dazu, wie der Untergang dessen, was fertig war, die Heraufkunft des Neuen und Überlegenen bedingt. Das alles ist nicht ohne Prinzipien, nicht ohne Kategorien zu beantworten möglich. Und so läßt sich denn sagen: es ist immer die Epoche, welche die Rahmenbestimmung für die Einzelnen vorgibt. Die Individuen erfüllen oder verfehlen sie, zwar nicht unmittelbar mit oder gegen die Epoche, sondern gemäß dem Grade ihres Selbstbewußtseins, das stets noch im Gegensatz steht zur gleichgültigen Mehrheit der einzelnen. Damit wendet sich FICHTE ausdrücklich an diejenigen der Nation, die sich gebildet haben, und die sich weiter zu bilden bereit und fähig seien. Und es ist nicht nur das Beispiel seiner eigenen Biographie, welches den Verdacht, es handle sich hier um eine privilegierte Klasse von Gestern, widerlegt. Denn er spricht an dieser Stelle nicht vom Ich, sondern vom "neuen Selbst und einer neuen Zeit", d. h. "für ein Geschlecht, das sein bisheriges Selbst, und seine bisherige Zeit und Welt verloren hat"[22].

Zu diesem "Selbst" gehört natürlich das, was wir nationale Identität nennen, so wie Belgier, Franzosen, Engländer, Italiener, Spanier, Polen und andere die ihrige haben.

FICHTE zählt also zur Autonomie, welche aus Erziehung und Bildung stammt, diejenige, die aus dem nationalen Selbst kommt, durchaus hinzu. Der Begriff des Selbst im Sinne von Autonomie und "Selbständigkeit" wird daher der "Selbstsucht" als der "Wurzel aller andern Verderbtheit"[23] scharf entgegengestellt. Der Begriff des Selbst entspricht der gesamtseelischen Vollbewußtheit, welche in der Wissenschaftslehre "Ichheit" heißt, dort die Vermittlung von Ich und Nicht-Ich meint, und welche sowohl dem Programm der HEGEL'schen Phänomenologie wie dem der Individuation der analytischen Psychologie gerecht wird. Er hat also mit der nationalistischen Variante der Machtpolitik des 19. Jahrhunderts nichts zu tun. Denn es ist der negative Bezug zur Vergangenheit, der den konstruktiven Bezug zur Zukunft ermöglicht. "Eine gänzliche Veränderung des bisherigen Erziehungswesens ist es, was ich, als das einzige Mittel die deutsche Nation im Dasein zu erhalten, in Vorschlag bringe"[24]. Denn das, was bisher "vielleicht als Ausnahme bei Einzelnen" dagewesen, das soll nun "als allgemeines und nationales Selbst" als Bildungsziel verwirklicht werden[25]. Indem hier das Nationale mit dem Allgemeinen der fortschreitenden Bewußtseinsentwicklung verbunden wird, wird deutlich, daß es nicht um das abstrakte Allgemeine der formalen Logik geht, sondern um das in der neuen Wissenschaftslehre angelegte konkrete Entwicklungsallgemeine der Freiheit. Diese ist aber niemals absolut. Sie beginnt mit der intrapsychischen Selbstbefreiung, und zwar mit der ganzen Härte des Gegensatzes von Ich und Welt, welche Härte nur durch die Gesetze von Reflektion und Rationalität aufzulösen sind. Damit wird wiederum deutlich, wie sehr die kurzschlüssige Auslegung dieser "Reden" im Sinne eines chauvinistischen antidemokratisch liberalen Nationalismus an der Sache vorbeigehen. "Man wird ... finden, daß in allen bisherigen Verfassungen die Teilnahme am Ganzen geknüpft war an die Teilnahme des Einzelnen an sich selbst"[26]. Indem hier an eine immerwährende Bedingung der Menschheitsentwicklung angeknüpft wird, welche dann zu einer weltgeschichtlich notwendigen Erweiterung von Rationalität und Erziehung der Menschheit führt, versteht es sich von selbst, daß solches zugleich allgemeine und nationale Prinzip "falls es auch ... an andere kommen sollte, ganz und unverringert bleibt bei unendlicher Teilung"[27]. Denn wie sollte es bei einem qualitativen Bildungs- und Erziehungsfortschritt anders sein?

Es kommt daher darauf an zu zeigen, "was eigentlich der bisherigen Erziehung gefehlt habe, und anzugeben, welches durchaus neue Glied die veränderte Erziehung der bisherigen Menschenbildung hinzufügen müsse"[28].

Die Kritik FICHTES an der bisherigen Erziehung läuft darauf hinaus, die Erziehung sei mit "Vorstellungen" und "Bildern", mit "Ermahnungen" und "Hinweisen" betrieben worden. Hierdurch sei sie zur Folgenlosigkeit verurteilt, weil sie am anthropologischen Kern der "Antriebe", der "Wurzel der wirklichen Lebensregung und Bewegung"[29] vorbeigegangen sei. Sie habe "etwas am Menschen" aber nicht "den Menschen selbst zu bilden"[30] versucht. Sie habe sich dessen "auch eben nicht gerühmt, sondern gar oft ihre Ohnmacht durch die Forderung" ersetzt, "ihr ein natürliches Talent oder Genie als Bedingung ihrer Erfolge vorauszugeben ..."[31].

Bei dieser Kritik, die sich mit dem Grundgedanken der HUMBOLDT'schen Bildungsreform durchaus einig ist, fühlt man sich in unsere Tage versetzt: die Kritik und Klage an der Ohnmacht der Leitbilder, der Erziehungsideale, - der Forderung nach "Individualisierung" des Unterrichts, die dann in verkleinerten Baukästensystemen bestehen soll -,

und schließlich die bloß ökonomisch begründete Forderung
nach Elitebildung im gescheiterten Honoratioren-Stil, -
alles dies ist bei FICHTE vorgegeben und - so muß hinzugefügt werden -, bis heute so geblieben, weil die entscheidenden Einsichten der 4. Epoche, der nachkantischen Philosophie und Anthropologie, nicht begriffen, sondern ver-
höhnt wurden[32]. FICHTE kommt es wie W. v. HUMBOLDT auf
eine Erziehung des ganzen Volkes ungeachtet der Stände an.
Das kann vor und jenseits aller ethischen Appelle nur erreicht werden durch Vermittlung desjenigen anthropologischen Grundwissens, das dem Bewußtseinskern der Epoche
entspricht. Es handelt sich also um eine Aufklärung über
die Aufklärung, die mit LEIBNIZ und VICO möglich wurde,
welche mit der praktischen Erweckung der selbsttätigen
Individuen aus egozentrischer "Selbstsucht" beginnt und
welche - die Prinzipien von Natur und Geschichte aufneh-
mend - zur "Bildung der Nation"[33] fortgeht, so daß andere
Individuen aus anderen Nationen die Bekanntschaft und
Freundschaft zu dieser Nation aus freiem Interesse zu gewinnen suchen.

Daß es anders kam, daß Metaphysik und Physik dann scheinbar und vermeintlich auseinanderfielen, das lag nicht an
den Prinzipien der neuen Philosophie, sondern an der speziellen Geschichte einer sich differenzierenden Wissenschaft, welche in Gestalt naturwissenschaftlicher Spezialisten einerseits, geisteswissenschaftlicher Mandarine
andererseits den Übergang von der 3. zur 4. Epoche nicht
mitvollzogen hatte und diesen Schritt im Zuge ihrer Fachspezialisierung auch nicht vollziehen konnte. Dies ist
heute, wo die Grenzen wissenschaftlichen Positivismus
deutlich geworden sind, anders. Weil nun aber der Streit
mit der Vergangenheit nicht müßig ist, sondern hermeneu-
tische Arbeit verlangt, darum wäre es für die Zukunft unserer Erde tödlich, die Vergangenheit den Klischees zu
überlassen.

ANMERKUNGEN:

1 Vgl. Ch. E. Silberman: Die Krise der Erziehung. Weinheim 1973 (New York 1970)

2 Die erste Revolution der Denkungsart war und ist an die Denkleistung Platons geknüpft.

3 Vgl. C. P. Snow: Die zwei Kulturen: Literarische und naturwissenschaftliche Intelligenz. Stuttgart 1967

4 R. Sperry: Naturwissenschaft und Entscheidung. München 1985, S. 48 - 52 (Science and Moral Priority. New York 1983)

5 Vgl. hierzu V. V. Ivanov: Gerade und Ungerade. Die Asymmetrie des Gehirns und der Zeichensysteme. Stuttgart 1983

6 J. G. Fichte: Ausgewählte Werke in 6 Bänden, hrsg. von F. Medicus. Bd. 1 - 6, Darmstadt 1962, IV, S. 398

7 Fichte, ebd.

8 Fichte, a. a. O., IV, S. 400

9 Fichte, a. a. O., IV, S. 401

10 Vgl. dazu J. Schwartländer: Menschenrecht. Tübinger Universitätsschriften, Bd. I, Tübingen 1978

11 Fichte, a. a. O., IV, S. 402

12 Fichte, a. a. O., IV, S. 401

13 Fichte, a. a. O., IV, S. 402

14 Fichte, ebd.

15 Fichte, a. a. O., IV, S. 405

16 Fichte, ebd.

17 Fichte, ebd.

18 Fichte, ebd.

19 Fichte, ebd.

20 Fichte, ebd.

21 Fichte, ebd.

22 Fichte, a. a. O., V, S. 376

23 Fichte, a. a. O., V, S. 382 f.

24 Fichte, a. a. O., V, S. 385

25 Fichte, ebd.

26 Fichte, a. a. O., V, S. 383

27 Fichte, a. a. O., V, S. 385

28 Fichte, a. a. O., V, S. 386

29 Fichte, ebd.

30 Fichte, a. a. O., V, S. 387

31 Fichte, ebd.

32 Der Philosoph Hermann Lübbe war sich noch im Frühjahr 1985 vor der versammelten Ärzteschaft der Regensburger ärztlichen Fortbildung nicht zu schade, das große Thema der Autonomie des Menschen im Modus des Klischees weiblicher Selbstbehauptung der Lächerlichkeit preiszugeben, - womit er sich im Hinblick auf den beabsichtigten Beifall der hochangesehenen Versammlung nicht verspekuliert hatte.

33 Fichte, a. a. O., V, S. 388

Helmwart Hierdeis

DER SOGENANNTE REVISIONISMUS IN DER SOZIALDEMOKRATIE UND DIE ENTWICKLUNG DES SOZIALISTISCHEN ERZIEHUNGSDENKENS IN DEUTSCHLAND

I

Die heute selbstverständlich gewordene Einsicht in die Steuerungsfunktion von Erziehungsinstitutionen (unter ihnen insbesondere der Schule) für die Gesellschaft läßt Theorien über Gesellschaftsprozesse auffällig erscheinen, in denen der Erziehung und Ausbildung eine solche Rolle nicht zugeschrieben wird. So stolpert der Erziehungshistoriker geradezu über die Tatsache, daß es im 19. Jahrhundert zwar eine höchst differenzierte sozialistische Gesellschaftstheorie und eine von ihr angeleitete Arbeiterbewegung gibt, daß aber sowohl in den Konzepten als auch in der praktischen politischen Arbeit Fragen nach der Bedeutung der Erziehung für das angestrebte Ziel der Aufhebung von Klassengegensätzen kaum eine Rolle spielen. Und er hält es für recht merkwürdig, daß sich hierin seit der Jahrhundertwende ein Wandel anbahnt, der sich v. a. nach dem 1. Weltkrieg in einer Springflut sozialistischer pädagogischer Literatur und in einer Fülle bildungspolitischer und praktischer Initiativen dokumentiert.

Das Phänomen hat 1930 schon einmal eine Darstellung gefunden - und zwar erstaunlicherweise durch einen pädagogisch interessierten Theologen. Der Franziskaner DESIDERIUS BREITENSTEIN veröffentlichte seinerzeit seine Untersuchung "Die Sozialistische Erziehungsbewegung. Ihre

geistigen Grundlagen und ihr Verhältnis zum Marxismus",
die wegen ihres Bemühens um eine vorurteilsfreie und
sachgerechte Argumentation und trotz ihrer aus katho-
lisch-personalistischer Sicht geübten Kritik an der
MARX'schen Philosophie und den von ihr deduzierten Erzie-
hungsvorstellungen auch auf sozialistischer Seite eine
wohlwollende Aufnahme fand[1]. BREITENSTEIN sah damals die
entscheidende Voraussetzung für die Entstehung der sozialistischen Erziehungsbewegung in der Absage von Teilen
der Sozialdemokratie an den "Urmarxismus", d. h. an ein
Geschichtsverständnis, das die gesellschaftliche Entwicklung ausschließlich an Veränderungen in der Produktionsweise gebunden und den Menschen als bloßen Voll-
strecker ökonomischer Notwendigkeiten sah[2].

Es ist offenkundig, daß BREITENSTEINS Auffassung vom
"Urmarxismus" in dieser Undifferenziertheit und Allgemeinheit MARX (und erst recht ENGELS) nicht gerecht wird
und eher von einen "Vulgärmarxismus" ausgeht, den es in
der sozialistischen Bewegung immer wieder gegeben hat[3].
Aber er kann sich dabei auf eine MARX-Rezeption stützen,
die um die Jahrhundertwende im sogenannten Revisionismus
eine Rolle gespielt hatte. Der Revisionismus wiederum
hat, bei allem, was sich gegen seine theoretischen Voraussetzungen sagen läßt, unbestritten zur Entwicklung
der Sozialdemokratie als reformistischer Bewegung beige-
tragen.

II

"Revisionismus" ist das theoretische Symptom für die erste große Krise des Marxismus, wie sie in Deutschland
zwischen der Aufhebung der Sozialistengesetze (1890) und
dem Beginn des 1. Weltkriegs 1914 aufgetreten war. Den
Begriff hat wahrscheinlich zum ersten Mal ALFRED NOSSIG

um die Jahrhundertwende im Zusammenhang mit den Wandlungen innerhalb der Sozialdemokratie gebraucht[4]. Der Prozeß, den er bezeichnet, wird dadurch ausgelöst, daß sich der im "Kommunistischen Manifest" von 1848 angekündigte und von der Arbeiterschaft in Reichweite geglaubte Zusammenbruch von Kapitalismus und Bürgertum nicht ankündigen will. Weder kommt es in einem großen Ausmaß zu Monopolisierung der Produktionsmittel, noch hat die Verelendung der Arbeiter zugenommen, noch sind die Klein- und Mittelbetriebe verschwunden und die Angehörigen der Mittelklasse dem Proletariat zugefallen. Das wird aber noch vom Erfurter Parteiprogramm der Sozialdemokraten von 1981 nicht zur Kenntnis genommen. Vielmehr ist es in seinem theoretischen, von KARL KAUTSKY formulierten Teil vom baldigen Zusammenbruch der bürgerlichen Gesellschaft überzeugt:

"Die ökonomische Entwicklung der bürgerlichen Gesellschaft führt mit Naturnotwendigkeit zum Untergang des Kleinbetriebes, dessen Grundlage das Privateigentum des Arbeiters in seinen Produktionsmitteln bildet... Immer größer wird die Zahl der Poletarier, immer massenhafter die Armee der überschüssigen Arbeiter, immer schroffer der Gegensatz zwischen Ausbeutern und Ausgebeuteten, immer erbitterter der Gegensatz zwischen Bourgeoisie und Proletariat... Der Abgrund zwischen Besitzenden und Besitzlosen wird noch erweitert durch die im Wesen der kapitalistischen Produktionsweise begründeten Krisen, die immer umfangreicher und verheerender werden, die allgemeine Unsicherheit zum Normalzustand der Gesellschaft erheben und den Beweis liefern, daß die Produktionskräfte der heutigen Gesellschaft über den Kopf gewachsen sind..."[5].

Ausgerechnet EDUARD BERNSTEIN (1850-1932), der diesen Text KAUTSKYS mitredigiert und dessen Analyse durch einen Forderungskatalog ergänzt hatte, thematisiert wenige Jahre später - zunächst in der Zeitschrift "Neue Zeit" (1896-97), dann in einer Zuschrift an den Stuttgarter Parteitag von 1898[6] und schließlich in dem Buch "Die Voraussetzungen des Sozialismus und die Aufgaben der So-

zialdemokratie" (1899) - öffentlich die enttäuschten Erwartungen der Arbeiterschaft und führt sie teils auf Irrtümer von MARX und ENGELS, teils auf eine einseitige
Marxauslegung zurück. Seine Kritik richtet sich vor allem gegen die MARX'sche Krisen- und Katastrophentheorie
(1) und gegen seine Geschichtsauffassung (2):

1. BERNSTEIN tritt der Anschauung entgegen, "daß wir vor
einem in Bälde zu erwartenden Zusammenbruch der bürgerlichen Gesellschaft stehen und daß die Sozialdemokratie
ihre Taktik durch die Aussicht auf eine solche bevorstehende große soziale Katastrophe bestimmen, beziehungs-
weise von ihr abhängig machen soll"[7]. Am "Kommunistischen Manifest" von 1848 bemängelt er, daß es sich zwar
nicht hinsichtlich der Entwicklung der modernen Gesellschaft geirrt habe, wohl aber "in verschiedenen speziellen Forderungen, vor allem in der Abschätzung der Zeit,
welche die Entwicklung in Anspruch nehmen würde"[8]. Dies
habe übrigens ENGELS in seinem Vorwort zu MARX' "Klassenkämpfe in Frankreich" (1895) selbst zugegeben[9]. Nach
BERNSTEINS Auffassung hat sich auch die Zuspitzung der
gesellschaftlichen Verhältnisse nicht so vollzogen, wie
das "Kommunistische Manifest" sie schildert. Die Zahl
der Besitzenden ist insgesamt größer geworden; die Mit-
telschichten haben ihren Charakter zwar geändert, aber
sie sind nicht im Proletariat aufgegangen. Weder in der
Industrie noch in der Landwirtschaft ist die Konzentration der Produktionsmittel so schnell erfolgt wie früher
vermutet. Schließlich glaubt BERNSTEIN beobachten zu
können, daß die Privilegien der kapitalistischen Bourgeoisie unter dem Druck der Sozialisten in allen Ländern
abnehmen. An Beispielen dafür nennt er Fabrikgesetzgebung, Demokratisierung der Gemeindeverwaltungen und Befreiung des Gewerkschaftswesen von gesetzlichen Hemmun-
gen. Mit diesen Demokratisierungsvorgängen verringern

sich die Notwendigkeiten und Gelegenheiten großer politischer Katastrophen. Zeitgenossen, die dennoch an der alten Katastrophentheorie und -praxis festhalten wollen, antwortet BERNSTEIN mit einem Zitat von MARX und ENGELS aus dem Vorwort zur Neuauflage des "Kommunistischen Manifests" von 1872, in dem beide gestützt auf die Erfahrungen der Pariser Kommune, die Ansicht vertreten, daß die "Arbeiterklasse nicht die fertige Staatsmaschine einfach in Besitz nehmen und sie für ihre eigenen Zwecke in Bewegung setzen kann"[10]. In die gleiche Kerbe schlägt eine Aussage von ENGELS, die BERNSTEIN aus dessen Vorwort zu MARX' "Klassenkämpfe in Frankreich"(1895) entnimmt, nämlich, daß die Zeit der von "kleinen bewußten Minoritäten an der Spitze bewußtloser Massen durchgeführten Revolutionen" vorbei sei und daß infolgedessen die Sozialdemokratie "weit besser bei den gesetzlichen Mitteln als bei den ungesetzlichen und dem Umsturz" gedeihe[11].

2. BERNSTEIN erkennt den Zusammenhang zwischen der Krisen-, Verelendungs- und Katastrophentheorie und der MARX'schen Geschichtsauffassung und bezieht sie konsequenterweise in seine Kritik mit ein. In seiner Analyse[12] wendet er sich vor allem gegen die Auffassung vom strikten Determinismus des Geschichtsprozesses und gegen die Verabsolutierung der Produktionsverhältnisse als dem bestimmenden Faktor der Geschichte, wie sie für ihn am auffälligsten im Vorwort zur Schrift "Zur Kritik der politischen Ökonomie" (1859) zum Ausdruck kommen ("Die Produktionsweise des materiellen Lebens bedingt den sozialen, politischen und geistigen Lebensprozeß überhaupt. Es ist nicht das Bewußtsein der Menschen, das ihr Sein, sondern umgekehrt ihr gesellschaftliches Sein, das ihr Bewußtsein bestimmt..."[13]). Seiner Vorstellung zufolge disponieren die rein ökonomischen Bedingungen nur zur Aufnahme bestimmter Ideen. Wie sich diese dann aber entfalten und ausbreiten hängt von

vielen nichtökonomischen Einflüssen ab[14]. Je mehr s i e
das Leben der Gesellschaft bestimmen, desto mehr verändert
sich der Chrakter der historischen Notwendigkeit. Die
Grenze ist dort erreicht, wo der Mensch fähig wird, die
ökonomische Entwicklung selbst in die Hand zu nehmen: "Wie
die physische, wird auch die ökonomische Naturmacht von
der Herrscherin zur Dienerin, als ihr Wesen erkannt
wird"[15].

Aufgrund dieser Einsichten ist von der Sozialdemokratie
eine revidierte Einstellung zur Wirklichkeit gefordert:

1. Das Ziel der "klassenlosen Gesellschaft" liegt unbe-
stimmbar weit voraus und läßt sich inhaltlich noch nicht
konkretisieren.

2. Es hat keinen Sinn, sich dieses Ziel nur auszumalen und
im übrigen darauf zu vertrauen, vom Geschichtsprozeß dort-
hin getragen zu werden. BERNSTEIN wörtlich: "Ich gestehe
es offen, ich habe für das, was man gemeinhin unter 'Endziel des Sozialismus' versteht, außerordentlich wenig Sinn
und Interesse. Dieses Ziel, was immer es sei, ist mir gar
nichts, die Bewegung alles"[16].

3. Es hat keinen Sinn, das Ziel durch einen gewaltsamen
Umsturz erreichen zu wollen, weil dadurch das bisher unter
kapitalistischen Verhältnissen Gewonnene nur verlorengehen
kann.

4. Aufgabe der sozialistischen Bewegung ist es vielmehr,
den S o z i a l i s m u s a l s P r i n z i p durch
reformerische Aktivitäten durchzusetzen: "Revisionismus,
ein Wort, das im Grunde nur für theoretische Fragen Sinn
hat, heißt ins Politische übersetzt: Reformismus..."[17].
"Was sie (die Sozialdemokratie, d. Verf.) zu tun und noch
auf lange Zeit hinaus zu tun hat, ist, die Arbeiterklasse
politisch zu organisieren und z u r D e m o k r a t i e
a u s z u b i l d e n und für alle Reformen im Staate zu

kämpfen, welche geeignet sind, die Arbeiterklasse zu haben und das Staatswesen im Sinne der Demokratie umzugestalten"[18].

III

Die Beweisführung BERNSTEINS und die Stimmigkeit seiner MARX-ENGELS-Interpretation kann hier nicht überprüft werden. Heftigen Angriffen war er schon zu seinen Lebzeiten ausgesetzt[19], die Parteitage der Sozialdemokratie in Hannover (1899) und Dresden (1903) sowie der Kongreß der Internationalen in Stuttgart (1907) verwerfen seine Thesen. Aber auch die sozialistische Geschichtsschreibung der Gegenwart läßt an ihm kaum ein gutes Haar: "Bernsteins Intentionen überstiegen in jeder Hinsicht seine theoretischen Möglichkeiten", stellt P. VRANICKI fest[20]. Außerdem komme die These von der "absoluten Verelendung der Arbeiterklasse" bei MARX so nicht vor; sie sei vielmehr von BERNSTEIN als "Antithese" gewählt worden, um damit seinen "Reformismus" begründen zu können[21]. In ähnlicher Weise kritisiert ihn W. ABENDROTH[22]. Dagegen bleibt zumindest festzuhalten, daß BERNSTEIN zur Rechtfertigung seines pragmatisch-reformistischen Ansatzes dem Wandel der Katastrophen- und Verelendungstheorie bei MARX und ENGELS nachgeht und insbesondere beim späten ENGELS zahlreiche Belege dafür finden kann, daß es den beiden Vätern des "Marxismus" zunehmend um das Ergreifen der jeweils praktikabelsten Möglichkeiten zur Verbesserung der Lage der Arbeiterklasse gegangen ist[23].

IV

Im übrigen darf nicht übersehen werden, daß BERNSTEIN eigentlich nur die theoretische Erklärung und Rechtfertigung für einen Prozeß liefert, der in der Praxis längst begonnen hat. Der Keim steckt schon in den Anfängen der Arbeiterbewegung. Schließlich liegt der Konzeption FERDINAND LASALLES für den von ihm 1863 ins Leben gerufenen Allgemeinen Deutschen Arbeiterverein kein revolutionärer Gedanke zugrunde, sondern die Annahme, eine Massenorganisation von Arbeitern könne das allgemeine und freie Wahlrecht erkämpfen, auf dem Wege über eine Arbeiterpartei die Macht im Staate gewinnen und ihn dann "als Hebel der sozialistischen Entwicklung"[24] gebrauchen. Diese Vorstellung ist in der Arbeiterbewegung nie untergegangen, auch nicht, als sich der Arbeiterverein 1875 mit der 1869 von LIEBKNECHT und BEBEL ins Leben gerufenen, auf dem Boden von MARX und ENGELS stehenden Sozialdemokratischen Arbeiterpartei vereinigt. Der nach der Gründung der Sozialdemokratischen Partei Deutschlands (1890) und v. a. nach dem Erfurter Programm von 1891 aufbrechende Streit um den "Revisionismus" zeigt an, wie stark das reformistische Denken wieder geworden ist, wenngleich es sich in anderer Weise rechtfertigt als früher.

Der Revisionismus setzt sich auch deswegen langfristig durch, weil es den Arbeitern Ende des 19. Jahrhunderts generell besser geht als je zuvor. Sie haben die Erfahrung machen können, daß der beharrliche Druck auf Staat und Unternehmertum nicht nur zu einem wachsenden Lebensstandard, sondern auch zu einer Reihe von sozialpolitisch bedeutsamen Verbesserungen geführt hat, so in den 80er Jahren zu den gesetzlichen Regelungen für die Kranken-, Unfall-, Alters- und Invalidenversicherung oder 1891 zum Arbeiterschutzgesetz. Diese Erfolge lassen den revolutionären Impetus der Arbeiter erlahmen und lenken das Augenmerk davon ab, daß sich die strukturellen Voraussetzungen ihrer Existenz noch nicht geändert haben.

Von großem Einfluß für die Entstehung des theoretischen Revisionismus ist letzten Endes die faktische Entwicklung

der Arbeiterpartei und - je mehr sie sich organisiert und
gesellschaftlichen Einfluß zu gewinnen versucht - ihre
Verflechtung mit den Institutionen der Gesellschaft: "Die
Massenorganisationen der Sozialdemokratie und der Gewerk-
schaft waren zwar ihrer Theorie nach die Negation der bestehenden ökonomisch-sozialen Ordnung des werdenden orga-
nisierten Kapitalismus und seiner Symbiose mit den Resten
des feudalen Großgrundbesitzes. Aber sie èxistierten in
dieser Ordnung, und ihre bürokratischen Apparate, wie jede
Bürokratie gewohnt, ihrer Routine zu folgen, konnten sich
deren Sturz immer weniger vorstellen. Sie waren gewiß
nicht geneigt, die Existenz der Verbände, für die sie die
Verantwortung trugen, in Massenaktionen, die dem Sturz
dieser Ordnung dienen oder ihn vorbereiten sollten, aufs
Spiel zu setzen"[25]. GERHARD A. RITTER; der das Schicksal
der Sozialdemokratischen Partei zwischen 1890 und 1900
nachgezeichnet hat, bestätigt diese Anlayse ABENDROTHS,
wenn er zu dem Schluß kommt, der Revisionismus sei nur ein
"schwacher Reflex" der vielfachen reformerischen Praxis
gewesen, und im Grunde hätten nicht die revisionistischen
Akademiker und Theoretiker, sondern die Kommunalpolitiker,
Arbeitersekretäre, Gewerkschaftsführer und Abgeordneten
den Charakter der Partei bestimmt[26]. Wenn dies aber zu-
trifft, dann ist anzunehmen, daß die Geschicke der Partei
nicht mehr von den Arbeitern selbst gelenkt werden, sondern von sozialen Aufsteigern, die, während sie die Interessen der Arbeiter vertreten oder zu vertreten glauben,
sich in ihrem Status bereits von ihnen entfernt und sich
verbürgerlicht haben. Es ist kein Zufall, daß das Wort
"Arbeiter" mit der Gründung der Sozialdemokratischen Partei aus dem Parteinamen verschwindet. Das Erfurter Programm thematisiert zwar in seinem theoretischen Teil die
Probleme und Hoffnungen der Arbeiter, in seinen praktischen Forderungen jedoch wirbt es ganz allgemein um die
Stimmen aller, die sich in der deutschen Gesellschaft des

ausgehenden 19. Jahrhunderts als unterprivilegiert ansehen müssen oder die sich die Aufhebung der sozialen Gegensätze als politisches Ziel setzen. So öffnet sich die Sozialdemokratische Partei auch den Angestellten und dem niederen Beamtentum. Damit aber verstärkt sich die Reformtendenz, und die Abspaltung jener, die in dieser Entwicklung einen Verrat an den marxistischen Prinzipien sehen, ist nur noch eine Frage der Zeit.

V

Zur Erinnerung: Die Ausgangsfrage dieser Erörterung ging dahin, wie es zu verstehen ist, daß sich eine sozialistische Pädagogik erst im Gefolge des Revisionismus artikuliert. Die ihr zugrundeliegende Behauptung ist allerdings noch zu belegen.

Dieser Beleg beginnt mit einer Einschränkung dahingehend, daß bei MARX und ENGELS gelegentlich tatsächlich von Erziehung die Rede ist. Dies geschieht aber entweder (a) bei der Analyse bestehender Erziehungs- und Ausbildungsverhältnisse oder (b) innerhalb von Endzielbeschreibungen. Ganz selten (c) erhält die Erziehung eine Funktion als Mittel der Defensive im Klassenkampf zugewiesen. Nirgends jedoch wird sie als wichtig genug angesehen, um eine Rolle bei der Aufhebung der Klassengegensätze oder bei der Eroberung der politischen Macht spielen zu können.

(a) Sowohl MARX als auch ENGELS befassen sich mit der Erziehungs- und Ausbildungssituation ihrer Zeit. MARX tut dies v. a. im 1. Band des "Kapital", und zwar geht er innerhalb seiner Kritik an der englischen Fabrikgesetzgebung besonders auf die dort verankerten Erziehungsklauseln ein, die besagen, daß Eltern ihre Kinder unter 14. Jahren nicht in die Fabriken schicken dürfen, ohne ihnen zugleich Elementarunterricht erteilen zu lassen und daß der Fabrikant für die Befolgung dieses Gesetzes verantwortlich ist[27]. Wenngleich "armselig", sind sie für ihn doch ein kleiner Schritt zur Besserung zumal hier zum ersten Mal die Verbindung von Unterricht und produktiver Arbeit praktiziert wird - ein Konzept, das MARX selbst ja proklamiert. Eigene positive Vorstellungen zum Erziehungs- und Unterrichtswesen entwickelt MARX aber nicht.

Die "geistige Lage der Arbeiter" untersucht ENGELS in seiner berühmten soziologischen Analyse "Die Lage der arbeitenden Klasse in England"[28]. Aber auch er entwickelt kein Konzept sozialistischer Erziehung. Im Gegenteil: In seiner Polemik gegen den sozialistischen Philosophen und Nationalökonomen EUGEN DÜHRING[29] beharrt er darauf, die alten bürgerlichen Schulverhältnisse zu belassen wie sie sind, und er macht sich über DÜHRING lustig, weil dieser von sich behauptet, bereits einen fertigen Schulplan für die Übergangszeit und die absehbare Zukunft zu besitzen[30].

(b) Dort, wo MARX am eindeutigsten zu "Erziehung und Bildung" Stellung zu nehmen scheint, in den "Instruktionen für die Delegierten des Provisorischen Zentralrats in Genf" von 1866, wird zuerst der "rationelle Zustand der Gesellschaft" (das ist seit den Sozialutopisten die Formel für das Endziel des Sozialismus) angesprochen. Wenn er erreicht ist, dann soll "jedes Kind vom 9. Jahre an ein produktiver Arbeiter werden," - wobei MARX die Verbindung von produktiver Arbeit und polytechnischem Unterricht voraussetzt. Das geht am deutlichsten aus jener berühmten Passage in den "Instruktionen" hervor, in der er "Erziehung" bestimmt als:
"1. Geistige Erziehung..., 2. Körperliche Erziehung...,
3. Polytechnische Ausbildung"[31]. Diese Umschreibung bezieht sich in den Punkten (2) und (3) ausdrücklich auf die Pädagogik ROBERT OWEN's, wie dieser sie in seinen Industriegenossenschaften New Lenark und New Harmony prakti-

ziert hat. MARX sieht die Kombination von "produktiver Arbeit mit Unterricht und Gymnastik... nicht nur als eine Methode zur Steigerung der gesellschaftlichen Produktion, sondern als die einzige Methode zur Produktion vollseitig entwickelter Menschen"[32] an - aber, wie er im "Kapital" ausdrücklich sagt, als "Erziehung der Zukunft"[33]. Ansätze für eine sozialistische Erziehung als Weg zum Sozialismus in einer nichtsozialistischen Gesellschaft entwickelt er auch hier nicht.

(c) In den genannten "Instruktionen" schreibt MARX: "Es wäre wünschenswert, mit dem Elementarunterricht vor dem Alter von 9 Jahren zu beginnen; doch wir beschäftigen uns hier nur mit dem unerläßlichsten Gegengift gegen die Tendenzen eines gesellschaftlichen Systems, das den Arbeiter herabwürdigt zu einem bloßen Instrument für die Akkumulation von Kapital und die Eltern durch ihre Not zu Sklavenhaltern, zu Verkäufern ihrer eigenen Kinder macht"[34]. Das bedeutet nichts anderes, als daß der Erziehung unter den gegebenen Umständen nur eine immunisierende Wirkung zukommen kann. An die Erziehung des sozialistischen Menschen in der vorrevolutionären Gesellschaft ist nicht gedacht.

Nun läßt sich die obige These nicht nur durch das stützen, was über Erziehung gesagt, sondern auch durch das, was im Zusammenhang mit Erziehung ausgespart wird. So ist mit Ausnahme der eben genannten Stelle aus dem "Kapital", die sich auf OWEN bezieht, weder bei MARX noch bei ENGELS jemals die Anthropologie auf die Erziehung bzw. die Erziehung auf die Anthropologie bezogen.
Weder der Mensch, der die Selbstentfremdung überwunden hat, noch der allgemein disponible Mensch, noch das Individuum, das durch seine Gesellschaftlichkeit definiert ist, wird irgendwo ausdrücklich zum Bildungsideal erhoben, noch werden seine wünschenswerten Eigenschaften, Verhaltensweisen, Einstellungen als Erziehungsziele genannt.

Selbst die Erzeugung des individuellen und "massenhaften revolutionären Bewußtseins" ist nicht der Erziehung, sondern dem politischen Handeln aufgegeben. So sehr sich bei MARX und ENGELS im Verlaufe ihrer Denkgeschichte Wandlungen, Abschwächungen, Relativierungen andeuten, besonders, wie schon gesagt, was das Gewicht des Ökonomischen im Geschichtsprozeß oder die Rolle der Revolution angeht – so daß BERNSTEIN meist mit den späteren MARX und ENGELS gegen die frühen MARX und ENGELS argumentieren kann –, so wenig findet sich bei beiden, auch in späteren Jahren, ein eindeutiges Zeichen dafür, daß sie ihr Ziel hätten durch Erziehung erreichen wollen. Was sie über Erziehung sagen, stammt in den entscheidenden Punkten nicht von ihnen selbst, läßt sich ohne weiteres in andere Pädagogiken integrieren und entbehrt obendrein der institutionellen Basis.

Noch karger an pädagogischen Zielsetzungen sind die programmatischen Äußerungen der Sozialistischen Bewegung. Die "Forderungen der Kommunistischen Partei" von 1848 sprechen nur von einer "allgemeinen, unentgeltlichen Volkserziehung", das Eisenacher Programm (1869) sowie das Gothaer (1875) und das Erfurter Programm (1891) wiederholen dieses Verlangen und ergänzen es durch die Forderung nach der "Weltlichkeit" der Schule[35], womit die Beseitigung der sogenannten Geistlichen Schulaufsicht ebenso gemeint ist wie die Aufhebung des Konfessionsschulwesens überhaupt.

VI

Mit der Jahrhundertwende scheint ein Damm zu brechen. Mit einem Mal entsteht eine reichhaltige und vielseitige sozialistische pädagogische Literatur. Gleichsam den Auftakt geben CLARA ZETKIN und HEINRICH SCHULZ mit ihren für den Mannheimer Parteitag von 1906 vorbereiteten "Leitsätze(n)

zum Thema 'Volkserziehung und Sozialdemokratie'"[36]. Zwar
wirkt in diesem Programm immer noch (besonders in Punkt 2)
MARX' Vorstellung nach, eine wirkliche sozialistische Erziehung könne es erst in der sozialistischen Gesellschaft
geben, auch steckt in ihm noch der überkommene Gedanke,
die sozialistische Erziehung müsse die Kinder und Jugendlichen des Proletariats gegen die im gegenwärtigen Bildungssystem praktizierte Klassenerziehung immunisieren
und der Verfälschung und Vergiftung des Schulunterrichts
entgegenwirken[37]; aber zum ersten Mal ergießt sich von
sozialistischer Seite aus eine Flut von positiven Vor-
schlägen auf Parteigenossen, Politiker und Öffentlichkeit,
wie sich in allen Erziehungsinstitutionen von der Familie
bis zu den Einrichtungen der Erwachsenenbildung die gegenwärtige Bildungssituation der Arbeiter und ihrer Kinder
verbessern ließe und wie schon in der Gegenwart Menschen
zum Sozialismus geführt werden können. Die Sozialisten beginnen, dem Lernen und der Bildung eine wichtige Funktion
im Klassenkampf zuzuschreiben:

- Ziel der Erziehung ist der "neue Mensch"[38], der "nach
Maßgabe seiner völlig erschlossenen körperlichen und geistigen Kräfte und Neigungen zur vollen und fähigen Anteil-
nahme an der gesellschaftlichen Kultur seiner Zeit" befähigt ist[39], ein Mensch von allseitiger Produktivität[40],
der sich selbstbewußt mit den anderen Proletariern zu so-
lidarisieren weiß[41], der sich seiner revolutionären Ge-
sellschaftssituation bewußt geworden ist und zum Kämpfer
für seine Klasse wird[42].

- Die geeignetsten Wege dahin sind die revolutionäre Praxis[43], eine intensive, erlebnisbetonte Gemeinschaftserziehung außerhalb von Familie und Schule zur Gewöhnung an
genossenschaftliche Tätigkeiten[44], Bewußtseinsbildung im
Hinblick auf die Klassengegensätze durch unmittelbare Pro-
paganda[45] oder durch einen Schulunterricht, der für die
Arbeiterklasse Partei ergreift[46].

- Die aus dem Boden schießenden Pläne zur Reorganisation
des Schul- und Bildungswesens sind Legion. Einstimmig ist
der Ruf nach einer "Einheitsschule". Programmatisch vor-
formuliert findet sich das Anliegen bei HEINRICH SCHULZ:

"Die Sozialdemokratie erstrebt die organische Einheitlichkeit des gesamten öffentlichen Unterrichtswesens, sie will
die Einheitsschule im eigentlichen Sinne des Wortes. Einheitsschule heißt nicht ' e i n e ' Schule oder eine einzige Schulgattung; die Einheitsschule ist nicht ein Pro-
krustesbett, in das alle Kinder hineingezwängt werden, ob
das Lehrziel oder der Unterrichtsbetrieb für ihre körperliche und geistige Veranlagung paßt oder nicht. Wohl ist
die wirkliche Einheitsschule so umfassend, daß sie die gesamte bildungspflichtige Jugend eines Volkes ohne Unterschied des Geschlechts, des Alters, der Neigungen, der
Fähigkeiten, der elterlichen Verhältnisse in sich einschließt. Aber sie ist zugleich so planmäßig gegliedert
und so elastisch, daß sie jeder Abstufung im Können der
Kinder, jeder Forderung der Gesellschaft an die körperliche, geistige und seelische Erziehung gerecht werden
kann."47

Im Zusammenhang mit diesen Bestrebungen ist das gemeinsame
Verlangen nach einer verbindlichen Vorschulerziehung zu
sehen[48]. Darüberhinaus entwickeln besonders die von PAUL
OESTREICH geleiteten "Entschiedenen Schulreformer" den
Plan, die Volkshochschule für den 2. Bildungsweg funk-
tionsfähig zu machen. Daß das universitäre Berufungs- und
Kolleggeldunwesen scharf attackiert wird, ist selbstver-
ständlich. Die Professoren werden aufgefordert, über ihr
Stundenmaß an den Hochschulen hinaus unentgeltlich an den
Volkshochschulen zu unterrichten. Die Reform des Bildungs-
wesens muß insgesamt einen Abbau der Hierarchien mit sich
bringen. Gemeint sind vor allem Schulaufsichtswesen und
Zensurengebung.

- Sozialistische Schulerziehung ohne Arbeitserziehung ist
undenkbar. Dabei geht es nicht (wie bei den Reformpädago-
gen) um ein Prinzip der Selbständigkeit oder um methodisch
und sporadisch eingesetzte Handarbeit, sondern um die Verwirklichung des Anliegens der polytechnischen Erziehung.

PAUL OESTREICH nimmt im Entwurf seiner "Produktionsschule"
MARX am wörtlichsten, wenn er das Prinzip der handwerkli-
chen Betätigung vom Kindergarten an durchgesetzt haben
will, nach Möglichkeiten der Kombination von Unterricht
und industrieller bzw. landwirtschaftlicher Arbeit sucht
und den erzielten "Mehrwert" zur Unterhaltung der Schule
einplant[49].

- Ein neues Gewicht erhält der Geschichtsunterricht. Er
ist das Fach, in dem sozialistische Bewußtseinsbildung
stattfinden kann, in dem sich die Rolle der arbeitenden
Bevölkerung im Kontrast zu Fürsten, Feudalherren und Un-
ternehmern bis in die Gegenwart hinein erhellen läßt[50].
Neben einem solchen Geschichtsunterricht kann die sogenannte "Staatsbürgerliche Erziehung" mit ihrer Tendenz zur
Stabilisierung der bürgerlich-kapitalistischen Verhältnisse (SCHULZ' Vorwurf gegen KERSCHENSTEINER) wegfallen.

- Über die Rolle der Familie bei der Erziehung zum Sozialismus gehen die Meinungen auseinander. Als Ort soziali-
stisch-weltanschaulicher Bildung ist sie grundsätzlich
willkommen[51], zugleich taucht die Frage auf, ob die Familie unter den gegebenen Umständen tatsächlich leisten
kann, was sie soll. Wo die Frage negativ beantwortet wird,
tauchen Pläne auf, die Kinder möglichst früh in Kindergärten aufzunehmen[52] oder sie den sozialistischen Jugendorga-
nisationen zuzuführen[53].

- Das Gewicht, das die sozialistische Erziehung auf das
tragende Milieu legt, wird auch an der Organisation der
außerschulischen Jugendarbeit in den sozialistischen Ju-
gendverbänden spürbar. Die äußeren Gesellungsformen sind
vielfach der Jugendbewegung entlehnt (Zeltlager, Wander-
fahrten), im Innern dagegen wird z. B. in mehrwöchigen
"Kinderrepubliken" demokratisches Verhalten (Selbstverwaltung) eingeübt, mit Gruppen aus dem Ausland sozialistischer Internationalismus praktiziert oder Opposition gegen

alles Bürgerliche gelernt. 1929 sind allein bei den Deutschen Kinderfreunden über 120.000 Kinder organisiert. Die
Kommunistische Jugendbewegung umfaßt im gleichen Jahr ca.
22.000 Mitglieder, die Deutsche Arbeiterjugend ca. 60.000
Mitglieder[54].

VII

Gerade die Tatsache, daß die Partei der Arbeiter mit ihrem
ursprünglich doch so ausgeprägten antibürgerlichen Affekt
in der Praxis ihrer Jugendarbeit auf Vorbilder der ganz
und gar unpolitischen und bürgerlichen Jugendbewegung zu-
rückgreift, läßt erkennen, wie sehr ein gewisser Pragma-
tismus das strategische Denken verdrängt und welche Kon-
zessionen an die Nachahmungsbedürfnisse der proletarischen
Kinder und Jugendlichen gemacht werden. Im Prinzip Ähnliches geschieht in allen anderen Erziehungsbereichen. Die
Bejahung des Reformismus als politischer Strategie bein-
haltet ein grundsätzliches Ja zu den pädagogischen Einrichtungen der Gesellschaft vom Kindergarten bis zu den
Erwachsenenbildungseinrichtungen - ganz zu schweigen von
der Familie. Offenbar hat keiner der damaligen Reformern
geahnt, daß aus diesem Ja eine Anpassung bis zur ideolo-
gischen Unkenntlichkeit folgen könnte.

Blickt man noch einmal auf die Ursachen zurück, dann ist
festzustellen, daß BREITENSTEIN sicher recht hatte, wenn
er Verbindungslinien zwischen der revisionistischen Idee
und der sozialistischen Erziehungsbewegung vermutete, auch
wenn seine Typisierung der Einzelbewegungen - hier eine
"revisionistisch-marxistische", dort eine "marxistisch-
idealistische" bzw. eine "idealistische"[55] künstlich
wirkt. Aber er war seinerzeit doch nur auf eine Variable
fixiert, so als ob neue Theorien sich nur aus früheren
Theorien entwickelten und eine veränderte Praxis nur die

unmittelbare Folge neuer Theorien wäre. Darauf, daß der
Revisionismusidee schon eine praktische Revision vorausgegangen war, wurde schon hingewiesen. Gewiß hat BERNSTEIN
das sozialistische Denken gleichsam offiziell in Richtung
auf Reformen freigegeben - ob seine MARX-ENGELS-Rezeption
nun adäquat war - oder nicht (es spricht in der Tat eini-
ges für seinen Eklektizismus), ob seine eigenen Beobachtungen der ökonomischen Entwicklung so verallgemeinerbar
waren, wie er selber vermutete - oder nicht. Aber er war
keineswegs der alleinige Urheber des pädagogisch-reformi-
stischen Denkens und der vielfältigen Praxis. CLARA
ZETKIN und HEINRICH SCHULZ hätten auf dem Mannheimer Parteitag niemals ein (im Vergleich zur Vergangenheit) so
differenziertes Konzept von den Aufgaben und Strategien
einer sozialistischen Erziehung vorstellen können, wenn
sie für diese Pädagogisierung des Klassenkampfes nicht
schon mit der breiten Zustimmung ihrer Genossen hätten
rechnen können. Sodann darf eine bedeutsame Einflußgröße
nicht übersehen werden: Es ist kein Zufall, daß fast
gleichzeitig mit dem Aufkommen der sozialistischen Pädagogik sich mit der "Reformpädagogik" eine bürgerliche Erziehungsbewegung regt. Wenn auch manchem sozialistischen
Pädagogen die "neue Pädagogik" der "Reformer" nicht neu
genug ist, so geraten doch etliche unter ihnen in den Sog
einer pädagogischen Euphorie, die sie vergessen läßt, daß
sie früher einmal einen politischen Weg zum Sozialismus
gewollt hatten. Ihre bildungspolitische Wirkungslosigkeit
in der Weimarer Zeit ist aber nicht nur darauf zurückzuführen. Viel gravierender wird die Spaltung der sozialistischen Bewegung und die erzwungene Koalition der Sozialdemokratischen Partei mit dem bürgerlichen Lager nach dem
1. Weltkrieg.

ANMERKUNGEN:

1 Kanitz, F.: Das Buch des Dr. Desiderius Breitenstein über die sozialistische Erziehungsbewegung. In:
  Sozialistische Erziehung 1931, S. 28 ff.

2 Breitenstein, D.: Die Sozialistische Erziehungsbewegung. Ihre geistigen Grundlagen und ihr Verhältnis zum
  Marxismus. Freiburg 1930, S. 31 ff.

3 Vgl. Kanitz, a. a. O., S. 29

4 Vgl. Bernstein, E.: Der Revisionismus in der Sozialdemokratie. Ein Vortrag, gehalten in Amsterdam vor Akade-
  mikern und Arbeitern. Mit einem Anhang: Leitsätze für
  ein sozialdemocratisches Programm. Amsterdam 1909, S. 5

5 In: Mommsen, W. (Hrsg.): Deutsche Parteiprogramme. München 1960 (= Deutsches Handbuch der Politik 1), S. 350

6 Vgl. Breitenstein, a. a. O., S. 6; vgl. Mommsen, a. a.
  O., S. 368 ff.

7 Bernstein, E.: Die Voraussetzungen des Sozialismus und
  die Aufgaben der Sozialdemokratie. Stuttgart 1899, S. V

8 ebd.

9 Bernstein, a. a. O., S. VI

10 Bernstein, a. a. O., S. 8

11 Bernstein, a. a. O., S. V f.

12 Bernstein, a. a. O., S. 4 ff.

13 Marx, K./Engels, F.: Werke. Berlin 1956 ff., Bd. 13,
   S. 9

14 Vgl. Bernstein, a. a. O., S. 9

15 Vgl. Bernstein, a. a. O., S. 10

16 Bernstein, E.: Zur Theorie und Geschichte des Sozialis-
   mus. Gesammelte Abhandlungen. Neue, umgearb. u. erg.
   Ausgabe. 4. Aufl., Teil II: Probleme des Sozialismus.
   Berlin 1904, S. 95

17 Bernstein, a. a. O. 1909, S. 42

18 Bernstein, a. a. O. 1904, S. 95

19 Vgl. die Antwort E. Bernsteins auf drei Artikel K.
   Kautskys im Vorwärts vom 16., 17. und 18. März 1899,
   in: Bernstein, a. a. O. 1904, Teil III, S. 7 ff.;
   Bebel, A.: Resolution zum Revisionismus 1899. In: Mommsen, a. a. O., S. 376 f.; Luxemburg, R.: Sozialreform
   oder Revolution. Die opportunistische Methode 1898. In:
   Mommsen, a. a. O., S. 372 ff.; Mehring, F.: Geschichte
   der deutschen Sozialdemokratie. Stuttgart 5. Aufl.
   1913, Bd. IV, S. 353 ff.

20 Vranicki, P.: Geschichte des Marxismus. Bd. 1. Frankfurt 1972, S. 290 (Originalausgabe Zagreb 1961/62)

21 Vranicki, a. a. O., S. 292

22 Vgl. Abendroth, W.: Aufstieg und Krise der deutschen Sozialdemokratie. Das Problem der Zweckentfremdung einer politischen Partei durch die Anpassungstendenz von Institutionen an vorgegebene Machtverhältnisse. Frankfurt 1964, S. 42 ff.

23 Vgl. Bernstein, 1899 und 1904

24 Vranicki, a. a. O., S. 367

25 Abendroth, a. a. O., S. 43

26 Vgl. Ritter, G. A.: Die Arbeiterbewegung im Wilhelminischen Reich. Die Sozialdemokratie und die freien Gewerkschaften. 1890 - 1950. Berlin 2. Aufl. 1963, S. 187; vgl. Vranicki, a. a. O., S. 293

27 Vgl. Marx, K. Das Kapital. Kritik der politischen Ökonomie. 2. verb. Aufl. Hamburg 1872, S. 508, Anm. 297

28 Vgl. Engels, F.: Die Lage der arbeitenden Klasse in England. Stuttgart 3. Aufl. 1909, (1845)

29 Vgl. Engels, F.: Herrn Eugen Dührings Umwälzung der Wissenschaft ("Anti-Dühring"). Leipzig 1878

30 Vgl. Engels, a. a. O., S. 96

31 Marx, K.: Instruktionen für die Delegierten des Provisorischen Zentralrats. In: Der Vorbote. Organ der Internationalen Arbeiter-Association. 10/1866, S. 149 ff.

32 Marx, a. a. O. 1872, S. 509

33 ebd.

34 Marx, a. a. O.1866, S. 149

35 Vgl. Mommsen, a. a. O., S. 291; S. 312; S. 314; S. 352

36 Vgl. Schulz, H.: Die Schulreform der Sozialdemokratie. Berlin 1911

37 Vgl. ebd.

38 Vgl. Adler, M.: Neue Menschen. Berlin 2. Aufl. 1926 (1924)

39 Schulz, a. a. O., S. 179

40 Vgl. Oestreich, P.: Die Schule zur Volkskultur. München, Berlin 1923

41 Vgl. Rühle, O.: Das kommunistische Schulprogramm. Berlin 1920

42 Vgl. Hoernle, E.: Sozialistische Jugenderziehung und sozialistische Jugendbewegung. Berlin 1919

43 Vgl. Hoernle, a. a. O.

44 Vgl. Oestreich, a. a. O.

45 Vgl. Hoernle, a. a. O.

46 Vgl. Schulz, a. a. O.; vgl. Oestreich, a. a. O.; vgl. Adler, a. a. O.

47 Schulz, a. a. O. 1911, S. 47

48 Vgl. Schulz, a. a. O. 1911; vgl. Rühle, a. a. O. 1920

49 Vgl. Oestreich, a. a. O. 1923

50 Vgl. v. a. Schulz, a. a. O. 1911

51 So z. B. Schulz, a. a. O. 1911 und Rühle, a. a. O. 1920

52 Vgl. Oestreich, P.: Die elastische Einheitsschule: Lebens- und Produktionsschule. In: Die Lebensschule - Schriftenfolge des Bundes entschiedener Schulreformer. Hrsg. v. F. Hilker. Heft 4, Berlin 2. Aufl. 1923a; vgl. Rühle, a. a. O. 1920

53 Vgl. Hoernle, a. a. O. 1919

54 Vgl. Breitenstein, a. a. O., S. 64, S. 92., S. 162

55 Vgl. Breitenstein, a. a. O., S. 34 ff., S. 92 ff., S. 129 ff.

Zusätzliche Literatur:

Abendroth, W.: Sozialgeschichte der europäischen Arbeiterbewegung. Frankfurt 11.-15. Tausend 1965 (= edition suhrkamp 106)
Bernstein, E.: Zuschrift an den Parteitag der Sozialdemokratischen Partei in Stuttgart 1898. In: ders.: Die Voraussetzungen des Sozialismus... a. a. O., S. V - IX; wieder abgedruckt in: W. Mommsen (Hrsg.): Deutsche Parteiprogramme, a. a. O., S. 368 ff.
Dietrich, Th.: Sozialistische Pädagogik. Ideologie ohne Wirklichkeit. Bad Heilbrunn 1966
Gay, P.: Das Dilemma des demokratischen Sozialismus. Eduard Bernsteins Auseinandersetzung mit Karl Marx. Nürnberg 1954
Gneuss, Chr.: Über den Einklang von Theorie und Praxis. Eduard Bernstein und der Revisionismus. Tübingen 1957 (= Marxismus-Studien)
Gustavsson, B.: Marxismus und Revisionismus. Eduard Bernsteins Kritik am Marxismus und ihre ideengeschichtlichen Voraussetzungen. Stuttgart 1972
Hierdeis, H. (Hrsg.): Sozialistische Pädagogik im 19. und 20. Jahrhundert. Bad Heilbrunn 1973 (= Klinkhardts Pädagogische Quellentexte)

Hoernle, E.: Grundfragen der proletarischen Erziehung. Berlin 1929. Neu herausgegeben von L. v. Werder und R. Wolff. Frankfurt 1970

Labedz, L. (Hrsg.): Der Revisionismus. Köln 1965

Oestreich, P.: Bausteine zur Neuen Schule. München 1923b

Röhrs., H.: Die Reformpädagogik. Ursprung und Verlauf in Europa. Hannover 1980 (= E. Lichtenstein, H.-H Groothoff (Hrsg.): Das Bildungsproblem in der Geschichte des europäischen Erziehungsdenkens XVI, 1)

Rühle, O.: Arbeit und Erziehung. Leipzig 1904

Voets, S. (Hrsg.): Sozialistische Erziehung. Texte zur Theorie und Praxis. Hamburg 1972

v. Werder, L.: Sozialistische Erziehung in Deutschland 1848 - 1973. Frankfurt 1974 (= Fischer-Tb 6244)

Ernst Prokop

DIE VOLKSBILDNER DER 20ER JAHRE –
PERSÖNLICHKEITEN UND IHRE AUSSTRAHLUNG

Die 20er Jahre unseres Jahrhunderts gelten in der Pädagogik als Epoche breitester Bildungsbereitschaft und zahlloser Lernaktivitäten in allen Bevölkerungskreisen. Von unseren Tagen, wo wir überwiegend neue Organisationsformen für Schule und Weiterbildung erproben, heben sich die 20er Jahre dadurch ab, daß sie bemüht waren um innere Differenzierung von Lehrgängen, um gezielte Anregung des Erwerbs von Bildungswissen und um mannigfache Schaffung von lerngünstigen Situationen, orientiert am Lebenszuschnitt von Erwachsenen jener Tage. Was in den 20er Jahren für Bildung epochemachend war, zeigt sich deshalb am deutlichsten außerhalb der Schulen, in der sogenannten Volksbildung. Damit ist jenes nachschulische Lernen gemeint, das wir heute im allgemeinen als Erwachsenenbildung oder als Weiterbildung bezeichnen. Es speist sich auch gegenwärtig aus Impulsen, die auf jene Persönlichkeiten zurückreichen, welche damals die Volksbildung geprägt haben, auf die "Volksbildner"[1].

1. Volksbücherei und Volkshochschule

Sichtbar wurde Volksbildung in Gestalt eines Netzes von Volksbildungsvereinen, Volkshochschulen und von Volksbüchereien, welches alle Regionen des damaligen Deutschen Reiches überzog. Daneben gab es eine Fülle von Gruppierungen unter der erwachsenen Bevölkerung. Dort setzte man sich mit den durchaus belastenden und bedrängenden wirtschaftlichen Nöten auseinander. Viele suchten nach Wegen für die Ausgestaltung jenes Gemeinwesens, welches die Reichsverfassung von Weimar grundgelegt hatte[2]. Eben aus dieser existentiellen Erfahrung gewann die Volksbildung jener Zeit einen ihrer wirksamsten Antriebe. Die meisten Erwachsenen hatten in ihrem Leben kaum Gelegenheit gehabt, öffentliche Angelegenheiten mitzugestalten und sich für

allgemeines Wohlergehen zu interessieren. Viele konnten
nie die Erfahrung machen, daß eine begründete Meinung bei
der politischen Willensbildung Gewicht zu erlangen vermag.
Die Mentalität von "Untertanen" war weit verbreitet.

Mit der Gründung einer "Akademie der Arbeit"[3] in Frankfurt
a. M. sollte eine Chance geboten werden, daß Erwachsene
ohne Abitur aufgrund ihrer Berufskenntnisse und ihrer Lebenserfahrung mit Hilfe der Sozial- und Wirtschaftswissen-
schaft zu Führungskräften für die kommunale, kulturelle
und regionale Selbstverwaltung herangebildet werden. Damit
schuf zunächst die Volksbildung in den 20er Jahren für Erwachsene, die an den Zeitläufen interessiert waren, Voraussetzungen zur Wahrnehmung von deren verfassungsgemäßer
Rolle in einer Demokratie. Dazu gehörten all jene, die
aufgrund ihres individuellen Schulschicksals und infolge
ihrer Zugehörigkeit zur handarbeitenden Bevölkerung den
Rahmen der Volksbücherei zum Lesen, die Hilfen der Volkshochschule zum Verstehen und das stützende Gehäuse einer
Akademie zu einem auf Leben und Berufsarbeit bezogenen
Lernen brauchten. Die sogenannten "Kopf"-arbeiter waren
schon in ihrer Jugend über die Mindestschulpflicht hinaus-
gelangt und bedurften für ihre Weiterbildung weniger Anregungen oder Stützen.

Der Volksbildung vorausgegangen waren volkstümliche Uni-
versitätskurse. Weitblickende Hochschullehrer, die gewohnt
waren, über die engen Begrenzungen ihrer eigenen Fachdis-
ziplin hinauszusehen, wollten die anschwellenden Ergebnisse wissenschaftlicher Forschung weiten Kreisen der Bevölkerung zugänglich machen. Schon vor dem ersten Weltkrieg
waren es Tausende von interessierten Erwachsenen, welche
sich darum bemühten, ihr Wissen zu erweitern und ihr Verständnis von der Wirklichkeit der menschlichen Welt zu
vertiefen[4]. So wollten sie die Grundlage gewinnen, von
welcher aus sich das alltägliche Leben sinnvoll gestalten

läßt. Neben der Wissenschaft fanden Literatur und Kunst, Reisebeschreibungen und die Pflege von Brauchtum ein breites Publikum. Weit über die Gebildeten aus den Schulen hinaus regten sich Interesse an den Dichtern der Klassik und den Künstlern des 19. Jahrhunderts, und Bewunderung für die zeitgenössischen Schriftsteller sowie für die Erkenntnisse der Naturwissenschaft und die Leistungen der Technik.

Die säkulare Katastrophe des ersten Weltkriegs, die Europa zutiefst erschütterte, erwies sich der Aufgeschlossenheit für Wissen und Bildung als unerwartet günstig. Die Lebensverhältnisse während des Krieges hatten zahlreiche Erwachsene entwurzelt. Gewachsene und vertraute Lebensordnungen wurden gestört. Eine im wesentlichen auf den bescheidenen Wohlstand von Ersparnissen gegründete Zukunftshoffnung war vernichtet. Zehntausende von Soldaten kehrten von den Fronten des Krieges in die Heimat zurück und fanden nicht den Weg zur sozialen Eingliederung. Ebensoviele Frauen hatten unter dem Zwang der Kriegswirtschaft Zugang zur Erwerbsarbeit gefunden. Berufskarrieren und Lebensläufe waren in unzähligen Fällen behindert und endeten mit Abbruch der Schule und Scheitern der Bildung. Angesichts derart existentieller Nöte waren zahlreiche Erwachsene auf der Suche nach Bildungsmöglichkeiten. Das trifft sich mit den Interessen von pädagogisch und politisch wachen Persönlichkeiten, welche sich diesen Nöten zuwandten - trotz der katastrophalen ökonomischen Krisen und der polarisierenden politischen Auseinandersetzungen[5].

2. Beheimatung statt Vereinzelung als Ziel

Die Volksbildner wollten in erster Linie die drohende Vereinzelung überwinden, welche die Lebenslage vieler erwachsener Zeitgenossen kennzeichnet. Die herkömmliche Ständeordnung hatte längst ihre Bindekraft verloren. Vorbilder und Leitfiguren, wie jene des Kaisers oder des Leutnants oder der Honoratioren, waren von ihren Postamenten gestürzt. Es schien kaum mehr möglich, sich bei den herkömmlichen und vertrauten Werten beheimatet zu wissen. Lediglich jene Bevölkerungsschichten, denen aufgrund ihrer Schulbildung und ihres Lebenserfolgs eine soziale Eingliederung in die Führungsschichten der staatlichen Verwaltung, der medizinischen oder pädagogischen Dienstleistungsberufe gelungen war, verfügten in der Regel über Wohlstand und Flexibilität, um sich auch in schwierigen Zeiten zurecht zu finden. Demgegenüber traf man auf viele Entwurzelte und Hilflose, derer sich soziale Fürsorge und öffentliche Wohlfahrtseinrichtungen annahmen, damit sie vor einem menschlichen und gesellschaftlichen Gesichtsverlust bewahrt würden[6].

Aus der Sicht der Volksbildner waren in all diesen Fällen Vorkehrungen zur Sicherung des Überlebens gegeben. Zwischen diesen gegensätzlichen gesellschaftlichen Gruppen gab es aber einen "Mittelstand". Ihm kam zwar eine Brückenfunktion zwischen den Extremen zu, er erfreute sich aber nicht der stabilisierenden sozialen Lebensbedingungen, welche mit einer guten Ausbildung oder mit einem Anspruch gegenüber der sozialen Fürsorge verbunden waren. Dabei handelt es sich um Zeitgenossen, welche sowohl lernfähig als auch bildungswillig waren. Sie verfügten über nennenswerte Energien im Alltagsleben und waren zu hohem Einsatz und zu sachgerechter Leistung bereit, wo ihnen hierzu Gelegenheit gegeben wurde. Teilweise waren die Angehörigen dieser Bevölkerungsgruppen, welche aufgrund ihres Lebensschicksals im allgemeinen über keine ausgedehnte Schulausbildung verfügten, in Lebenskreisen gebunden, sei es innerhalb von Kirchen, Gewerkschaften, Kulturzirkeln, sozialen Diensten, Sportverbänden oder Vereinen. Andere suchten nach Bindungen, nach Aufgaben für die All-

gemeinheit, um den Belastungen und den Nöten der Infla-
tion, der verbreiteten Armut, der Arbeitslosigkeit, der
politischen Radikalität gegenzusteuern[7].

An jene wandten sich die Volksbildner. Für sie alle sollten Volkshochschule und Volksbücherei Stätten werden, in
denen sie Bindung erfahren, Mitverantwortung ausüben und
Lebensperspektiven finden können - im Kontakt mit Gleich-
gesinnten und im Medium eines "geistigen Verkehrs unter
den Schichten" der Bevölkerung. Auf diese Weise ist Überwindung der Vereinzelung in einer anonym erscheinenden
Masse von Menschen möglich, wenn es gelingt, zahlreiche
Erwachsene zu "Bildungsgemeinschaften" zusammenzufügen.
Eine Pluralität solcher Bildungsräume würde die alte Ständeordnung ersetzen und wäre als soziale Struktur der Demokratie zu kennzeichnen. Hier könnten viele Erwachsene
Halt und Heimat erfahren und Beziehungen zu anderen Bevölkerungskreisen herstellen, die von Toleranz und von mit-
menschlicher Solidarität geprägt sind.

Soweit es gelingt, zahlreiche Meinungsführer und Persönlichkeiten mit großem Ausstrahlungsbereich in ihrer Umgebung innerhalb solcher Bildungsgemeinschaften anzuspre-
chen, würde gleichzeitig an allen "lebensverbundenen Stellen" der Öffentlichkeit, des Arbeitslebens, der Kirchen
und der Kultureinrichtungen für eine Integration der aus-
einanderstrebenden Interessen und Gruppierungen im Volke
gesorgt. In dieser Perspektive wird das persönliche Werk
namhafter Volksbildner jener Epoche sichtbar und hinsichtlich seiner Auswirkungen plastisch. Einige Persönlichkeiten aus deren Kreis und ihr kennzeichnendes Wirken verdienen genannt zu werden.

3. Prägende Persönlichkeiten aus der Volksbildung

- THEODOR BÄUERLE (1882 - 1956) hatte selbst als Volksschullehrer angefangen, bildete dann Lehrer aus. Schließlich entschloß er sich zu einem akademischen Studium der
Volkswirtschaft und Geschichte, der Philosophie und Psychologie. Zusammen mit dem Industriellen ROBERT BOSCH
gründete er gegen Ende des ersten Weltkrieges einen "Ver-
ein zur Förderung der Volksbildung in Württemberg". Dieser
fühlte sich BÄUERLE so existentiell verbunden, daß er über
den Bereich Württembergs hinaus zum Begründer zunächst eines Gesprächskreises von Volksbildnern aus allen Gegenden
des deutschen Sprachraums wurde. Nach einem kleinen Ort im
Schwarzwald benannt, wo man sich seit 1923 versammelte,
ist der "Hohenrodter Bund" in die Bildungsgeschichte eingegangen. BÄUERLE war eine Persönlichkeit, welche die zwischen utopischer Sozialromantik und funktionalem Informa-
tionstransport schwankenden Bemühungen der Volksbildner zu
sammeln wußte. Aus dem Gesprächskreis wurde 1927 eine
deutsche Schule für Volksforschung und Erwachsenenbildung.
Im Strudel von Nationalsozialismus und zweitem Weltkrieg
ging auch die Volksbildung unter. BÄUERLE konnte ihr Erbe
in die Nachkriegszeit als Kultusminister des Landes Würt-
temberg-Baden und als Präsident des deutschen Volkshoch-
schulverbandes einbringen[8].

- WILHELM FLITNER (geb. 1889) hatte nach dem ersten Weltkrieg als Gründer der Volkshochschule Thüringen der Le-
benskultur breiter Bevölkerungsgruppen als "Laienbildung"
Förderung und Anerkennung verschafft. Innerhalb des Hohenrodter Bundes entwickelte er das Gründungskonzept der
"Schule für Erwachsenenbildung und Volksforschung". Sein
Versuch einer Gegensteuerung zur "Verschulung" der Erwachsenenbildung - nach dem Muster der Berliner Volksbildung - verdient besonderer Erwähnung, ist es doch FLITNERS

Ausstrahlung zu verdanken, wenn die Erwachsenenbildung heute im Prinzip plural organisiert ist[9].

- WALTER HOFMANN (1879 - 1952) richtete Bücherhallen ein und beriet Erwachsene ohne schulische Vorbildung über angemessene Lektüre. Seine "Leser- und Schrifttumskunde" suchte nach Aufschluß über die Bildungsmöglichkeiten durch Verbreitung des Buches. Nur über "gestaltende" statt einer "verbreitenden" Volksbildung könne eine literarische Erziehung breiter Bevölkerungskreise gelingen. Der Ausbau von Volksbibliotheken und ihre Ablösung von den Institutionen der Erwachsenenbildung zugunsten einer Verortung bei den "Lebensgemeinschaften", Wohngemeinden oder Kirchen hat HOFMANN maßgebend angeregt[10].

- ANTON HEINEN (1869 - 1934) war der führende Kopf des "Volksvereins für das katholische Deutschland", mitgliederstärkster Bildungsverein der 20er Jahre. Als universaler und weltoffener Bildner nahm er eine Vermittlerfunktion zwischen der Bildungsarbeit in den Kirchen und jener in den Volkshochschulen wahr - und damit auch zwischen unterschiedlichen Bevölkerungsgruppen. Kennzeichnend für seine Bildungsanregungen sind weit verbreitete Veröffentlichungen für den Lebensalltag der katholischen Bevölkerung - Jahresspiegel, Familienkalender, Erziehungsanleitungen, Jugendbücher, die zur "Überwindung der individualistischen Isoliertheit" und "Begegnung mit dem Leben und dem Lebensgrunde" verhelfen sollen[11].

- EUGEN ROSENSTOCK-HUESSY (1888 - 1954) wollte die Traditionen der Gelehrtenbildung verlassen, um zu sozialem Lernen und zur Anregung von Kreativität bei breiten Bevölkerungsschichten sowie zur Überbrückung der Polarität zwischen geistiger Arbeit und handwerklicher Arbeit zu gelangen. In der Praxis beteiligte er sich an der "Akademie der Arbeit". Wissenschaftlich legitimierte er einen eigenen

Begriff für die Eigentümlichkeiten der Erwachsenenbildung. "Andragogik" prägt das Erwachsenenleben in Auseinandersetzung mit Lernergebnissen der "Pädagogik" einerseits und mit den Alltagserfahrungen einer "Demagogik" andererseits. Innerhalb dieses "Dreigestirns der Bildung" vollzieht sich Weiterbildung - von allem ausgehend, "was vor unser aller Augen zur Nachprüfung bereit liegt"[12].

- ROBERT VON ERDBERG war im preußischen Kultusministerium Referent für Erwachsenenbildung und entscheidender bildungspolitischer Förderer der Volksbildung[13]. Er lehnte die stark extensive Verbreitung von Bildungsgütern unter der Bevölkerung ab zugunsten einer intensiven Auseinandersetzung mit Wissen, Bildung und Leben. Das brachte ihn in Gegensatz zu JOHANNES TEWS, der als Geschäftsführer der "Gesellschaft zur Verbreitung von Volksbildung" auf eine seit Jahrzehnten bewährte Praxis populärer Bildung zurückblicken konnte[14]. ERDBERG vermißte in diesem "Bildungstransport" entscheidend das Erspüren einer "Volksgemeinschaft" unter den Menschen verschiedener Schichten, Parteien und Konfessionen. Gemeinsam mit WALTER HOFMANN, dem Förderer der Volksbücherei, gab er die Zeitschrift "Volksbildungsarchiv" heraus.

- ADOLF REICHWEIN (1898 - 1944) betrachtet die Phasen der Erwachsenenbildung als "vom Staate aus" bestimmt, dann "von der Kultur aus" und schließlich zu seiner Zeit "vom Menschen aus". Volksbildung sollte "das Leben gestalten" helfen und das gemeinsame Erbe der Volkszugehörigkeit verlebendigen. Da die Volksschulbildung für Kinder und die Volksbildung für Erwachsene organisch miteinander verbunden waren, wurde er in der akademischen Ausbildung der Volksschullehrer tätig. Seine Weltzugewandtheit, sein Interesse an sozialen Fragen und seine Bemühungen, aus den Volksschullehrern Volksbildner zu machen, führten schon 1933 zu seiner Entlassung durch die Nationalsozialisten.

Bis 1937 arbeitete er an seiner Dorfschule, wo er das Ge-
dankengut der pädagogischen Reformbewegung in einer überzeugenden pädagogischen Praxis bewährte. Als Mitarbeiter
am Staatlichen Museum für Deutsche Volkskunde in Berlin
gewann er Kontakt zum "Kreisauer Kreis", wurde nach dem
20. Juli 1944 verhaftet, zum Tode verurteilt und hinge-
richtet[15].

- EDUARD WEITSCH (1883 - 1955) hält eine "Sozialisierung
der Bildung" für unausweichlich, wenn man zu einer demokratischen Gesellschaft gelangen will. Würde, Autonomie,
Mündigkeit und Entfaltung des Erwachsenen sind zu fördern
- ausgehend aber von den Bildungsinteressen und Erwartungen der Betroffenen. Um zu Führungspersönlichkeiten aus
den aktiven Minderheiten der Bevölkerung zu gelangen,
gründet er 1920 die Heimvolkshochschule Dreißigacker, eine
Bildungsstätte ohne Katheder, wo junge Arbeiter Erfahrungen sammeln und geistige Zusammenarbeit erleben. Parallel
dazu teilen Akademiker und Studenten in Arbeitslagern Bildung und Leben mit Angehörigen anderer Schichten, um sich
in den Spielregeln der Demokratie zu treffen[16].

4. Ausstrahlung in die Erwachsenenbildung

Worin nun ist die Ausstrahlung der Volksbildner in den
20er Jahren zu erblicken - was blieb als Ertrag einer Epoche pädagogischen Optimismus'?

4.1 Lebensnahes Lernen

Der Erwachsene wurde in jeder Lebenssituation und in allen
Altersphasen als lernfähig erkannt - in dem Sinne, daß er
selbst - mit Hilfe von Anleitungen - in der Lage ist, die
Gegebenheiten des Lebensalltags zu gewichten und menschen-
würdig zu bestehen. Das steht im Gegensatz zu einer Schule, welche in der Vermittlung von Kenntnissen, höchste

Ausprägung von Bildung sieht. Der Erwachsene erfährt sich
in der Lage, in gemeinsamer Anstrengung und selbsttätig -
unter Zuhilfenahme des Rates von Fachleuten und durch Bearbeitung von in Büchern und Medien dokumentierten Informationen - seinen Lebenszuschnitt zu gewinnen. Damit kommt
dem Lernen Stellenwert bei der Organisation des Lebensalltags zu. Bildung wird entscheidend für Urteilen und Denken,
für die soziale Öffentlichkeit, für die Lebensführung und
für das Selbstverständnis.

Die Bemühungen um intensive Bildung setzten bei den Ge-
meinschaften ein, denen sich Erwachsene zugehörig fühlten.
Es waren also ebenso die landsmannschaftlichen wie die
weltanschaulichen Übereinstimmungen, die ständischen All-
tagsgewohnheiten wie die Gleichgesinntheiten innerhalb von
Berufsgruppen, in denen Bildung und Lernen als entscheidendes Phänomen einer menschenwürdigen Lebensgestaltung
entdeckt wurden.

> "Der Sachverhalt "Volksbildung" bedeutet das Enthal-
> tensein eines geistigen Lebens in dem werktätigen
> gemeinen drin. Das Enthaltensein eines geistigen
> Lebens, das Größe hat, Tiefe, metaphysischen Gehalt,
> und das dem Werktag als eine höhere Sphäre eingebaut
> ist. Daß es in den Werktag eingebaut ist, soll hei-
> ßen, es gehören nicht schwierige, mühselige Studien
> dazu, ein Bürger dieser geistigen Sphäre zu werden,
> sondern: indem du ein Werkmann bist, deiner Arbeit
> und Mühsal nachgehst, deine Pflichten ringsum an Ne-
> benmenschen und Institutionen erfüllst und gar nicht
> durch Reisen, Studien aus deinem Kreise heraus-
> trittst, kannst du Bürger dieser Sphäre werden."

Schließlich bleibt die Frage nach der Isolierung des Wissens von dessen Verwendungszusammenhängen, nach der weitgehenden Trennung von Bildung und Berufsalltag. Die Bemühungen um ein Bildungskonzept, welches die Vermittlung
von Kenntnissen mit den Perspektiven des Erwachsenenlebens
verbindet, haben im Bildungswesen kaum Niederschlag gefunden. Umso drängender bleiben sie als Anforderungen an
die gegenwärtige und künftige Erwachsenenbildung bestehen.

Das Vertrautwerden mit einer Zukunft, in der Arbeit nicht mehr den gesamten Lebensalltag ausfüllen wird, die Gestaltung der Hand in Hand damit anwachsenden Freizeit im je individuellen Stil - hierzu bleiben breitesten Kreisen der Bevölkerung Bildungsimpulse zu übermitteln. Dabei bieten sich nur Arbeitsgemeinschaft und Anregung von Selbsttätigkeit an, wie sie die Volksbildner betont haben. Um sich derart politisch-sozialer Bildung anzunähern, bedarf es neben den Maßgaben der Wissenschaft einer Orientierung an der Pluralität von Lebensgewohnheiten. Der Erwachsene soll diese reflektieren, sie durchschauen und seinen Lebensstil in deren Zusammenhängen finden. Wissenschaft und Praxis sind gehalten, nach angemessenen Formen der Mitmenschlichkeit und Solidarität zu suchen.

4.2 Weiterbildung statt "Volk-Bildung"

Was sich nicht bewährt hat, war der Optimismus der Volksbildner hinsichtlich der Überwindung von Unterschieden der Herkunft, der Interessen und der Lebensperspektiven durch Bildung. Sie waren in den Begriffen und in den Denkweisen ihrer Zeit verhaftet. So ist uns heute der Zugang zu den Werterfahrungen versperrt, welche sie mit dem Begriff "Volk" verbanden[18]. Die Volksbildner wollten das Verbindende in der Vielfalt erfahrbar machen - Ausgangspunkte und Zielsetzungen auch jeder Erwachsenenbildungsarbeit heute, der es aufgegeben ist, die Fragen neu zu stellen - Fragen nach der Verwobenheit von Bildung und Leben und nach den richtigen "Gehäusen" des lebenslangen Lernens.

Einen letzten Höhepunkt der Volksbildung markierte eine Tagung des Reichsverbands Deutscher Volkshochschulen 1931 in Prerow. Dort einigte man sich auf die sogenannte "Prerower Formel", die für die Ausstrahlung der Volksbildner einen Markstein setzt: "Die öffentliche Abendvolks-

hochschule dient der Weiterbildung Erwachsener, in erster
Linie derer, die Volks- und Berufsschulen besucht haben.
Als unterrichtsmäßige Form der Erwachsenenbildung steht
sie in Zusammenarbeit mit anderen Einrichtungen. Das Bildungsziel ergibt sich aus der Notwendigkeit der verantwortlichen Mitarbeit aller am staatlichen, gesellschaftlichen und kulturellen Leben der Gegenwart. Die erzieherische Wirkung der Abendvolkshochschule liegt in der Klärung
und Vertiefung der Erfahrungen, der Vermittlung von Wissen
über Tatsachen, der Anleitung zum selbständigen Denken und
der Übung gestaltender Kräfte. Dabei kommt es nicht auf
rein fachliche Ausbildung und wissenschaftssystematische
Vollständigkeit an... Für den Aufbau des Arbeitsplanes
maßgebend sind die Lebenserfahrungen der Besucher und ihre
Bedürfnisse... Die Arbeitsweise gründet sich auf selbständige Mitarbeit der Teilnehmer"[19].

Die Unterzeichner - führende Persönlichkeiten der Bewegung - haben mit dieser Formel über ihre unmittelbare Situation hinaus "Weichen gestellt". Zum einen haben sie
ihre "Ausstrahlung" begrenzt. Sie konzentrieren die Volksbildung auf "Unterricht" und verzichten auf die großen
Worte wie "Volksgemeinschaft" oder "Kultur" aus den früheren Geschäftsgrundlagen - resignativ aufgrund der gesamt-
gesellschaftlichen Situation in der Wirtschaftskrise jener
Jahre oder im Sinne einer "realistischen Wende"[20] zum
Organisierbaren und Kontrollierbaren bei der Gestaltung
von Lernprozessen in der Erwachsenenbildung? Tragfähig ist
die Eingliederung der Erwachsenenbildung in das allgemeine
Bildungswesen geblieben. Die Volksbildung hat sich ebenso
wie die Volksschule aus ihrer engen Verwobenheit in die
Lebensbeziehungen gelöst und hat sich in die "pädagogische
Provinz" eingegliedert[21] - so weitgehend, daß der Bil-
dungsgesamtplan 1973 die "Weiterbildung" als vierten
Hauptbereich des Bildungswesens errichten konnte[22].

4.3 "Innere" Emigration

Die Widerstandsrollen gegen den Nationalsozialismus, der
die Blütezeit der Volksbildung in der letzten Häfte der
30er Jahre abrupt beendete, scheinen in "festen Händen" -
von Persönlichkeiten aus dem Militär, gruppiert um das At-
tentat auf Hitler am 20. Juli 1944, und jener "Geschwister
Scholl", dank derer sich bürgerliche Kreise nicht mehr nur
als Sympathisanten des Nationalsozialismus verstehen brauchen[23]. Daneben allerdings spielte sich noch mancherlei
ab, allerdings in einer Grauzone unterhalb der Schwellen
öffentlicher Aufmerksamkeit, so daß es in Vergessenheit
geraten ist - gab es doch vielerorts mehr Möglichkeiten zu
Widerständen im Innern als zu spektakulären Aktionen oder
zur Emigration.

Zwar wurde dem Terror in den Lebensräumen weiter Bevölkerungskreise auf diesem Wege nicht nennenswert Einhalt geboten. Die "innere" Emigration setzte aber zahlreiche subjektive Kräfte frei und schuf Voraussetzungen dafür, daß
es innerhalb des wogenden Meeres der nationalsozialistischen Bewegung Inseln gab, auf welche man sich zurückzie-
hen konnte, und innerhalb derer man Menschen begegnete,
für welche humane Werte weiterhin Gültigkeit bewahrten.
Das Deutschland jener Jahre war keineswegs nur eine Welt
der Mitläufer und Opportunisten, wenn auch jene zahlreich
waren und als verantwortlich dafür anzusehen sind, daß
sich die Dynamik der nationalsozialistischen Bewegung nahezu ungehemmt auswirken konnte. Daneben mußte jedes nicht
von Zustimmung geprägte Denken ins Abseits geraten. Daß es
dort überlebte, auch ohne Beifall, aber eben weitgehend
wirkungslos, ist als Gewinn aus den Bildungsbemühungen der
20er Jahre gegenüber den "Eliten aus allen Bevölkerungskreisen" zu verbuchen.

Die nationalsozialistische Heilslehre war in einem Zeitraum vom politischen Sektierertum zur Massenbewegung geworden, welche zeitgeschichtlich als fruchtbare Epoche pädagogischen Denkens und Handelns angesehen wird. Das Bestreben um Selbsttätigkeit, die Neigung, sich kein X für
ein U vormachen zu lassen, die Bereitschaft zu fragen,
Skepsis gegenüber dem Festhalten an überkommenen Ansichten
- all das prägte das Lernen und kennzeichnete die Zu-
kunftshoffnungen vieler Erwachsener in den 20er Jahren,
welche an Bildungsbemühungen und Bildungserfolgen Erwartungen hinsichtlich einer menschlicheren Welt knüpften. So
hatten teilweise auch republikanisch gesinnte Persönlichkeiten in den Leitgesichtspunkten der nationalsozialistischen Ordnungsideologie, im Verlangen nach Gerechtigkeit
und in der Begeisterung für vitale Kräfte und kulturelle
Werte der Volksgemeinschaft, durchaus ihre eigenen Interessen und Zukunftswünsche partiell wieder entdecken können[24]. Sobald die nationalsozialistische Welle jedoch
"überschwappte", sahen viele Erwachsene aus demokratischen
Eliten kaum einen Ausweg, außer jenem des Sich-Zurückzie-
hens in eine individuelle Innerlichkeit, der "inneren
Emigration".

Die Emigration nach außen, eine Beteiligung also an jener
spektakulären "Abstimmung mit den Füßen", war diesen Beam-
ten und öffentlichen Bediensteten, in deren Händen Verantwortung für das Erziehungswesen lag, meist versagt geblieben. Sie konnten sich nur von einer Beteiligung an den Aktivitäten der Bewegung fernhalten und konnten sich inner-
lich distanzieren. Angesichts der sozialen Isolierung, in
welche man sich mit einem derartigen Vorhaben hineinbegab,
erforderte ein derartiges Unterfangen durchaus Mut. Mit
den Maschinerien der nationalsozialistischen Bewegung oder
des Staatsapparates konnten aber diese vereinzelten Lehrer
mit abweichenden Ansichten oder jene Erwachsene, die zum

Vorbild für Jugendliche wurden, indem sie ihnen alternative Lebensperspektiven aufzeigten, sich nicht anlegen, wollten sie nicht ihre individuelle Zukunft ebenso riskieren wie jene ihrer Angehörigen. Insofern blieb der individuelle Widerstand öffentlich weitgehend wirkungslos. Daraus muß man nicht folgern, daß er nicht honorig gewesen sei, oder daß er nicht Gewicht hatte für ein Überleben humanistischer Traditionen.

Man sollte pädagogische Auswirkungen nicht unterschätzen, die sich dort einstellten, wo Schüler von ihren Erziehern Distanziertes, Kritisches, Überlegenes zum Nationalsozialismus vernehmen durften. Festzuhalten bleibt, daß Widerstand sich innerhalb der Lebensräume von Schule, Jugendarbeit und Erziehung zu entwickeln vermochte und daß hervorragende Beispiele subjektiver Einsatzbereitschaft und persönlicher Integrität zu bemerken sind, deren Motive sich aus der Volksbildungstradition speisen. Dem Pädagogen blieb häufig nur die Chance innerer Emigration. Darin artikuliert sich die Minderheitsmeinung von Eliten, die gegenüber Begeisterungsstürmen und Massenhysterie distanziert blieben und in persönlichen Kontakten die Vorkehrungen dafür trafen, daß Denken und Empfinden einer nachwachsenden Generation nicht auf Emotionen und Vorurteile des Nationalsozialismus festgeschrieben blieben[25].

Von der Verbreitung unerwünschter Informationen bis hin zum Riskieren nicht nur der ökonomischen, sondern in vielen Fällen auch der physischen Existenz, wurde in zahlreichen Nuancen die Ausstrahlung der Volksbildner sichtbar und bewährte sich bei vielen von pädagogischem Eros getragenen Persönlichkeiten, die sich Erziehung und Jugend, Schule und lebensbegleitendes Lernen als Tätigkeitsfeld und Wirkungsbereich erwählt hatten, gerade unter der nationalsozialistischen Tyrannei in den 30er Jahren und während des zweiten Weltkriegs.

ANMERKUNGEN:

1 Vgl.: Dieck, W.: Ziele und Wege der deutschen Volksbildung, 1923 - Henningsen, J. (Hrsg.): Die Neue Richtung in der Weimarer Zeit. Dokumente und Texte von Robert von Erdberg, Wilhelm Flitner, Walter Hofmann, Eugen Rosenstock-Huessy, 1960 - Marschall, B.: Volksbildungsarbeit, 1921

2 Vgl.: Bühler, O.: Die Reichsverfassung vom 11. August 1919. Voller Text mit Erläuterungen, geschichtlicher Einleitung und Gesamtbeurteilung, 1929 (3. Aufl.)

3 Vgl.: Michel, E.: Die Akademie der Arbeit. In: Die Tat 18, 1926, S. 299 - 309 - Antrich, O.: Die Akademie der Arbeit in der Universität Frankfurt a. M. Idee - Werden - Gestalt, 1966

4 Vgl.: Natorp, P.: Universität und Volksbildung. In: Volksbildungsarchiv, III.Band, 1915, S. 1 ff. - Laack, F.: Das Zwischenspiel freier Erwachsenenbildung, 1984

5 Vgl.: Heinemann, M. (Hrsg.): Sozialisation und Bildungswesen in der Weimarer Republik, 1976 - Hohendorf, G.: Die pädagogische Bewegung in den ersten Jahren der Weimarer Republik, 1954 - Olbrich, G.: Arbeiterbildung in der Weimarer Zeit, 1977

6 Vgl.: Natorp, P.: Sozialpädagogik. Theorie der Willenserziehung auf der Grundlage der Gemeinschaft, 1920 (4. Aufl.) - Vierkandt, A.: Die sozialpädagogische Forderung der Gegenwart. Hrsg. v. Zentralinstitut für Erziehung und Unterricht, Sozialpädagogische Abende, H.1, 1920 - Nohl, H.: Aufgaben und Wege der Sozialpädagogik. Vorträge und Aufsätze, 1965

7 Vgl.: Heimat: Beiträge von der zweiten Hohenrodter Tagung von Robert von Erdberg, Anton Heinen, Walther Koch, Peter Bultmann, Wolfgang Pfleiderer, 1925 - Deutscher Ausschuß für das Erziehungs- und Bildungswesen: Zur Situation und Aufgabe der deutschen Erwachsenenbildung. Gutachten des Deutschen Ausschusses für das Erziehungs- und Bildungswesen, 1960

8 Vgl.: Pache, Ch.: Theodor Bäuerles Beitrag zur deutschen Erwachsenenbildung. Diss. Berlin 1972

9 Vgl.: Flitner, W.: Gesammelte Schriften, hrsg. von Karl Erlinghagen, Andreas Flitner und Ulrich Herrmann, Bd. I: Erwachsenenbildung, 1982

10 Vgl.: Hofmann, W.: Volksbücherei und Volkwerdung, 1925 - Hofmann, W.: Buch und Volk. Ges. Aufsätze und Reden zur Buchpolitik und Volksbüchereifrage, hrsg. v. R. Reuter, 1951

11 Vgl.: Heinen, A.: Wie gelangen wir zur Volksgemeinschaft? 1922 - Heinen, A.: Von alltäglichen Dingen. Ein Büchlein der Bildung und der Lebensweisheit für den werktätigen Mann, 1922 - Bozek, K.: Anton Heinen und die deutsche Volkshochschulbewegung, 1963

12 Vgl.: Rosenstock-Huessy, E.: Das Dreigestirn der Bildung. In: Die Arbeitsgemeinschaft. Monatsschrift für das gesamte Volkshochschulwesen, 2, 1920/21, S. 177 - 199 - Jung, U.: Eugen Rosenstocks Beitrag zur deutschen Erwachsenenbildung der Weimarer Zeit, 1970

13 Vgl.: Erdberg, R. v.: Die Volkshochschule 1919. In: Werner Picht: Das Schicksal der Volksbildung in Deutschland, 1950 (2. Aufl.), S. 203 ff. - Erdberg, R. v.: 50 Jahre freies Volksbildungswesen, 1924

14 Vgl.: Tews, J.: Die Aufgaben der Volksbildungsvereine in der Gegenwart, 1908 - Tews, J.: Freie Volksbildungsarbeit im neuen Deutschland, 1927 - Tews, J.: Geistespflege in der Volksgemeinschaft. Beiträge zur Förderung der freien Volksbildungsarbeit, 1932

15 Vgl.: Reichwein, A.: Schaffendes Schulvolk, 1937 - Schulz, U. (Hrsg.): Adolf Reichwein. Ein Lebensbild aus Briefen und Dokumenten, 1974

16 Vgl.: Weitsch, E.: Dreißigacker. Die Schule ohne Katheder. Pädagogische Schnappschüsse aus der Praxis eines Volkshochschulheims von 1920 bis 1933, 1952 - Olbrich, J.: Konzeption und Methodik der Erwachsenenbildung bei Eduard Weitsch, 1972

17 Flitner, W.: Laienbildung, 1921. In: Gesammelte Schriften, hrsg. v. Karl Erlinghagen, Andreas Flitner u. Ulrich Herrmann, Bd. 1: Erwachsenenbildung, Paderborn, München u. a. 1982, S. 29 f.

18 Vgl. Brenner, G.: Volkshochschule und Volkwerdung. Der Volksgedanke in der Entwicklung des Volkshochschulwesens bis zur nationalen Erhebung im Jahre 1933, Diss. Leipzig 1939 - Kappe, H.: Volksbildung und Volkbildung. Geschichte und Idee des Reichsverbandes der deutschen Volkshochschulen, Diss. Münster 1964 - Tews, J.: Volk und Bildung. Festschrift zum 60jährigen Bestehen der Gesellschaft für Volksbildung, 1931

19 Die Prerower Formel, In: Freie Volksbildung, Zweimonatsschrift für die gesamte Erwachenenbildung, hrsg. v. Fritz Laack und Eduard Weitsch. 6. Jg., Frankfurt 1931, S. 294 - 295 u. S. 425

20 Vgl.: Roth, H.: Die realistische Wendung in der pädagogischen Forschung. In: Neue Sammlung 2, 1962, S. 481 ff.

21 Vgl.: Goethe, J. W.: Wilhelm Meisters Lehrjahre. Wilhelm Meisters Wanderjahre. In: Weimarer Ausgabe, 1.
   Abteilung, Bd. 24 u. 25, 1887 - Hohmann, M.: Die pädagogische Insel. Untersuchungen zur Idee einer Eigenwelt
   der Erziehung bei Fichte und Goethe, Wyneken und Geheeb,
   1966

22 Vgl.: Bund-Länder-Kommission für Bildungsplanung: Bildungsgesamtplan, Bd. I u. II, 1973

23 Vgl.: Hauser, R.: Deutschland zuliebe: Leben und Sterben
   der Geschwister Scholl. Die Geschichte der Weißen Rose,
   1980 - Kopp, O.: Widerstand und Erneuerung. Neue Berichte und Dokumente vom inneren Kampf gegen das Hitler-
   regime, 1966 - Ritter, G.: Carl Goerdeler und die deutsche Widerstandbewegung, 1956 - Simon, E.: Aufbau im Untergang. Jüdische Erwachsenenbildung im nationalsozialistischen Deutschland als geistiger Widerstand, 1959

24 Vgl.: Assel, H. G.: Die Perversion der politischen Pädagogik im Nationalsozialismus, 1969 - Gamm, H.-J.: Führung und Verführung. Pädagogik des Nationalsozialismus,
   1964 - Stippel, F.: Die Zerstörung der Person. Kritische
   Studie zur nationalsozialistischen Pädagogik, 1957

25 Vgl.: Brandenburg, H.-Chr.: Die Geschichte der HJ, 1968
   - Klönne, A.: Hitlerjugend. Die Jugend und ihre Organisation im Dritten Reich, 1955 - Lingelbach, K. Ch.: Erziehung und Erziehungstheorien im nationalsozialistischen Deutschland, 1970 - Reifenrath, B. H.: Methoden
   und Ziele der nationalsozialistischen Volksbildung. In:
   Vierteljahresschrift für wissenschaftliche Pädagogik,
   60. Jg., 1984, S. 84 - 111 - Ueberhorst, H. (Hrsg.):
   Elite für die Diktatur. Die Nationalpolitischen Erzie-
   hungsanstalten 1933 - 1945. Ein Dokumentarbericht, 1969

Robert E. Maier

EBERHARD GRISEBACHS KRITIK DER THEORETISCH-INTELLEKTUALISTISCHEN SICHTWEISE IN DER PÄDAGOGIK

Die nachfolgende Interpretation bezieht sich auf GRISE-BACHS Werk ab 1924 bis etwa 1930. Die Berechtigung dieser zeitlichen Eingrenzung ergibt sich daraus, daß die hier behandelte Kritik speziell in GRISEBACHS Veröffentlichungen dieser Zeit anzutreffen ist.

Grundlegend für eine Auseinandersetzung mit GRISEBACHS "kritischer Pädagogik" ist sein Verständnis von Wirklichkeit. Eine kurze Erläuterung dessen, was GRISEBACH unter Wirklichkeit versteht, soll deshalb den weiteren Überlegungen vorangestellt werden.

1. Die dialogische Wirklichkeit

Wirklichkeit fordert den transzendenten anderen Menschen. Er zeigt sich durch den Widerspruch. "Sein haben[1] heißt, die Vereinzelung des Besonderen überwinden, in seinem Wesen zweispältig und gebunden sein, in keinem Element sich für absolut verwurzelt halten; es heißt begrenzt sein durch den Widerspruch eines anderen. Nur dann sind wir wirklich von wesentlicher Bedeutung, haben wir Anteil an wirklichem Sein, das nun ein Geschehen ist, wenn wir die Ursprungsbezogenheit durch Anerkennung des Widerspruches bewahren"[2].

Neben der dialogischen Gebundenheit an ein Du, im zweiten Teil des Zitats näher ausgeführt, wird zum Ausdruck gebracht, daß der Mensch sich nicht in einem seiner Wesensbereiche verabsolutieren darf, beispielsweise als reines Geistwesen unter völliger Vernachlässigung physiologischer Gegebenheiten oder umgekehrt als einseitig physiologischen Prozessen Unterworfener. Jede Verabsolutierung wäre ein Verlust der ganzheitlichen menschlichen Wirklichkeit. Damit spricht sich GRISEBACH in diesem Bereich für eine dialektische Sicht anthropologischer Wirklichkeit aus, in welcher auch die anderen Pole zu Wort kommen.

Wirklichkeit heißt weiterhin, durch den Widerspruch eines anderen Menschen begrenzt zu werden. Die in der Natur des Ich liegende grenzenlose Ausbreitung der Egoität - nach GRISEBACH besteht die innere Logik des Ich darin, "s i c h u n b e g r e n z t z u e n t f a l t e n"[3] - wird durch das widersprechende Du in Schranken gewiesen. Die widernatürliche ethische Aufgabe liegt darin, den Widerspruch des Du auszuhalten. Dies ist für GRISEBACH das Ja zur eigenen Begrenzung, das Ja zum Maß, das Nein zur grenzüberschreitenden Ichsucht[4]. Das Ich setzt sich nicht selbst seine Aufgaben, sondern bekommt sie von einer äußeren Instanz, dem transzendenten Du, zugeteilt. Das Ich erfährt sich als fragwürdig und begrenzt durch den fremden Anspruch, es steht in dauernder Bewährung und wird dauernd gefordert. Es tritt damit ein in ein Geschehen.

Die Transzendenz des Widersprechenden fordert eine deutliche Abgrenzung des Du gegen den Mitmenschen[5]. GRISEBACH verneint eine wirkliche Begegnung mit dem Mitmenschen im Widerspruch. Der Mitmensch sei dem Ich nicht wirklich transzendent[6], er sei nur die Verlängerung des Ich, das sich durch das Dasein des Mitmenschen zu besonderer Aktivität angetrieben fühle, er habe keine echte Anderheit. "Wir selbst sind es, das uns entgegenkommt und uns antreibt... Die Haltlosigkeit und Maßlosigkeit unseres Tuns tritt gerade (...) dann in der Sorge für den Mitmenschen zutage"[7]. Der Mitmensch ist somit nach GRISEBACH in den Dienst der Entfaltung der Egoität getreten. Es ist das Korrelat zum egoistisch sich selbst ausweitenden Ich. Die Sorge des Ich um den Mitmenschen dient der eigenen Egoität. Das Ich geht weg von sich selbst hin zum Mitmenschen aufgrund einer

insgeheim beabsichtigten Selbstförderung. Die Interessen
des Ich sind nicht wesentlich aufgegeben; sie sind latent
noch weiterhin vorhanden[8].

Es ist angebracht, auf einen bedeutsamen Unterschied
GRISEBACHS zu seinem Zeitgenossen BUBER zu verweisen. Während bei BUBER auch ein unpersonales anderes als Du begegnen kann, ist dies nach GRISEBACH nur einem personalen Du
möglich; nur ein solches besitzt die Fähigkeit zum wirklichen Widerspruch. "D e r   a n d e r e   M e n s c h
i s t   d a s   e i n z i g e   G e s c h ö p f   i n
d e r   N a t u r ,   d a s   s i c h   d e r   B e s i t z -
e r g r e i f u n g   a u s d r ü c k l i c h   w i d e r -
s e t z t"[9]. Dem Bereich des nichtpersonalen anderen wird
echte Wirklichkeit im Widerspruch abgesprochen. Ohne Widerspruch gibt es keine Wirklichkeit, ohne den anderen
Menschen aber gibt es keinen Widerspruch; somit ist Wirklichkeit nur in der Gemeinschaft mit dem anderen Menschen.
Die Wirklichkeitserfahrung ist auf den sozialen Raum eingegrenzt. "Wirklichkeit ist nur da, wo der Anspruch des Du
berücksichtigt wird, wo der Ichanspruch zurücktritt gegenüber dem Anspruch des Nächsten"[10]. Der Mensch außerhalb
des sozialen Raumes, ohne personales Du, verbleibt nach
GRISEBACH in abstrakter Unwirklichkeit.

2. Erkenntnistheoretische Kritik:
   Das Scheitern einer theoretischen Darstellung wirklicher Erziehung

GRISEBACH ist der Überzeugung, Denken habe zu dem bedachten Seienden keine Verbindung, man müsse "die Unvereinbarkeit der Elemente des Denkens und Seins, des Geistes und
der Natur immer berücksichtigen"[11]. Diese "Unvereinbarkeit" führe dazu, daß auch über Erziehung nichts Wesentliches ausgesagt werden könne. Theoretische Reflexion mit

der Absicht, wirkliche Erziehung zu begreifen, müsse damit
scheitern[12].

GRISEBACH zeigt das Scheitern einer theoretischen Darstellung wirklicher Erziehung am Beispiel des Erziehungszie-
les. Die Problematisierung setzt hier ein mit der Frage
nach dem Charakter als Ziel der Erziehung. GRISEBACH unterscheidet (offensichtlich in begrifflicher Anlehnung an
KANT) zwischen empirischem und intelligiblem Charakter.
Der intelligible Charakter zielt auf vernünftige und fol-
gerichtige Anordnung des individuellen Daseins, meist als
Unterordnung unter höhere Ideen[13]. Der empirische Charakter erklärt sich eher aus der "Entfaltung natürlicher An-
lagen"[14] im Sinne einer bereits genetisch vorgeprägten
Verwirklichung. Zur Konkretion wählt GRISEBACH das Beispiel LUTHER, dessen intelligiblen Charakter er als "An-
teilnahme an ... der Befreiung des Menschengeistes" und
dessen empirischen Charakter er als "ursächlich bestimmte
Entfaltung seines Genies"[15] bezeichnet.
Beide Weisen des Charakters eignen sich nach GRISEBACH
nicht als Ziel der Erziehung, denn hier wird ein "nach-
trägliches Urteil über ein Faktum als Maß vorgegeben. Die
Absicht solcher Erziehung richtet sich dabei auf eine Beurteilung des Realen, aber nicht auf die Wirklichkeit
selbst"[16]. Da die Feststellung des Charakters immer erst
aus dem Gewesenen möglich ist, wird ein Urteil der Vergangenheit auf lebendiges Werden übertragen. Eine historische
Kategorie wird auf eine gegenwärtige Wirklichkeit ange-
wandt. Für das Kind bedeutet ein Gelingen solcher Erziehung Verlust seiner eigentlichen Wirklichkeit, denn es
lebt in der "Form seiner Beurteilung"[17]. Charakter ist
nach GRISEBACH keine pädagogische Kategorie, weil Werden-
des, in Wirklichkeit Stehendes, nichts Fertiges ist. "Der
wirklich lebende Mensch hat keinen Charakter, keinen bestimmten fertigen Umriß, er ist charakterlos, unfertig und
beständig im Widerspruch"[18].

Nachdem sich Charakter als nichtpädagogische Kategorie erwiesen hat, stellt GRISEBACH die Frage nach der Persönlichkeit als Erziehungsziel. Persönlichkeit erscheint gegenüber dem Charakter dynamisiert. "Persönlichkeit ist das
dialektische menschliche Tun, das offen bleibt für den Bezug ..."[19]. Dialektisches Tun ist zu verstehen als ein
Handeln, das durch Widerspruch und Differenz bestimmt ist.
Wirklicher Widerspruch kann aber nur vom Du kommen, das
dem Ich Grenzen setzt. Steht das Ich im Dienste seiner
Egoitätsausweitung, so wird es durch das Du gereizt und
negiert das widersprechende Du oft in der Weise einer
Herr-Knecht-Dialektik. Die Dialektik, die GRISEBACH als
wünschenswerte Antwort auf den nur der Egoität dienenden
Widerspruch meint, ist eine dialogische, der Widerspruch
muß ohne Beherrschung des Du ausgehalten werden. Dem entspricht der Begriff Persönlichkeit als "das menschliche
Miteinander-in-Verlegenheit-sein, das gemeinsame, begründete Zweifeln, weil man sich an den Widerspruch gebunden
sieht, die Einsicht in die Begrenzung, die wir uns selbst
nicht geben können"[20].

Man könnte meinen, mit dem Persönlichkeitsbegriff wäre
GRISEBACHS Erziehungsziel gefunden, betont er doch immer
wieder die seiner Meinung nach persönlichkeitsbestimmen-
den Verhaltensweisen des Zweifelns, des Widerspruchs, der
Verlegenheit. Aber von neuem erhält man eine negative Antwort. Persönlichkeit sei nicht das Ziel der Erziehung,
sondern nur die Basis, auf der begonnen werden könne[21].
Erziehung finde in gegenseitiger Wechselwirkung statt und
es sei "eitel Anmaßung, wenn wir auch nur fragen würden,
worauf die Erziehung als Wechselwirkung und Verantwortung
hinausläuft, welches das Ziel dieser Erziehung, der Sinn
dieses realen Geschehens sei ... Indem wir darüber nach-

denken, wozu wir andere erziehen wollen, versäumen wir unsere eigene Erziehung in der Wirklichkeit"[22]. Dies ist
verständlich aus GRISEBACHS antiintellektualistischer Haltung. Die vernünftige Frage nach dem Ziel pädagogischen
Bemühens ist ihm eine intellektualistische Abstrahierung
von der Wirklichkeit, ein Triumph der Erkenntnis über das
Leben, der Festigkeit über das Werden, der Abstraktion
über die Konkretion.

Die Suche nach dem Erziehungsziel ist also nach GRISEBACH
ein Vorgang, der mit der menschlichen Wirklichkeit keinen
Zusammenhang mehr besitzt. Es stellt sich die Frage, ob er
jegliche Absicht in der Erziehung ablehnt und alles dem
nicht beeinflußbaren Schwebezustand von Ich und Du überlassen will. Dies wäre Aufhebung der Erziehung, die mit
der Intention, etwas verändern zu wollen, gleichzeitig
sich selbst aufgäbe. Die durch den absichtslosen Irratio-
nalismus erzeugte Leere würde bald von fremden Inhalten
aufgefüllt werden. Eine erhöhte Ideologieanfälligkeit wäre
die Folge.
Daß dies von GRISEBACH nicht gewollt wird, zeigen seine -
wenn auch bescheidenen - Ansätze zu einer positiven, kri-
tisch-dialogischen Erziehung. Gegenüber der in der Ebene
der Wahrheit verbleibenden theoretischen Reflexion fordert
er für den Erzieher Teilnahme am wirklichen Geschehen. Die
wichtige pädagogische Kategorie hierfür heißt Verantwortlichkeit. "Die Verantwortlichkeit besteht darin, daß ich
das ewig Verborgene respektiere, über meine Grenzen nicht
hinausgehe, das Du niemals übersehe, die Ansprüche des
Ichs nicht voranstelle, das Du nicht absolut zu beherrschen versuche, Menschlichkeit im Widerspruch bewahre, daß
ich der Wechselbeziehung als der Erziehung der Menschheit
kein Hindernis bereite, sondern sie dadurch befördere, daß
ich nicht mehr als Einzelner die Erziehung meistern zu
können glaube"[23]. Dieses Zitat bildet eine Zusammenfas-

sung der wesentlichen, für konkrete Erziehung notwendigen
Forderungen GRISEBACHS: Respekt vor dem Verborgenen im
Educandus, Begrenzung der erziehenden Egoität und damit
Eröffnung eines Freiraumes für das zu erziehende Du, Abbau
der individualistischen Sicht der Erziehung und damit Öff-
nung des Erziehungsprozesses für vielfältige, über die
Dyade Erzieher-Zögling hinausgehende Begegnungen.
Die positiven Erziehungsansätze sollen hier nicht weiter
verfolgt werden. Es stellt sich jedoch die Frage, ob
GRISEBACH nicht selbst, gegen seine Intention, dem Werden
der wirklichen Erziehung ein intellektualistisch entworfe-
nes Konzept entgegensetzt, ein Konzept, das als Gedachtes
gemäß der immer wieder betonten Trennung von Denken und
Sein mit dem bedachten Gegenstand, der wirklichen Erziehung, nichts zu tun hat.

3. Ethische Kritik: Intellektualismus als Egoismus

Intellektualismus steht nach GRISEBACH eindeutig im Dienste des seine Egoität entfaltenden Menschen. Da Entfaltung
der Egoität aber Negation des anderen Menschen bedeutet,
führt Intellektualismus zu unsozialen Verhalten. "Bewußtsein und Erkenntnis dienen der Ausweitung der Egoität zu
jedem noch so gewöhnlichen oder außergewöhnlichen egoistischen Zweck ... Je vitaler und talentvoller der Mensch
ist, desto rücksichtsloser sucht er sein Ich auf dem Boden, wo er gerade lebt zur Geltung zu bringen"[24].
Aus dieser Sicht ist es nur folgerichtig, wenn GRISEBACH
einer betont auf intellektuelle Erziehung setzenden Pädagogik skeptisch gegenübersteht. Er will Mündigkeit, als
Fähigkeit zu eigenständigem Vernunftgebrauch, durch "Hörigkeit" ersetzt wissen. In seinem Aufsatz "Reife als Verantwortung" begründet er seine Forderung folgendermaßen:
Da Erkenntnis die Tendenz habe, "d e n   A n s p r u c h
d e s   a n d e r e n   a l s   W i d e r s p r u c h

durch Herrschsucht aufzuhe-
ben"[25], sei die ethische Korrektur dieser Sachlage die
Einübung in Bescheidenheit. Dazu diene die Tugend der Hörigkeit: "Der Erkennende kann auf Grund der Bescheidenheit davon abstehen, allein das Wort aus sich und für sich
selbst mündig zu reden, er muß es lernen, auf das Wort zu
hören, das an ihn gerichtet ist"[26].

GRISEBACH unterscheidet die Tugend der Hörigkeit vom "Übel
der Gehörigkeit, die sich vor dem Machthaber
und Genius aus selbstischen Gründen verbeugt"[27]. Es gibt
also auch eine Selbstaufgabe aus selbstischen Gründen, die
darin besteht, sich durch Unterordnung unter einen Mächtigen Vorteile zu schaffen. Diese Form von Selbstaufgabe
sei abzulehnen, da in ihr die Ausweitung der Egoität als
Herrschsucht noch versteckt vorhanden sei. Die vorgebliche
Selbstaufgabe diene ja nur einer effektiveren Interessen-
durchsetzung des Ich[28]. Demgegenüber fordert GRISEBACH die
unverzweckte, lautere Hörigkeit ohne irgendwelche verdeck-
te Absichten für die Ausweitung der Egoität.

Hierbei tritt eine der GRISEBACHschen Anthropologie imma-
nente Problematik in Erscheinung. Die Hörigkeit des Ich
fordert den Anspruch des Du. Aber auch der andere Mensch
ist ein Ich, das laut GRISEBACH in Bezug auf den Mitmenschen von Natur aus böse ist. Es ist also damit zu rechnen, daß lautere Hörigkeit durch ein von Natur aus böses
Ich des anderen Menschen ausgenützt wird.

THEUNISSEN meint, dies sei der Grund, warum GRISEBACHS
dialogische Theorie in eine Theorie des Konflikts mün-
de[29].

4. Bildungsphilosophische Kritik: Das humanistische Bildungsideal im Dienste des schädlichen Intellektualismus

Eine markante Aussage GRISEBACHS zur humanistischen Bildung lautet: "Solcher Glaube an humanitäre Erziehung, an eine kontinuierliche geistige Entwicklung, die mit den Griechen beginnt, fortgeht zu den Römern, Italienern, Humanisten und Aufklärern, die bei den deutschen Idealisten endet, ist ... eine gefährliche Ideologie. Historische Bildung ist für sich unter Berücksichtigung ihrer Schranken in einem historischen Zeitalter durchaus möglich, aber die Bildung, die daraus entspringt, ist keine wirkliche Gestaltung, kein Übernehmen der Verantwortung in der Dialektik, sondern eine verantwortungslose Aufklärung, unter deren Überschätzung wir im Augenblicke leiden. Aus ihr entspringt der unfruchtbare, leere Intellektualismus, die Scheinbildung einer geistigen Haltung, der feine allgemeine Egoismus eines wertbezogenen Ichs, die Selbsttäuschung zu meinen, daß man in dem allgemein Menschlichen schon das Wirkliche besitze; das sind alles Bildungsergebnisse, die unsere Schwäche heute bezeichnen"[30]. In diesen Sätzen lassen sich GRISEBACHS wesentliche kritische Einwände zur humanistischen Bildung erkennen.

Wenn GRISEBACH den Vorwurf der "verantwortungslosen Aufklärung" erhebt, dann meint er damit offensichtlich jene Vielwisserei, die sich zum Brillieren der Individualität besonders eignet. Er setzt diese "Scheinbildung" in Gegensatz zur Übernahme von Verantwortung. Im dialogischen Denken GRISEBACHS besteht Verantwortungsübernahme darin, auf den Anruf des Du ernsthaft zu antworten. Dafür läßt jedoch das intellektualistisch-individualistische Bildungsideal keinen Raum, denn es ist nur " E n t f a l t u n g   m e n s c h l i c h e r   E g o i t ä t   ...   e s   f o r d e r t   n u r   e i n e   S e l b s t v e r - a n t w o r t u n g"[31].

Der im obigen Zitat angesprochene "feine allgemeine
Egoismus eines wertbezogenen Ichs" zeigt sich darin, daß
das gebildete Subjekt im Vollgefühl seiner Bildung ein
überhöhtes Selbstwertgefühl kultiviert und das nicht in
gleicher Weise gebildete Du abschätzend behandelt. Egoismus ist nicht von plumper Art, sondern "fein", d. h. er
übt keine direkte Unterdrückung des anderen Menschen aus,
läßt ihn aber aus der Position elitärer Überlegenheit
Mißachtung und Geringschätzung spüren und dokumentiert
dadurch Verantwortungslosigkeit.

Als ein Weiteres läßt sich aus dem oben angeführten Zitat
Kritik an der "Selbsttäuschung" entnehmen. Sie hängt mit
GRISEBACHS Kritik am Egoismus zusammen. Selbsttäuschung
entsteht, wenn der Mensch eine allgemeine Form des
Menschlichen, hier die humanistische Bildung, für fähig
hält, zur Wirklichkeit zu führen. Diese allgemeine Form
steht aber nach GRISEBACH weitgehend im Dienste der
menschlichen Egoität, sie fördert den Stolz am humanistisch
gebildeten Ich. Die Wirklichkeit eröffnet sich dem Ich
nur im Zusammensein mit dem Du, was voraussetzt, daß die
Ansprüche des Ich die Anderheit des Du nicht unterdrük-
ken.

Außerdem ist m. E. im Sinn GRISEBACHS noch darauf hinzuweisen, daß zwischen Ich und Du Echtheit herrschen muß.
Gilt nun humanistische Bildung (oder auch eine andere
Form von Intellektualität) als gesellschaftlich anerkannt, besteht die Gefahr, daß viele sich aus opportuni-
stischen Gründen humanistisch gebildet geben, ohne diese
Bildung aus einem echten Interesse, d. h. um ihrer selbst
willen, angestrebt zu haben. Es ist angebracht, hier auf
BUBER und seine Schrift "Sein und Scheinen"[32] hinzuweisen. BUBER unterscheidet den echten vom falschen Schein.
Im echten Schein gibt sich der Mensch als das, was er
ist; seine Person (persona (lat.): Maske) ist Ausdruck
seines echten Seins[33]. Im falschen Schein wird etwas

äußerlich herausgestellt, das nicht im wirklichen Sein verankert ist. Der Mensch kann dann unter den gegebenen Umständen das jeweils Opportune zur äußeren Erscheinung bringen.

5. Metakritik und Würdigung

GRISEBACHS kritische Sicht des Intellektualismus erinnert an die Lehre von LUDWIG KLAGES, in der gegen den Geist (Sammelbegriff für Urteilsvermögen, Wille und Tat) als Gegner der Seele (Sammelbegriff für Leben) argumentiert und der Erwerb geistiger Fähigkeiten im Laufe der menschlichen Entwicklung nicht als Gewinn, sondern als Verlust bezeichnet wird. "Das Wesen des 'geschichtlichen' Prozesses der Menschheit (auch 'Fortschritt' genannt) ist der siegreich fortschreitende Kampf des Geistes gegen das Leben mit dem ... logisch absehbaren Ende der Vernichtung des letzteren"[34]. Die Überbetonung der Geistigkeit wird zum Verhängnis, weil durch intellektualistische Einseitigkeit eine Verarmung und Verengung des Daseins eintritt, und weil - was auch GRISEBACH hervorhebt - Leben und Wirklichkeit nur bedingt erfaßt werden, sie vielmehr "erlebt" werden müssen.

Was von den Kritikern der Geistigkeit an Nachteilen und Gefahren hervorgehoben wird, kann schwerlich völlig abgestritten werden; die Mangelhaftigkeit der Kritik liegt darin, daß neben dem Schaden, der durch Entwicklung menschlicher Geistigkeit entsteht, nicht auch der große Gewinn gewürdigt wird, der den Menschen durch diese Kraft zuteil geworden ist[35]. Die Kritik gerät teilweise ins Maßlose und führt damit zu Konsequenzen, die als einseitig bezeichnet werden müssen. Das gilt auch für GRISEBACHS negative Einschätzung menschlichen Erkenntnisstrebens, das nach seiner Sicht Herrschsucht und Ausbreitung der Egoität bedeutet. Dies ist bei einer streng geschlossenen Systematik oder bei einem manipulativen und indoktrinativen Mißbrauch der Erkenntnis der Fall, ein Mißbrauch, der bei Intellektuellen nicht selten in Erscheinung tritt. Was die Bedeutung der von GRISEBACH gering geschätzten intellektuellen Fähigkeiten angeht, ist aber zu bedenken, daß gerade die Vernunft durch Einsicht in allgemein Gültiges ein Weggehen vom Nur-Individuellen aufs Allgemeine zu bewirken vermag. Bei den klassischen Denkern ist es die Vernunft, die das Individuum aus seiner egoistischen Selbstverfangenheit aufrüttelt. So besteht beispielsweise bei PLATON die Rolle der Vernunft darin, die Leitung des Menschen zu übernehmen, so daß er der Herrschaft triebhafter und willkürlicher Strebungen entgehen kann und der Wirklichkeit der Ideale teilhaftig wird[36]. Aber auch PLATON erkennt die Gefahren der entfremdeten Vernunft - man denke an seine Warnung vor den falschen Philosophen, denen egoistischer Ruhm und selbstsüchtige Ehre das Wichtigste sind[37]. Auch in der KANTischen Ethik ist es die Vernunft, die den Menschen gemäß dem allgemeingültigen kategorischen Imperativ sittlich leben läßt[38]. Gerade hier ist es der Rekurs auf eine Allgemeinheit, der egoistisch-individualistisches Handeln kritisch beschränkt. In all diesen Theorien steht die Vernunft im Dienste eines höheren Menschentums, das sich gerade durch Zurückdrängen egoistischer Selbstanmaßungen auszeichnet.

Es ist auch nicht einzusehen, welche Instanz nach einem Abbau der Vernunft die Leitung im menschlichen Leben übernehmen sollte. Etwa das subjektive Gefühl oder das naturhafte Begehren? Eine noch egoistischere Individualität wäre die Folge. Auch GRISEBACHS Altruismus hilft hier nicht weiter, denn was nützt gutgläubiges Hören auf den anderen Menschen, wenn dessen zwischenmenschliches Handeln gerade unvernünftig im Dienste von Egoitätsausweitung steht. Der Mensch, vor allem der Erzieher, würde die Pflichten gegen sich selbst und den anderen Menschen verletzen, würde er vermeiden, aus falsch verstandener Liebe zum Du dessen egoistische Aktion zu begrenzen. Er würde damit dem Du die Chance, zur Wirklichkeit durchzubrechen, vorenthalten. Er muß also begrenzen und einschreiten; wann er dies tun muß, kann er nur mittels vernünftiger Überlegungen feststellen. Wir sind also noch keineswegs über das platonische Menschenbild hinaus; der Kopf mit seiner Vernunft muß nach wie vor über die anderen Strebevermögen seine Dominanz ausüben.

Ein besonderes Problem bezüglich GRISEBACHS Kritik intellektualistischer Orientierung in der Pädagogik ergibt sich durch seine Trennung von Denken und Sein[39].

Im Jahre 1929 bespricht H. HERRIGEL GRISEBACHS großes Werk "Gegenwart". Er erkennt das Grundanliegen von GRISEBACHS kritischer Philosophie und Pädagogik in der Darstellung der Differenz zwischen Leben und Erkenntnis, Wirklichkeit und Wahrheit, Sein und Denken[40].
"Es sei vorweg gesagt, daß Grisebach, um jede Vermischung und Trübung, jeden Übergriff aus der einen in die andere Welt zu vermeiden, die absolute Trennung der beiden Sphären fordert. Er ist nicht mit einem Vorbehalt zufrieden und läßt auch nicht die Möglichkeit einer Beziehung bestehen, sondern führt die Spaltung bis zur äußersten Konsequenz durch. Hier liegt die Aufgabe der kritischen Philosophie"[41].

Das Argument, das GRISEBACH m. E. hier entgegengehalten werden muß, ist folgendes[42]: Wenn Erkenntnis von Wirklichkeit total getrennt ist und die Aufrechterhaltung dieser Trennung wesentliche Aufgabe der kritischen Philosophie und Pädagogik ist, so ist nicht einzusehen, weshalb GRISE-

BACHS Aussage, daß Erkenntnis von Wirklichkeit getrennt sei, selbst der Wirklichkeit entsprechen soll. Er verneint ja den Zusammenhang zwischen Denken und Sein. Somit kann auch seine Aussage über ein Seiendes (hier die Zusammenhanglosigkeit zweier Sphären) keine Gültigkeit beanspruchen. Der Inhalt seiner Aussage widerspricht der Grundforderung an eine Aussage, daß das Ausgesagte auch mit der Wirklichkeit übereinstimmen muß. Eine Aussage ist ja erst dann sinnvoll, wenn sie sich auf Wirklichkeit bezieht. Da GRISEBACH diesen Sinn der Aussage nicht anerkennt, relativiert er seine eigene Theorie. Damit relativiert er allerdings auch die kritischen Einwände gegen ihn. Wenn seine Lehre nichts mit Wirklichkeit zu tun hat, ist auch die Kritik an seiner Lehre unwichtig. Denn Wirkliches wird ja nicht betroffen.

Die Problematik, die sich aus der Trennung beider Sphären ergibt, betrifft auch den Bereich der kritischen Selbsterkenntnis. Für GRISEBACH ist Zurückstellung der Ich-Ansprüche im Sinne von Bescheidenheit eine ethische Maßnahme, die aus der Kritik an der Egoitätsausbreitung des Menschen entstanden ist. Nicht einzusehen ist aber, daß Kritik an der Fehlform des Menschseins Ansatz zu seiner ethischen Verwirklichung werden soll, wenn diese kritische Erkenntnis überhaupt nichts mit Wirklichkeit zu tun hat. Kritik entsteht aus dem Ungenügen des aktuellen Zustandes, das darin besteht, daß der Mensch seinen Wirklichkeitsverlust bemerkt. Kritik muß also in Verbindung mit Wirklichkeit stehen, sonst könnte Wirklichkeitsverlust nicht kritisiert werden. So auch HERRIGEL: "Nur wenn beide Welten in Verbindung stehen, wenn das jenseitige Ufer der Wirklichkeit von der Erkenntnis aus gesehen werden kann, kann das Selbst ... einen Mangel empfinden"[43]. Hieraus wird deutlich, daß sich GRISEBACH mit absoluter Trennung von Denken und Sein selbst nicht gerecht wird. Seine

Theorie leistet nicht, was sie zu leisten vorgibt, nämlich zur Wirklichkeit hinzuführen.

Es sei unbestritten, daß Wirklichkeit immer größer und mehr ist als ihr Begriff, eine völlige Trennung von Wahrheit und Wirklichkeit verurteilt jedoch jede Lehre zu Sinnlosigkeit. GRISEBACH war sich dieser schwierigen Lage selbst bewußt; er hat jedoch m.E. nicht konsequent genug die Folgerungen daraus gezogen. Er hätte schweigen müssen. Wissenschaft ist nur sinnvoll, falls noch eine - wenn auch problematische - Verbindung zwischen Wahrheit und Wirklichkeit bestehen bleibt, sie hat sonst nichts Wirkliches zu sagen[44].

So wird deutlich, daß die Gedanken GRISEBACHS in der von ihm verwandten Radikalität seinen eigenen Intentionen zuwiderlaufen. Ohne in die diffizilen Bereiche der Erkenntnistheorie weiter einzudringen, kann als Minimalforderung soviel gesagt werden: Nicht jeder Zusammenhang zwischen Denken und Sein darf geleugnet werden; es ist sonst nicht einzusehen, wie eine Aussage über Wirklichkeit Sinn haben soll.

Wird diese Minimalforderung anerkannt, dann leistet GRISEBACHS Intellektualismuskritik einen Beitrag zur kritischen Selbstbesinnung auch des pädagogischen Theoretikers. Jedem vorschnellen Dogmatismus, jeder starren und geschlossenen Systematik wird Einhalt geboten. Das Hineinpressen pädagogischer Wirklichkeit in theoretisch habbare Entwürfe wird fraglich. Das nicht ergründbare Geheimnis der Wirklichkeit wird gegenüber dem Verlangen nach voller gedanklicher Erschließung gewahrt. Das pädagogische Denken ist sich seiner Fraglichkeit bewußt und tendiert zu kritischer Selbstbescheidung, einer Selbstbescheidung, die der Egoitätsausbreitung entgegenzuwirken vermag. Freilich kann die egoistische Haltung nicht, wie GRISEBACH geglaubt hat, als das Wesentliche des Vernunftgebrauchs bezeichnet

werden. Sie ist vielmehr eine real gegebene, sich häufig
zeigende Form der entfremdeten Vernunft.

ANMERKUNGEN:

1 Der Begriff Sein wird hier von Grisebach positiv gebraucht im Sinne von wirklich sein, an Wirklichkeit
teilnehmen. Teilweise kommt dieser Begriff in Grisebachs Werk auch in anderer Bedeutung vor als Fixierung
und Verfestigung im Gegensatz zum lebendigen Werden
(vgl. E. Grisebach: Philosophie und Pädagogik. In: E.
Stern (Hrsg.): Jahrbuch der Erziehungswissenschaft und
Jugendkunde. Bd. 1, Berlin 1925, S. 7 ff.; S. 39).

2 E. Grisebach: Die Grenzen des Erziehers und seine Verantwortung. Tübingen 1966 (Nachdr. v. 1924), S. 26

3 E. Grisebach: Gegenwart. Eine kritische Ethik. Halle/
Saale 1928, S. 469

4 Die Hereinnahme des Widerspruchs und der Begrenzung
findet sich auch in der Dialogik von Grisebachs Zeitgenossen und Gesprächspartner Gogarten, der den Glauben völlig in die "Du-Ich-Beziehung" stellt (vgl. F.
Gogarten: Ich glaube an den dreieinigen Gott. Jena
1926, S. 60). Auch ihm ist Begegnung zwischen Ich und
Du keine harmonische Vereinigung, vielmehr ist dem Ich
das Du fremd und erscheint ihm begrenzend. "Es ist zwischen dem Ich und Du eine unüberwindbare Grenze gesetzt" (F. Gogarten: Glaube und Wirklichkeit. Jena
1928, S. 31).

5 Theunissen zählt noch weitere Abgrenzungen gegenüber
dem Du-Begriff Grisebachs auf, die Abgrenzungen gegenüber dem "anderen Ich", dem im "'Wir' mit mir verbundenen Gefährten", dem "Mitglied der 'geordneten' Gesellschaft" (M. Theunissen: Der Andere. Studien zur
Sozialontologie der Gegenwart. Berlin 1965, S. 365).
Alle diese Abgrenzungen sind deshalb notwendig, weil
in den hier angesprochenen Konzepten Distanzlosigkeit
zwischen dem Ich und dem Du besteht, während Grisebachs Du in völliger Distanz zum Ich steht. Die Distanzlosigkeit tritt am deutlichsten im Verhältnis
des Ich mit dem Mitmenschen zutage, deshalb sei dieses Verhältnis exemplarisch angesprochen.

6 Vgl. Grisebach 1928, a. a. O., S. 559

7 Grisebach, a. a. O., S. 560

8 In diesem Kontext steht Nietzsches Kritik der Nächstenliebe: Nächstenliebe entsteht aus dem Mangel an Selbstannahme, aus der Unfähigkeit des Menschen, mit sich selbst auszukommen. Seine "Selbstlosigkeit" ist nichts anderes als ein Versuch der Selbstwerdung über den Umweg zum Nächsten. "Ihr drängt euch zum Nächsten und habt schöne Worte dafür. Aber ich sage euch, eure Nächstenliebe ist eure schlechte Liebe zu euch selber" (F. Nietzsche: Also sprach Zarathustra. In: F. Nietzsche: Werke in drei Bänden. Hrsg. v. K. Schlechta, Bd. 2, München 1966, S. 275 ff.; S. 324).

9 Grisebach, a. a. O., S. 303

10 Grisebach, 1966, a. a. O., S. 307

11 Grisebach, a. a. O., S. 86

12 In seinem im Jahre 1919 herausgebrachten Werk "Wahrheit und Wirklichkeiten" (vgl. E. Grisebach: Wahrheit und Wirklichkeiten. Halle/Saale 1919) vertritt er in dieser Frage noch einen am deutschen Idealismus orientierten Standpunkt. In einer großangelegten Systematik versucht er "die Wahrheit im reinen schöpferischen Inbegriff der Welt zu gewinnen und die Welt mit allen ihren Wirklichkeiten aus diesem Wahrheitsgrunde als wirkliche Gegenstände der Einzelwissenschaften abzuleiten" (Grisebach, a. a. O., S. 6). Zum Wandel des Grisebachschen Denkens in seinem Gesamtwerk vgl. M. Freyer: Ein Beitrag zur Friedensforschung auf der Grundlage einer "kritischen Pädagogik". In memoriam Eberhard Grisebach (1880 - 1945). In: De Clerk, K. (Hrsg.): Paedagogica Historica. Gent 1980, S. 24 ff.

13 Vgl. Grisebach 1966, a. a. O., S. 78

14 Grisebach, a. a. O., S. 81

15 Grisebach, a. a. O., S. 76

16 Grisebach, a. a. o., S. 78 f.

17 Grisebach, a. a. O., S. 79

18 Grisebach, a. a. O., S. 35; Grisebach steht damit im Gegensatz zur überwiegenden Mehrheit der Pädagogen, welche Erziehung zum Charakter für eine sinnvolle Aufgabe hält. Exemplarisch sei Buber genannt. Für ihn ist Charakter situationsgebundene "Bereitschaft zur Verantwortung", die in der "Gesamtheit seiner Handlungen" eine "Einheit ... bekundet" (M. Buber: Reden über Erziehung. In: M. Buber: Werke. Bd. I: Schriften zur Philosophie. München 1962, S. 783 ff.; S. 828). Damit wird das Werden anerkannt (Wechsel der situativen Antworten), dem Werden wird aber eine einheitliche Form gegeben (grundsätzliche Bereitschaft).

19 Grisebach, a. a. O., S. 92

20 Grisebach, a. a. O., S. 94

21 Vgl. Grisebach, a. a. O., S. 95 f.

22 Grisebach, a. a. O., S. 96

23 Grisebach, a. a. O., S. 320

24 Grisebach 1928, a. a. O., S. 468 f.
Es ist naheliegend, in diesem Zusammenhang an die Kritik der intellektualistischen Ethik durch die neuzeitlichen Vertreter der materialen Wertethik, Scheler und Hartmann, zu denken. Hier findet sich eine Gegenposition zur intellektualistischen Konzeption der Ethik bei Kant, deren Kern, der kategorische Imperativ, von Kant als apriorisches Gesetz der Vernunft bezeichnet wird.
Die Kritik Schelers und Hartmanns lautet, Kant übersehe das primäre Apriori der materialen Werte und denke nur der ethisch formalen Vernunft Apriorität zu. In Wirklichkeit sei der kategorische Imperativ nur die intellektuelle Fassung schon ursprünglich vorhandener, in ihrer Apriorität erfühlbarer Werte (vgl. M. Scheler: Der Formalismus in der Ethik und die materiale Wertethik. Halle/Saale 1921 (2. Aufl.), S. 49 ff.; N. Hartmann: Ethik. Berlin 1962 (4. Aufl.), S. 111 ff.).
Der Unterschied der phänomenologisch-material orientierten Ethik zu Grisebach liegt allerdings darin, daß trotz ihrer Kritik am Intellektualismus dem Ich noch ein Zugang zur Wirklichkeit der Werte zugebilligt wird. Freilich ist dieser Zugang nicht primär durch die Vernunft erreichbar. "Primäres Wertbewußtsein ist Wertfühlen, primäre Anerkennung eines Gebotes ist ein Fühlen des unbedingt Seinsollenden, dessen Ausdruck das Gebot ist" (Hartmann, a. a. O., S. 117). Bei Grisebach hingegen besitzt das Ich keine Fähigkeit mehr, sich allein der ethischen Wirklichkeit zu nähern.

25 E. Grisebach: Reife als Verantwortung. In: Pädagogisches Zentralblatt. Zentralinstitut für Erziehung und Unterricht in Berlin (Hrsg.), 7. Jg. Langensalza 1927, S. 148 ff.; S. 164

26 Grisebach, a. a. O., S. 165;
Gößling verweist auf die theologische Wurzel von Grisebachs Forderung nach Hörigkeit. "Die Frage nach dem Sinn der 'Hörigkeit', die sich nicht zuletzt angesichts der problematischen Folgen stellt, wird von Grisebach durch die Glaubensüberzeugung aufgefangen, daß der Sinn der Hörigkeit schon im Leiden bestehe, welches das Ich willig auf sich nehme, um dadurch Jesus Christus praktisch nachzufolgen" (H. J. Gößling: Subjektivität und Erziehungspraxis. Studien zum Subjektivitätsproblem

bei Eberhard Grisebach und Theodor Ballauff für eine kri-
tische Begründung pädagogischer Handlungstheorie und
Handlungsforschung. Frankfurt/M./Bern/Las Vegas 1978,
S. 65, vgl. auch S. 60 ff.). Erläuternd sei hinzugefügt,
daß bei Grisebach der Tod Christi nicht so sehr als
Erlösung gedeutet wird, denn dies würde dem erlösten
Menschen kein reines Nein zu sich selber ermöglichen.
Grisebach sieht im Leiden Christi vielmehr das radikale
Nein zu einem nur am Selbstsein orientierten Menschen-
tum.

27 Grisebach , a. a. O., S. 165

28 Vgl. Fußnote 8

29 Vgl. Theunissen, a. a. O., S. 362 ff.

30 Grisebach 1966, a. a. O., S. 56

31 Grisebach 1927, a. a. O., S. 156

32 Vgl. M. Buber: Sein und Scheinen. In: M. Buber: Werke,
Bd. 1: Schriften zur Philosophie. München 1962,
S. 273 ff.

33 In diesem Sinne preist auch Goethe den "wahren Schein"
und das "ernste Spiel" (J. W. v. Goethe: Gedichte. In:
Goethes poetische Werke, Bd. 1. Stuttgart o. J.,
S. 537). Beide bestehen darin, daß der Mensch sich sein
Erscheinen, so wie er sich spielt, nicht nach fremden
äußeren Faktoren aus Zweckmäßigkeitsgründen vorschreiben
läßt. Er muß erscheinen als derjenige, der er ist, und
den spielen, der er ernsthaft ist (vgl. auch F. Vonnes-
sen: Vom Ernst des Spiels. In: A. Flitner u. a. (Hrsg.):
Der Mensch und das Spiel in der verplanten Welt. München 1976, S. 31 ff.).

34 L. Klages: Der Geist als Widersacher der Seele. München/
Bonn 1960 (4. Aufl.), S. 69

35 So kritisiert etwa Hirschberger an Klages: "Die Unterla-
gen, die ihn berechtigen, im Geist einen Feind des Lebens zu sehen, sind vom Ungeist hergenommen" (J. Hirschberger: Geschichte der Philosophie. II. Teil: Neuzeit
und Gegenwart. Freiburg/Basel/Wien 1969 (8. verb.
Aufl.), S. 591).

36 Vgl. Platon, z. B. Phaidros. In: Platon: Sämtliche Werke. Hrsg. E. Grassi, Bd. 4. Hamburg 1969 (8. Aufl.),
S. 7 ff.; 247 d, S. 29

37 Vgl. Platon: Politeia. In: Platon: Sämtliche Werke. Hrsg.
E. Grassi, Bd. 3. Hamburg 1972 (15. Aufl.), S. 67 ff.;
494 d, S. 209

38 Vgl. K. Kant: Grundlegung zur Metaphysik der Sitten. In:
I. Kant: Werkausgabe in zwölf Bänden. Hrsg. W. Weische-
del, Bd. VII, Darmstadt 1963, S. 11 ff.; S. 51 ff.

39 Das Problem der Differenz erscheint bei Grisebach nicht
   nur im erkenntnistheoretischen Bereich (Trennung von
   Denken und Sein), sondern auch im intersubjektiven Be-
   reich (Trennung von Ich und Du). Letzteres betrifft
   Grisebachs Sozialphilosophie und -pädagogik (vgl.
   Grisebach 1925, a. a. O.).

40 Die radikale Differenz kommt im Werk Grisebachs vielfach zum Vorschein (vgl. Grisebach z. B. 1925, a.a.O.,
   S. 39, 1966, a. a. O., S. 86, 1928, a. a. O., S. 438).

41 H. Herrigel: Das Verhältnis der beiden Welten. Bemerkungen zu Eberhard Grisebachs Buch "Gegenwart. Eine
   kritische Ethik". In: M. Buber/V.v.Weizsäcker/J. Wittig
   (Hrsg.): Die Kreatur. 3.Jg., Berlin 1929/30, S. 38 ff.; S. 39

42 Dieses Argument stammt in seiner Grundstruktur aus der
   Antike, genauer aus der platonischen Philosophie. Es
   wurde "Spießumdrehung" genannt, weil Platon damit die
   Behauptung der Sophisten, Wahrheit sei relativ, vom je
   Wahrnehmenden abhängend, gegen sie selbst anwandte.
   Wenn Wahrheit relativ ist, ist auch der Satz, daß Wahrheit relativ ist, relativ, d. h. nicht wahr. Der Skeptiker gibt seine Theorie aber für wahr aus; er widerspricht sich damit selbst (vgl. Platon: Theaitetos. In:
   Platon: Sämtliche Werke. Hrsg. E. Grassi, Bd. 4. Hamburg 1969 (8. Aufl.), S. 103 ff.; 161 cff., S. 127 f.).

43 Herrigel, a. a. O., S. 49

44 Die Einheit von Denken und Sein, Wahrheit und Wirklichkeit wird im Verlauf des abendländischen Denkens immer
   wieder gefordert. Th. Litt beispielsweise betont in einer Rückschau auf sein Werk "Individuum und Gemeinschaft" seine erkenntnistheoretische Position der Einheit von Denkakten und Gegenstandswelt (vgl. Th. Litt:
   Individuum und Gemeinschaft. Grundlagen der Kultur-
   philosophie. Leipzig 1926 (3. erw. Aufl.), S. 412).
   Freilich ist diese Einheit bei Litt nicht als reine
   Identität zu begreifen, sondern als dialektische Einheit, als Einheit in der Verschiedenheit. Einheit
   bürgt für die Verbindung von Denken und Sein und damit
   auch für die Möglichkeit von Wissenschaft, Verschiedenheit bürgt für die Distanz und damit auch für das kritische Bewußtsein, daß Sein und Wirklichkeit sich nicht
   in Denken und Begriffen erschöpfen.

Curriculum vitae Karl Ernst Maier

Geboren am 8.12.1920 in Bruck/Oberpfalz. Schuleintritt in Regensburg. Reifeprüfung am Humanistischen Alten Gymnasium zu Regensburg im Frühjahr 1940. Anschließend bis 1945 Kriegsdienst bei der deutschen Wehrmacht. Seit 1949 verheiratet mit Hildegard Stepp; zwei Söhne.

Erste und Zweite Prüfung für das Lehramt an Volksschulen. 1946 bis 1955 Lehrer an Regensburger und Münchner Schulen. Studium an der Universität München: Pädagogik, Psychologie, Anthropologie, Germanistik. Promotion 1955; Thema der Dissertation: "Das arme Kind. Eine pädagogisch-psychologische Untersuchung über die Auswirkungen materieller Armut auf das Volksschulkind der Großstadt". 1956 bis 1968 hauptamtliche Lehrtätigkeit (zuletzt als Studiendirektor) in der bayerischen Lehrerbildung: Institut für Lehrerbildung Straubing und Regensburg, ab 1958 Pädagogische Hochschule Regensburg. Im Wintersemester 1961/62 beauftragt, an der Pädagogischen Hochschule München das Fach Pädagogik zu vertreten.

1967 Habilitation an der Philosophischen Fakultät der Universität Salzburg. Thema der Habilitationsschrift: "Das Werden der allgemeinbildenden Pflichtschule in Bayern und Österreich. Eine historisch-vergleichende Untersuchung." 1967 und 1968 Wahrnehmung der Lehrtätigkeit als Universitäts-Dozent der Universität Salzburg.

1968 Ernennung zum a. o. Professor und Berufung auf den Lehrstuhl Pädagogik II der Pädagogischen Hochschule Regensburg. 1969 Ernennung zum o. Professor. 1968 bis 1972 Vorstand der Pädagogischen Hochschule Regensburg. Im Wintersemester 1972/73 und Sommersemester 1973 zusätzlich Vertretung des Lehrstuhls für Pädagogik I an der Erziehungswissenschaftlichen Fakultät der Universität Erlangen-Nürnberg. Nach der 1972 erfolgten Integration der Regensburger PH in die Universität Regensburg Dekan und Prodekan der Erziehungswissenschaftlichen Fakultät, später Mitglied des Fachbereichsrats der Philosophischen Fakultät II und von 1981 bis 1985 Sprecher des Instituts für Pädagogik.

Von 1970 bis 1974 Erster Vorsitzender des Arbeitskreises für Jugendliteratur (Deutsche Sektion des Internationalen Kuratoriums für das Jugendbuch). - Gründungsmitglied und Vizepräsident der Deutschen Akademie für Kinder- und Jugendliteratur e. V. Volkach.

BIBLIOGRAPHIE KARL ERNST MAIER

a) Monographien

b) Artikel in wissenschaftlichen Zeitschriften
   und Sammelbänden

c) Wörterbuch- und Lexika-Artikel

d) Herausgeber und Schriftleitung

a) MONOGRAPHIEN

Das Werden der allgemeinbildenden Pflichtschule in Bayern
   und Österreich. Eine vergleichende Untersuchung von
   den Anfängen bis zur Gegenwart. Ansbach 1967, 185 S.;
   unveränderter Nachdruck, Ansbach 1986 (Ansbacher-Ver-
   lagsgesellschaft mbH & Co Schulbuch KG)
Jugendliteratur. Formen, Inhalte, pädagogische Bedeutung.
   8. neubearb. Aufl. von "Jugendschrifttum" (1. Aufl.
   1965) Bad Heilbrunn 1980, 303 S. (9. überarbeitete
   Aufl. erscheint in Kürze)
Die Schule in der Literatur (Quellenschrift). Bad Heilbrunn 1972, 196 S.
Sekundärliteratur zur Kinder- und Jugendbuchtheorie. Unter Mitarbeit von Michael Sahr. Baltmannsweiler 1979,
   173 S.
Grundriß moralischer Erziehung. Bad Heilbrunn 1985,
   160 S.

b) ARTIKEL IN WISSENSCHAFTLICHEN ZEITSCHRIFTEN UND SAMMELBÄNDEN

Das Sachbuch als Kinder- und Jugendlektüre. In: Der
   Deutschunterricht, H. 6 (1959), S. 74 - 93
Zeitgeschichte im Unterricht. In: Die Bayerische Schule,
   Nr. 33, Jg. 13 (1960), S. 527 ff.
Gute und "schlechte" Abenteuergeschichten. In: Der
   Deutschunterricht, H. 6 (1961), S. 5 - 13
Schelmereien und Streiche als lustige Kindergeschichten.
   In: Der Deutschunterricht, H. 5 (1962), S. 5 - 11
Gedanken zum Lesebuch. In: Blätter für Lehrerfortbildung.
   Zeitschrift für das Seminar. H 1 (1966), S. 1 - 4
Das Jugendbuch im Unterricht. In: Blätter für Lehrer-
   fortbildung. Zeitschrift für das Seminar. H. 2 (1966),
   S. 68 - 71

Schule in Österreich - Schule in Bayern. Grundsätzliches zum pädagogischen Vergleich mit Beispielen aus Vergangenheit und Gegenwart. In: Erziehung und Unterricht, H. 9 (1968), S. 577 - 587

Elternhaus und Jugendbuch. In: Das gute Jugendbuch, H. 2 (1969), S. 1 - 13

Integration der Pädagogischen Hochschulen in die Universitäten beschlossen. In: Regensburger Universitätszeitung, H. 10, 6. Jg. (1970), S. 2 f.

Kein Platz für "fromme" Kinder. Wie pädagogisch dürfen Kinderbücher sein? In: Elternblatt. Zeitschrift für Elternhaus und Schule. H. 11, 20.Jg. (1970), S. 25 ff.

Die Leistung in der Schule. In: H. Zöpfl/ R. Seitz (Hrsg.): Schulpädagogik. München 1971, S. 211 - 216

Elternmeinung und Kinderlesen. In: Elternruf. Werkblatt für die Kath. Elternschaft Bayerns. H. 6 (1971), S. 229 - 231

Fragen zur Wirkungslehre der Kinderliteratur. In: K. E. Maier (Hrsg.): Jugendliteratur in einer veränderten Welt. 1. Jahrbuch des Arbeitskreises für Jugendliteratur. Bad Heilbrunn 1972 und 1975 (2. Aufl.), S. 44 - 57 - Auch in: Bertelsmann Briefe, H. 76 (1972), S. 3 - 8

Geschlechtsleben und soziale Verantwortung. In: Pädagogik III. Hrsg. von J. Hederer/W. Tröger, München 1973, S. 123 - 132

Wie pädagogisch dürfen Kinderbücher sein? In: Jugendwohl, H. 2 (1973), S. 79 - 81

Das Prinzip des Kindgemäßen und das Kinderbuch. In: H. Schaller (Hrsg.): Umstrittene Jugendliteratur. Bad Heilbrunn 1976, S. 118 - 142

Phantasie und Kinderliteratur. In: K. E. Maier (Hrsg.): Phantasie und Realität in der Jugendliteratur. 3. Jahrbuch des Arbeitskreises für Jugendliteratur. Bad Heilbrunn 1976, S. 31 - 44

Schulkonflikte in der belletristischen Literatur. In: H.-J. Ipfling (Hrsg.): Disziplin ohne Zwang. München 1976, S. 126 - 134

Anmerkungen zur Beurteilung von Kinder- und Jugendliteratur. In: K. E. Maier (Hrsg.): Der Deutsche Jugendbuchpreis in der Diskussion. Arbeitskreis für Jugendliteratur, München 1977, S. 9 - 25, S. 30 f.

Zur Beurteilungsproblematik bei Kinder- und Jugendbüchern. In: Blätter für Lehrerfortbildung. Zeitschrift für das Seminar. H. 12 (1977), S. 493 - 498

Der medienpädagogische Aspekt der Jugendliteratur. In: Schulpraxis. (Monatsschrift des Bernischen Lehrervereins) Schweizerische Lehrerzeitung, Nr. 4 (1978), S. 11 - 19

Der Lehrer in der Literatur. In: Pädagogische Welt. Monatsschrift für Unterricht und Erziehung. H. 8, 34.Jg. (1980), S. 469 - 474, 487 - 490

Soziale Erziehung - soziales Lernen. In: Aspekte praxisbezogener Pädagogik. Festschrift für Karl Wolf. Hrsg. von J. Schermaier/M. Rothbucher/G. Zecha, Salzburg 1980, S. 121 - 128

Das heitere Moment im Kinderbuch. In: Sub tua platano. Festgabe für Alexander Beinlich. Emsdetten 1981, S. 245 - 254

Schulpolitische Auswirkungen der Reaktion vor und nach 1848 in Bayern. In: Regionale Schulentwicklung im 19. und 20. Jahrhundert. Vergleichende Studien zur Schulgeschichte, Jugendbewegung und Reformpädagogik im süddeutschen Sprachraum. Hrsg. von L. Kriss-Rettenbeck/M. Liedtke, Bad Heilbrunn 1984, S. 121 - 129 (Schriftenreihe zum Bayerischen Schulmuseum Ichenhausen, Zweigmuseum des Bayerischen Nationalmuseums; Bd. 2)

Kritisches Lesen. In: Jubiläumsheft zum 30-jährigen Bestehen des Arbeitskreises für Jugendliteratur, H. 4 (1986)

Antinomische Fragestellungen in der Diskussion zur Kinderliteratur. In: A. Cl. Baumgärtner/K. E. Maier (Hrsg.): Mythen, Märchen und moderne Zeit. Beiträge zur Erforschung der Kinder- und Jugendliteratur. Würzburg 1986

c) WÖRTERBUCH- UND LEXIKA-ARTIKEL

Lexikon der Pädagogik. Neue Ausgabe. Hrsg. vom Willmann-Institut, München-Wien, Freiburg i. Br. 1970, 1. Bd.
- Durchlässigkeit, S. 319
- Förderklassen, S. 476
- Förderstufe, S. 477

Lexikon der Pädagogik, Neue Ausgabe. Hrsg. vom Willmann-Institut, München-Wien, Freiburg i. Br. 1971, 3. Bd.
- Schulbahnlenkung, S. 490 - 491

Lexikon der Pädagogik. Neue Ausgabe. Hrsg. vom Willmann-Institut, München-Wien, Freiburg i. Br. 1971, 4. Bd.
- Versetzung der Schüler, S. 305 - 306

Wörterbuch der Pädagogik. Hrsg. vom Willmann-Institut, München-Wien, Leitung der Herausgabe: Heinrich Rombach, Freiburg i. Br. 1977, Bd. 1
- Durchlässigkeit, S. 105

Wörterbuch der Pädagogik. Hrsg. vom Willmann-Institut, München-Wien. Leitung der Herausgabe: Heinrich Rombach, Freiburg i. Br. 1977, Bd. 2
- Orientierungsstufe, S. 323 - 325

Taschenlexikon Pädagogik. Hrsg. von Karl Ernst Maier, Regensburg 1978
- Anpassung, S. 20 - 22
- Antiautoritäre Erziehung, S. 25 - 30
- Arbeit, S. 30 - 34
- Autorität, S. 41 - 43
- Belehrung, S. 49 - 50
- Bewahrende Erziehung, S. 58 - 59
- Chancengleichheit, S. 60 - 61
- Einfache Sittlichkeit, S. 71 - 72
- Enkulturation, S. 80 - 82
- Erb-Umwelt-Problematik, S. 92 - 95
- Erlebnis, Erlebnispädagogik, S. 95 - 98
- Erwachsenenbildung, S. 98 - 103
- Erziehung, S. 103 - 108
- Erziehungsmittel, -maßnahmen, -praktiken, S. 111 - 115
- Gehorsam, S. 141 - 143
- Gesellschaft und Erziehung, S. 151 - 153
- Gewissen, Gewissensbildung, S. 156 - 158
- Gewöhnung, S. 159 - 163
- Indoktrination, S. 184 - 185
- Institutionen der Erziehung, S. 186 - 189
- Jugendbewegung, S. 190 - 193
- Kindgemäßheit, S. 196 - 198
- Kompensatorische Erziehung, S. 206 - 209
- Konflikt, Konfliktpädagogik, S. 209 - 214
- Kreativitätserziehung, S. 215 - 218
- Lob, S. 248 - 251
- Manipulation, S. 252 - 253
- Modellernen, S. 272 - 276
- Moralische Erziehung, S. 276 - 281
- Ordnung, Erziehung zur -, S. 293 - 295
- Pädagogik vom Kinde aus, S. 296 - 300
- Pädagogisches Verhältnis, S. 304 - 310
- Personalisation, S. 317 - 319
- Pflicht, Erziehung zur -, S. 319 - 322
- Psychoanalyse und Pädagogik, S. 322 - 325
- Reformpädagogik, S. 326 - 332
- Sexualerziehung, S. 363 - 368
- Soziale Erziehung, S. 371 - 376
- Spiel, S. 385 - 390
- Strafe, S. 407 - 413
- Wahrhaftigkeit, Erziehung zur -, S. 436 - 438
- Wettstreit, S. 438 - 441

d) HERAUSGEBER UND SCHRIFTLEITUNG

Oberpfälzer Heimathefte. Lesetexte für die Grundschule. (Zusammen mit J. Gollwitzer) Hrsg. F. Wimmer. Weiden, 1959 ff.

Heft 1: Regensburg - Donaugeschichten
Heft 2: Regensburg - in guten und schlechten Zeiten
Heft 3: Regensburg - Geschichten aus alten Tagen
Heft 4: Im Laberjura
Heft 5: In und um Weiden
Heft 6: Im Stiftland
Heft 7: Von Falkenstein bis Hagelstadt
Heft 8: Geschichten aus Amberg
Jugendliteratur in einer veränderten Welt. 1. Jahrbuch des Arbeitskreises für Jugendliteratur. Bad Heilbrunn 1972 (1. Aufl.), 1975 (2. Aufl.), 165 S.
Historische Aspekte zur Jugendliteratur. Stuttgart 1974 148 S.
Jugendliteratur und gesellschaftliche Wirklichkeit. 2. Jahrbuch des Arbeitskreises für Jugendliteratur. Bad Heilbrunn 1974, 179 S.
Schriften des Arbeitskreises für Jugendliteratur: Peter Hasubek: Die Detektivgeschichte für junge Leser. Bad Heilbrunn 1974, 143 S.
Schriften des Arbeitskreises für Jugendliteratur: H. Jürgen Kagelmann: Comics. Bad Heilbrunn 1976, 144 S.
Phantasie und Realität in der Kinderliteratur. 3. Jahrbuch des Arbeitskreises für Jugendliteratur. Bad Heilbrunn 1976, 190 S.
Schriften des Arbeitskreises für Jugendliteratur: Horst Schaller: Umstrittene Jugendliteratur. Bad Heilbrunn 1976, 202 S.
Taschenlexikon Pädagogik. Regensburg 1978, 460 S.
Schriften des Arbeitskreises für Jugendliteratur: Walter Scherf: Strukturanalyse der Kinder- Jugendliteratur. Bad Heilbrunn 1978, 200 S.
Kind und Jugendlicher als Leser. Beiträge zur Jungleserforschung. Bad Heilbrunn 1980, 238 S.
Schelmen- und Gaunergeschichten. Arbeitstexte für den Unterricht. Für die Sekundarstufe I. Stuttgart 1983, 93 S.
Mythen, Märchen und moderne Zeit. Beiträge zur Erforschung der Kinder- und Jugendliteratur. (Mit A. Cl. Baumgärtner) Würzburg 1986

Die Autoren

Prof. (em.) Dr. Theo Dietrich
Universität Bayreuth

Prof. Dr. Karolina Fahn
Universität Regensburg

Prof. Dr. Hans Glöckel
Universität Erlangen-Nürnberg

Prof. Dr. Helmut Heid
Universität Regensburg

Prof. Dr. Helmwart Hierdeis
Universität Innsbruck

Prof. Dr. Joachim-Christian Horn
Universität Regensburg

Prof. Dr. Heinz-Jürgen Ipfling
Universität Regensburg

Prof. Dr. Max Liedtke
Universität Erlangen-Nürnberg

Prof. Dr. Fritz März
Universität Augsburg

Dr. Robert E. Maier
Regensburg

Prof. Dr. Ernst Prokop
Universität Regensburg

Prof. (em.) Dr. Albert Reble
Universität Würzburg

Prof. Dr. Dietrich Rüdiger
Universität Regensburg

Prof. Dr. Walter Tröger
Universität Regensburg

Prof. Dr. Erich Wasem
Universität München

Prof. (em.) Dr. Karl Wolf
Universität Wien

Herausgeber:

Dr. Helmut Heim
Universität Regensburg

Prof. Dr. Heinz-Jürgen Ipfling
Universität Regensburg

Heim, Helmut

Systematische Pädagogik

Eine historisch-kritische Untersuchung

Frankfurt/M., Bern, New York, 1986. 279 S.
Europäische Hochschulschriften: Reihe 11, Pädagogik. Bd. 272
ISBN 3-8204-8774-3   br. sFr. 60.–

Die Pädagogik muss, soll sie als eine Wissenschaft gelten können, notwendig systematisch sein. Es ist damit zwar keineswegs das – gewiss unmögliche – *eine* System der Pädagogik gefordert, aber eine *Systematik* muss sich als möglich erweisen lassen. – Die Untersuchung Heims legt einige Hauptstationen der Entwicklung des Systemdenkens in der Geschichte der Pädagogik als einer Wissenschaft dar. Vor allem die Rekonstruktion der theoriegeschichtlich bedeutsamsten pädagogischen Systementwürfe, der architektonischen Systemprogrammatik KANTs und der topologischen Systematik HERBARTs, erweist eine geschichtlich erreichte Höhe des Gedankens der Systematik, hinter der nicht zurückgeblieben werden sollte. Die Untersuchung versteht sich so als ein Beitrag zu der gegenwärtig wieder aktuellen Diskussion um die Möglichkeit einer Systematischen Pädagogik.

Aus dem Inhalt: Systemansätze in neuzeitlich-aufklärerischer Pädagogik – Kants architektonisches Systemprogramm – Herbarts topologische Systematik – Veränderung der Systemanforderung in gegenwärtiger Pädagogik.

Verlag Peter Lang Bern · Frankfurt a.M. · New York

Auslieferung: Verlag Peter Lang AG, Jupiterstr. 15, CH-3000 Bern 15
Telefon (0041/31) 32 11 22, Telex verl ch 32 420

Aus dem Bestand
der Stadtbücherei
ausgeschieden

83 76136 9

101